全國高等院校古籍整理研究工作委員會第三層次項目
西南大學創新團隊項目『基於出土文獻綜合研究的文化推廣工程』(SWU1509395)

出土文獻綜合研究集刊

西南大學出土文獻綜合研究中心
西南大學漢語言文獻研究所 主辦

第四輯

巴蜀書社

西南大學出土文獻綜合研究中心
西南大學漢語言文獻研究所
《出土文獻綜合研究集刊》
編輯委員會

主　任　　張顯成
副主任　　喻遂生　毛遠明
成　員（按姓氏音序排列）

　　　　　陳榮傑　鄧　飛　鄧章應　郭麗華　何　山
　　　　　李　發　李明曉　毛遠明　蘇文英　徐海東
　　　　　王化平　喻遂生　張顯成　趙鑫曄
本輯執行主編　　鄧　飛

目　錄

甲骨文金文研究

談青銅器中器與銘相照應的現象 ……………………………… 陳英傑(1)

讀金劄記四則 …………………………………… 楊懷源　孫銀瓊(26)

讀《宣和博古圖》詩辭門隨札兩則 ……………………… 鵬　宇(33)

甲骨刻辭數量表達語法劄記二則 ………………… 黃勁偉　樊　森(38)

甲骨拼綴七則 ………………………………………………… 吳麗婉(53)

甲骨卜辭中的"帝降若""帝降不若"新釋 ………………… 李芸鑫(61)

《甲骨文合集》釋文四種校正四十三則 …………… 袁倫強　李　發(78)

簡帛研究

《漢語大詞典》書證缺無簡帛補 ……………………………… 張顯成(107)

清華簡《金縢》與傳世本語法比較研究 …………………… 呂廟軍(127)

肩水金關漢簡校讀兩則 ……………………………………… 胡永鵬(154)

嶽麓秦簡"毋奪田時令"再探 ………………………………… 歐　揚(159)

《二年律令》語詞考釋三則 ………………………………… 周海鋒(172)

文王受命與稱王補議
　　——由清華簡《保訓》談起 ………………………… 祝永新（177）
讀《里耶秦簡》札記六則 ………………………………… 謝　坤（199）
湘西保靖縣寶卷"簡省"與"增繁"俗字整理研究 ………… 劉曉蓉（205）
淺談簡牘文獻中出現的錯誤及糾正方法 ………………… 王志勇（217）
帛書故事《湯出巡狩》與傳世文獻相關記載比較 ……… 張文玥（224）

璽印、碑刻、敦煌研究

新見古璽釋地一則 ………………………………………… 馬曉穩（231）
碑刻注音材料校理 ………………………………………… 何　山（234）
金元之交"宗派之圖"碑與北方宗族社會的重構 ………… 周曉冀（244）
隋代墓誌所見隸古定字釋讀補正 ………………………… 徐海東（263）
以碑刻材料校讀傳世文獻一則 …………………………… 岳曉峰（271）
越南李代時期碑文概述 …………………………………… 吳氏映雪（274）
唐墓誌典故詞誤釋辨正六題 ……………………………… 和豔芳（285）
《續修四庫全書總目提要》"石經類"條目辨誤 ………… 趙立偉（293）
《出土文獻綜合研究集刊》徵稿啓事及文稿體例要求 ………（299）

談青銅器中器與銘相照應的現象①

陳英傑②

提　要：青銅器中器與銘相照應的現象並不多見，且尚未有人對其作全面梳理和深入分析。就我平時讀書所見，大致有三種情況：一是青銅器的形制與銘文內容照應，二是青銅器的花紋與銘文內容照應，三是青銅器花紋構圖與銘文文字構形照應。這些現象對探討銅器製作的原因、銘辭的性質以及當時人的藝術思維都很有意義。

關鍵詞：青銅器；器與銘；照應

青銅器中器與銘相照應的現象並不多見，貉子卣是較早被注意的例子③。方濬益④、鄒安⑤、郭沫若⑥、容庚、陳夢家、李學勤、朱鳳瀚等學者對此種現象均有所注意，但限於材料，尚未有人對其作全面梳理和深入分析。就我平時讀書所見，大致有三種情況：一是青銅器的形制與銘

---

①本文爲國家社科基金青年項目"兩周金文作器用途銘辭綜合整理與研究"（12CYY034）、國家社科基金重大項目"商周金文字詞集注與釋譯"（13&ZD130）的階段性成果。

②陳英傑，首都師範大學文學院、出土文獻與中國古代文明研究協同創新中心　教授　北京　100089。

③本文所說器、銘照應是一種特殊現象，不包括器物自名與器物形制相應的情況，如鼎自名"鼎"、盤自名"盤"之類（鳥獸形尊是比較特殊的一種器類，其有專名者，今納入討論範圍）。

④方濬益《綴遺齋彝器款識考釋》，民國22年上海商務印書館石印本，卷十二頁12貉子卣；收入徐蜀選編《國家圖書館藏金文研究資料叢刊》第16－18冊，北京圖書館出版社2004年3月。

⑤鄒安《周金文存》，卷五頁86貉子卣。據書末鄒安跋，該書丙辰年（1916年）開印，至辛酉（1921年）9月，六卷印事始竣，每年祇印一卷。

⑥郭沫若《兩周金文辭大系圖錄考釋》，《郭沫若全集·考古編》第八卷，科學出版社2002年10月，第422頁貉子卣。

文内容照應,二是青銅器的花紋與銘文内容照應,三是青銅器花紋構圖與銘文文字構形照應。這些現象對探討銅器製作的原因、銘辭的性質以及當時人的藝術思維都很有意義。

一

銘文内容與器物形制相照應見於作冊般銅黿、盠駒尊、晉侯銅人、子之弄鳥尊等。

作冊般銅黿①(圖1),中國國家博物館2003年徵集。器作立體鱉形,頭前伸,雙目圓睁,四足作爬行狀,短尾,背上斜插三箭,頸部左上方斜插一箭。通長21.4、通高10、最寬處16釐米②。

圖1 作冊般銅黿器形及銘拓③

---

①形制、大小、銘文相同的還有一件,爲私人所藏。
②有生物學者認爲,該器所鑄之動物形象應該是黄斑巨鱉(R.swinhoei)而非亞洲圓鱉(P.cantorii),文獻記録爲"黿"。黄斑巨鱉是世界上最大的龜鱉類之一,黄河種群自11世紀後未再有記載。洹水在商都安陽附近,本屬古黄河水系,今入海河。《晏子春秋》、《晉書》、《唐國史補》和《酉陽雜俎》分别提到黄河流域的河南三門峽、洛陽、山東平原縣等地有"黿"的分佈,北宋周煇《清波雜誌》記:"熙寧(1068—1077年)中,侍禁孫勉,監澶州(今河南濮陽)堤,見一黿自黄河順流而下,射殺之。"以後未再見諸文獻。參王劍、史海濤《黄斑巨鱉分佈的歷史變遷》,《動物分類學報》2011年第4期,第919—920頁。
③引自吴鎮烽《商周金文資料通鑒》(光盤數據庫,2012年2月,文中簡稱《通鑒》)。該器的相關器影資料另參《中國歷史文物》2005年第1期封面(即本文圖1.1)和圖版一、二(銘文X光片、俯視圖、底視圖和箭尾照片);唐宇、劉桐《中國國家博物館館藏青銅器賞析(上)》,《榮寶齋》2015年第1期,第133頁。

該器形制前所未見,對於器物的性質、銘文的斷句、文字的釋讀以及銘文所反映的史事,迄今未能取得一致意見。甲骨、西周金文中雖有文例、內容類似的材料,但對於該器,需要把銘文和形制結合起來給予一個圓滿的解釋。銘文雖未明言商王所眡賜作冊般的物品是什麼,但根據文義與器形,一般都認爲就是此器所象的黿,是在洹水射獲的①。

李學勤先生認爲器屬商末,其釋文爲:"丙申,王迩于洹,隻(獲)。王射,奴射三衞,亡(無)瀘(廢)矢。王令(命)帚(寢)馗兄(眡)于乍(作)冊般,曰:'奏于庸。'乍(作)母寶。""迩"讀爲過,至義。商王到洹水上,獲得此器所象的黿。"奴"讀爲贊,"贊射"即佐助王射。"衞"通率,"贊射"者三次接續"王射",故稱"三率",即三循。"亡廢矢"是說沒有一箭不射中目標(即洹水的黿)。"王射"一箭,"贊射"三箭,與銅黿上箭數吻合。宰丰雕骨記商王在麥麓田獵獲兕(即野牛),命寢小𦤙眡賜給宰丰,和黿銘王在洹水獲黿,命寢馗眡賜於作冊般,情況彼此相似。"奏于庸"是商王命寢馗把黿眡賜給作冊般時傳達的指示,與"王命寢馗眡于作冊般"是一件事,不是兩件事;庸即鏞,大鐘,商王可能是命作冊般詠詩,記述獲黿的事跡,將之譜入以鏞爲主的音樂演奏。銅黿不屬於禮器,在祭祀中無所用之,所以,"作母寶"之母當時可能是生存的,也可能是已故的。銅黿只是對商王眡賜的紀念物,和西周的貉子卣因王賞鹿而鑄飾鹿紋、盠駒尊因賞駒而模仿駒形一樣。宰丰雕骨也是紀念物,由於商王賜予大牛,於是保存其肋骨,雕刻紋飾銘文。黿沒有適用的部分可以留藏,於是造銅黿以爲紀念。但銅黿不具有實用性,作冊般只是做一件珍貴的紀念物奉獻給母親而已②。

朱鳳瀚先生認爲器約在帝乙、帝辛時代。他對黿體上的箭作了詳

---

①嚴志斌云:"西周時期周王也常舉行射魚之禮,如井鼎、靜簋、遹簋。所獲則作爲薦品貢獻於宗廟,或賜於參與者,如公姞鬲鼎、井鼎。作冊般銅黿銘中所獲黿,是否也是一次禮儀活動的收穫,也是有可能的。"參《商代賞賜金文研究》,《南方文物》2008年第4期,第101頁。嚴文提及與黿銘近同的宰丰雕骨。

②李學勤《作冊般銅黿考釋》,《中國歷史文物》2005年第1期,第4—5頁。

細觀察,認爲射入黿體的非箭前部之鏃,而當是箭尾,鑄成此形當是用來顯示射箭者(商王)的孔武有力。其釋文:"丙申,王迡舒(于)洹,隻(獲)。王一射,狃射三,率亡(無)灋(廢)矢。王令(命)寢(寢)馗(馗)兄(貺)舒(于)乍(作)冊般,曰:'奏舒(于)庸,乍(作)女(汝)寶。'""迡"習見於黃組卜辭,有及、至之義,實際上含有往於某地還要回歸於出發地的意思。"王迡"之地多較洹水爲遠,商王在洹水流域能射獲此較大的鱉,可證洹水當時是一條較大的河流。"獲"指獲此黿。狃讀作狃,再、又之義。"王一射,狃射三"是說王先對此黿射了一箭,接著又連射了三箭。即四箭射者皆應是王。"率亡廢矢"即無有未命中的矢。"奏于庸,作汝寶"是王對作冊般所說的話(或是通過寢馗傳達給作冊般)。王在賞賜給作冊般其射獲的黿後,令作冊般"奏于庸"。奏,書也;庸指記功的庸器,即王命作冊般將王四射皆中的精湛射術銘記於庸器上,以展現王之武功,並囑其永寶之。銘文大意是:丙申日,王及於洹水,獲得此黿;王先射一矢,繼而又連射三矢,皆命中而無有廢矢;王命寢馗將此黿賜於作冊般,王說:"(將此事)銘記於庸器,作爲你的寶物。"從相關銘文看,作冊般是受到商王重用並有相當地位的貴族。朱文提及在獵物上記錄商晚期商王行獵成績的六條文字資料:《懷》1915(《合集》37848 近同)雕紋虎骨、《殷契佚存》518 雕紋兕肋骨(宰丰雕骨,《甲骨文合集補編》11299)、《殷契佚存》427 兕肋骨、《合集》37743 鹿頭刻辭、《合集》36534 鹿頭刻辭、《合集》37398 兕頭骨刻辭。宰丰雕骨辭例尤其與黿銘相近[①]。

　　王冠英先生釋文:"丙申,王迡于洹,隻(獲)。王射,般射,三,率亡灋(廢)矢。王令寢馗兄(貺)于作冊般,曰:'奏于庸。'作母寶。"迡,巡視、巡察之義。王射了一箭,般射了三箭,完全命中,沒有浪費一箭。商王命寢馗把射獲的黿賜給作冊般。"奏于庸"是"奏之于鏞"的意思,是說商王要作冊般把射獲大黿的事創作成音樂用鐘樂演奏出來。這一方面是爲了宣傳自己的神武,另一方面可能也跟射禮有關。"作母寶",爲紀

---

① 朱鳳瀚《作冊般黿探析》,《中國歷史文物》2005 年第 1 期,第 6—10 頁。

念此事，作冊般做了這個寶器獻給母親。文章還對黿身上的矢形作了深入的討論①。

裘錫圭先生認爲："丙申王迎于洹獲"，此句說明銅黿所象之物是商王在丙申日迎於洹時所捕獲的。"王一射，□射三，率無廢矢。"□可能是贊助、佐助之義，也可能是商王迎於洹時所帶隨從中的一種人的名稱（當不止一人）。"王令寢馗兄于作冊般曰：'奏于庸作，母寶。'"兄意義近於"告"，"奏于庸作，母寶"是商王命令寢馗告訴作冊般的話，"庸"基本同於西周金文的"僕庸"之庸，母爲毋；奏訓進，"庸作"猶言"庸之所作"，指庸徒們工作的地方，"奏于庸作"義即送進庸徒工作之所，可能指將捕獲的身中四矢的黿送進鑄銅作坊，以仿鑄銅黿；或送進骨角器作坊，用其甲殼製器。從商王讓作冊般辦這件事來看，似乎前一種可能性較大。因爲銅黿有銘文，需要史官撰寫。"毋寶"義即不用當作寶物，應指不用把黿的甲殼保存下來當作寶物。黿銘記載了商王射獲並處理此黿的情况，可能爲作冊般承王意而撰，並不是作冊般因爲被商王賜以死黿，感到榮幸而做的②。

董珊先生讀"迎"爲"毖"。他認爲此黿可能是先被捕獲，之後用來作爲射箭之鵠的，而並非射取，懷疑跟射禮有關。"狃（？）射"依從朱說。"作母寶"意思是做一個象形寶物，"母"讀爲"模"。他同意朱文庸即庸器的意見，認爲銅黿的性質就是文獻中的"庸器"。作冊般並非把商王賞賜當作個人榮耀，而是爲了記錄商王的功庸而製作這件器物，這是他的職責。董文引及一件西周時期的晉侯銅人，認爲其與銅黿製器的立意和匠心有相似性③。

宋鎮豪先生認爲銘文反映的是商王暨各方貴族階層成員參與的弓

---

①王冠英《作冊般銅黿三考》，《中國歷史文物》2005年第1期，第11—13頁。
②裘錫圭《商銅黿銘補釋》，《中國歷史文物》2005年第6期，第4—5頁。
③董珊《從作冊般銅黿漫說"庸器"》，北京大學震旦古代文明研究中心編《古代文明研究通訊》總第24期，2005年3月，26—29頁。

矢競射禮①。其釋文:"丙申,王迍于洹,獲。王一射,妞射三,率,亡(無)灋(廢)矢。王令寢馗兄(貺)于乍冊般,曰:奏于庸。乍母寶。"迍讀陳,陳列之義;妞,贊佐、佐助之義。"無廢矢"爲班評競射優勝的贊語,形容射技精湛,箭無空射皆中目標,是射禮場合的常見用語。此銘記商王帝乙陳列於洹水舉行競射,王一射,佐助三射,皆中的,無廢矢,射獲大黿,頒功,命寢馗貺賜乍冊般,譜詠其事於鏞鐘演奏。"奏于庸",當是射後舉行享禮(享祭先祖之禮)的行儀之一。又謂"妞射三,率,無廢矢"蓋與文獻"射以擇人"同旨,三人得中。"率"指皆中的②。

袁俊傑先生釋文:"丙申,王迍于洹,隹(惟)王射,奴射四,率亡(無)灋(廢)矢。王令(命)帚(寢)馗兄(貺)于乍(作)冊般,曰:'奏于庸,乍(作)女(汝)寶。'""奴"讀爲殘,殘穿義。銘文大意是說,丙申日這一天,商王到洹水上舉行射禮,商王連續射了四支箭,皆射中黿體,沒有廢矢。王命寢馗將此黿賜於史官作冊般,王說:"(將四射皆貫的射藝)銘記於庸器,作爲你的寶物。"他認爲黿是銘功的庸器,而不是莊重神奇又具有實用性的禮器;是頌揚商王射技武功的紀念物,而不是對商王貺賜的紀念物;是整體仿生的寫實性極强的再現商王射藝的實物模型,而不是田獵物模型;其銘文是記載射禮的,而不是記載田獵的。銅黿的銘文與造

---

①按照一定的規程進行弓矢競技,用以體現貴族子弟矢射技能之高下;以三番射作爲競技規則,以實射獵物爲主要形式,視射獲獵物無廢矢品論優勝,進行頒功貺賜,射後有享祭先祖之禮。宋先生於"妞射三"的解釋前後有所不同,前解釋爲三番射,後解釋爲射以擇人、三人得中。
②宋鎮豪《從新出甲骨金文考述晚商射禮》,《中國歷史文物》2006 年第 1 期,第 10—18 頁。對於"妞射三",宋先生游移於"佐助三射"、"三弓用射"、"三人得中"之間,看法不夠明晰。韓江蘇解釋銘文云:商王到洹水上("王迍于洹"),捕獲了此只黿(商王差人把此黿送到宗廟中習射之處,以備射箭禮儀場合下使用之鵠),射禮舉行的當日,商王先射了一箭,後三矢連續而發,箭無虛發,每箭都射中了黿;商王命令寢首把所射四箭之黿饋送給了作冊般,又命令說:於設置庸處奏庸(鐘)以示射禮禮儀開始。作冊般作爲參與商王所舉行射禮的官員,被商王賞賜大射之禮場合下所射之黿,他感到無比榮幸,故做銅黿以示榮耀。她把"王一射,妞射三"解釋爲"參連"射儀(前放一矢,後三矢連續而去),認爲黿身之四箭均爲商王所射。參《從殷墟花東 H3 卜辭排譜看商代彈侯禮》,《殷都學刊》2009 年第 1 期,第 22—24 頁。

型構思所反映的史事是商代末期王在洹水進行的一次水上射禮活動①。後把"达"改釋爲"述",讀爲"弋",弋射義;"隹"改釋爲"獲",獨字句。"無廢矢"是射禮文辭有別於田獵文辭的顯著標識。認爲銘文是説,丙申日這一天,商王舉行射禮,王弋射於洹水,射得;商王射黿,連續穿射了四支箭,皆貫穿黿體,没有作廢的箭。銘文記述了商王在同一日所舉行的弋射和射黿兩種射禮。並推測,當時可能是把黿用繩子綁住四條腿,頭向下,懸掛在兩根立杆之間作箭靶的。在此基礎上,進一步推測説,商周時代的射禮曾經歷了一個從田獵競射到射牲、再到射侯的發展歷程,而銅黿所反映的正是由實射動物到射侯的過渡形態②。

李凱先生認爲銘文反映了商王進行射禮的事實,而不是記載普通的田獵。作册般很可能也參加了此次射獵,因表現出色而被賞賜。"奏于庸"是商王命令進行奏祭和庸祭這樣以音樂來禮神的活動。"作母寶"即用吉金作紀念作册般母親的彝器。該黿的性質不僅是臣下對商王賞賜而鑄造的紀念品,而且是反映了晚商射禮過程的重要材料。他認爲從洹水中獲得的大黿,在射箭之前已經被固定好,作爲靶子。這樣活的靶子是象徵性的。他説"王一射,叙射三,率亡灋(廢)矢"不能理解爲"獲"的過程,而應該理解成順敘,即在洹河獲得大黿以後,王和隨從對已經固定好的大黿進行射禮,没有浪費一箭。"無法(廢)矢"是由"獲者"(查看射中與否的報告員)唱出的,是射禮的慣用語③。

閻志先生根據文獻中鄉飲酒禮、饗禮、燕禮和祭禮之後必有射禮(文獻中分别作鄉射、燕射和大射)以及賞賜動詞用"貺"而認爲,黿銘所記當是鄉飲酒禮之後的射禮。黿即爲賞賜物,黿不易保存,故鑄成銅器以紀念,稱爲"庸器"(按:從朱説)。商代將銘文刻在賞賜品上,他還提

---

① 袁俊傑《作册般銅黿所記史事的性質》,《中原文物》2006年第4期,第39—44頁。
② 袁俊傑《作册般銅黿銘文新釋補論》,《中原文物》2011年第1期,第43—52頁。
③ 李凱《試論作册般黿與晚商射禮》,《中原文物》2007年第3期,第46—50頁。另參朱琨《略論商周時期射牲禮》,《中原文物》2012年第1期,第34—35頁。朱文的觀點基本上是襲自李凱之文,有些話基本雷同,有的則變換了表述方式,但其參考文獻中卻没有李文。

及雕紋兕肋骨（即宰丰雕骨）和一件玉璧、一件玉柄形器①。

晁福林先生認爲此器與巫術有關，是厭勝之物。其釋文："丙申，王逝挧（于）洹，隻（獲）。王一射，般射三，率無濾（廢）矢。王令寢馗兄（貺）乍（作）册般，曰：'奏于庸，乍（作）。母（毋）寶。'"意謂丙申這天商王到洹河田弋，王射一箭，作册般射三箭，皆命中而無虛發，商王遂命任寢職而名馗者將所射中的黿賜給作册般。"奏于庸，作"是寢馗傳達的商王給予作册般的命令。"奏于庸"義即獻牲於庸，就是用牲血釁鐘鏞，"作"謂釁鐘之事可即實行。"毋寶"是商王命令之辭的一部分，商王告訴作册般，此黿用於釁鐘之後即可隨意棄置，不作寶物對待。黿形之物非禮器，龜黿只是供占卜的用物，而非必爲寶。"毋寶"可能還有深層次的思想因素，即商代的厭勝觀念。在古人，血往往被認爲是特別神異的東西之一，釁鐘與原始巫術有關，通過這種方式可以使被釁之物擁有神異之力。銘文所載射黿之事，應是古代厭勝之術的表現，商人射龜黿所表示的蓋爲對於南方及東南方敵人的敵愾，射龜可能表示著對於南方的鎮服。所謂"毋寶"此黿，其原因一方面在於龜黿從未用作禮器、祭器，另一方面應當也在於它是商王厭勝之物，表示著對於敵方的鎮服②。

孫明先生採用偶像破壞理論對此進行解釋，他認爲，商王之所以令作册般作器銘功，可能是在有意打破整個社會的龜靈觀念及對龜的崇拜。他聯繫商王帝辛對祭祀、占卜傳統之破壞行爲，認爲商代晚期統治者似乎是在抵制祭祀及占卜儀式所代表的鬼神力量的實際存在，有意壓制民衆對鬼神力量的崇拜，降低宗教對國家政治及社會生活的影響力，削弱貞人集團勢力，藉此加強世俗王權③。

連劭名先生釋文："丙申，王弋于洹，獲。王射，般射三，率亡法矢。王令寢馗兄于作册般，曰：'奏于庸，作女寶。'"弋義待考，洹指洹水，獲即得。古人認爲田獵得黿是吉慶之事。"率亡法矢"，讀爲"率無廢矢"。

---

① 閻志《商代晚期賞賜銘文》，《殷都學刊》2012年第1期，第18、21、22頁。
② 晁福林《作册般黿與商代厭勝》，《中國歷史文物》2007年第6期，第48—54頁。另參王海、張利軍《伯唐父鼎與周穆王治理荒服犬戎》，《東北師大學報》（哲學社會科學版）2014年第1期，第222頁。
③ 孫明《論商代晚期的偶像破壞行爲及影響》，《殷都學刊》2014年第3期，第20—21頁。

"率"如今之"一律"。"寢"是官名,相當於《周禮》中的"宫伯","馗"是人名,"兄"讀爲貺,賜予之義。"奏于庸,作女寶"是寢馗向作册般所傳達的王命,"奏"如言"告","庸"即中庸,又稱天常。"天常"即上下,上下即天地,天地源於中和,中和即中庸,上下與帝同義,"奏于庸"即告於帝。田獵得黿而告於帝,具有特殊意義,目的是爲了向上帝證明商王修身正心。射是古代貴族的必修科目,商王田獵時發矢中的,說明他能夠自求於己,反身修德,正心誠意則神不責罰,故"奏于庸"還帶有祈禱性質。商王田獵得黿而轉賜作册般,就是爲了讓他將此事寫成文辭,告於上帝,其事正符合作册的職責。古人以黿爲美味,"作女寶"之寶指食物①。

張秀華、邵清石先生認爲"奏于庸"就是"奏于庚",庚指商王盤庚。奏指向帝王上書或進言,銘中應指告慰商王。"庸"應爲"盤庚"之合文。銘文大意:丙申日這一天,商王到洹水上;商王射了一支箭,贊射者射了三支箭,皆射中黿體,没有廢矢;王命寢馗將此黿賜於史官作册般,王説:"把這件事告訴先王盤庚。"作册般做了這個寶器獻給母親②。

沈培先生認爲,"奏于庸"到底是什麼意思,還有待進一步研究。銘文末句,他贊同朱鳳瀚先生"作汝寶"的釋讀,認爲此與中方鼎"今貺畀汝禍土,作乃采"的"作乃采"表達方式和所處語境相似③。

從上文所梳理諸家意見來看,該銘有三個關鍵問題尚未達成比較一致的意見:

一是"王射"句,這一句釋讀分歧較大,而且還涉及王射一箭還是四箭的問題。這句話的意旨説不清楚,諸家對於商周禮制的討論就缺乏堅實的基礎。

二是"奏于庸"句。該句與器物性質相牽連,迄今未有一説盡愜人

---

① 連劭名《兩件商代青銅器銘文新證》,《中國歷史文物》2009年第6期,第70—71頁。
② 張秀華、邵清石《作册般銅黿銘文彙釋》,《黑龍江教育學院學報》2009年第1期,第100—101頁。另有李旼姈《作册般銅黿銘文研究》,《中國語文學論集》(《중국어문학논집》)第64號,2010年10月,第33—53頁;丸山啓樹《金文通解:作册般黿》,《漢字學研究》(2),立命館大學白川靜紀念東洋文字文化研究所編,2014年7月,第61—67頁。
③ 沈培《説古文字裏的"祝"及相關之字》,《簡帛》第二輯,上海古籍出版社2007年11月,第14—15頁。

意,其中解"庸"爲"庸器"的說法稍勝。作爲職官的"典庸器"見於《周禮·春官》,掌藏樂器、庸器。《序官》鄭玄注引鄭司農云:"庸器,有功者鑄器銘其功。《春秋傳》曰:'以所得於齊之兵作林鐘,而銘魯功焉。'"本職下鄭注:"庸器,伐國所獲之器,若崇鼎、貫鼎及以其兵物所鑄銘也……陳功器,以華國也。""華國",光耀國家之謂。據鄭注,庸器有兩種:一是"崇鼎、貫鼎"之類,即"古者伐國,遷其重器,以分同姓"(彭林先生把此類定義爲滅國分器①);二是"以其兵物所鑄銘也"。按之兩周的實際情況,這兩類庸器都是青銅所製。彭林先生認爲晉侯蘇鐘不屬以上兩種情況,鐘爲戰爭所獲而勒晉功,亦歸庸器之列,可補經史之不備。其實蘇鐘可以看作"古者伐國,遷其重器"一類。董珊先生文所舉用以與黿類比的銅器,如師同鼎、楚王酓忎鼎、中山王方壺、陳璋方壺和圓壺、燕王職壺、晉侯蘇鐘,均記(或意在彰明)器主之事功,大概就是禮書所謂之"庸器",且與舊注吻合②。但董文進一步擴大了庸器的範圍,加入了因事取材(雕銘於獸骨或人骨)或取象(冶鑄象生模型)而製器的情況,如作冊般銅黿、晉侯銅人、殷墟人頭骨刻辭等,把它們看作廣泛意義上的"庸器"(其性質是紀念性的)③,並云"可視爲一種特殊的禮器"。這種廣義庸器說有其合理之處,對一些銘辭有很好的解讀作用。

關於器物的性質,還有紀念物、厭勝之物等不同說法。紀念物說又有不同的兩種理解,一種認爲是作冊般受王賞賜而作紀念物,一種理解是頌揚商王射技武功的紀念物。厭勝之說把"奏于庸"與"虁鐘"相聯繫,其間論證彎繞太多;又云"商王朝占卜用龜主要來源於南方長江流域,射龜可能表示著對於南方的鎮服",推測性強。黿銘已經說明此黿得於洹水,而非來自南方,而且據動物學者的意見,此物乃是生活於黃河流域的黃斑巨鱉。這些都是厭勝說所考慮不及的。

---

① 彭林《聽松山房讀〈禮〉札記》,《追尋中華古代文明的蹤跡——李學勤先生學術活動五十年紀念文集》,復旦大學出版社2002年8月,第161—162頁。

② 諸器或以所得器物重新鎔鑄,或在所得器物上勒銘記功。

③ 朱鳳瀚先生其實也是擴大了"庸器"的外延,他沒有採用"伐國所獲之器"的舊說,而是採用了林尹"有大功而可作紀念之器物"的新說。參《作冊般黿探析》,第8頁。

三是最後一句中的"王曰"之辭到底斷在何處,以及末句如何釋讀的問題。末句的釋讀與對器物性質的認識緊密關聯。末句有"作母寶"、"作汝寶"、"作模寶"、"毋寶"等不同解釋。

對於銅黽性質的討論,有三個基點是必須要考慮的:青銅質地,特異的形制和銘文內容。不同質地的器物,其使用的場合也應該是不同的,也就是說,其重要性及其功用應該有所不同。依靠銘文,對銅黽本身也能作出很好的理解,其身上的箭並不是非鑄不可,之所以要鑄出來,而且與銘文相照應,應該有其特別的意義。作爲青銅器組成的三個要素,即人(作器者)、事(銘所記之事)、器,是三位一體的,現在的各種解釋,難以把銅黽的這三種要素很好地統一起來。如果解釋爲奉獻給母親的寶物,把它看作祭器(禮器),這超出了我們已有的對於商周彝器的認識;如果認爲是弄器(假設母親健在),但銘文記錄的又是與王有關的大事(可能跟某種禮儀有關)。如果銘文中並沒有作器對象,只是紀念性的文字,其特異的形制又該如何認識。銘文的一般體例是,器物的主人和器銘所記之事是有密切關係的。如果說製作此器純爲頌揚商王之射技,作冊般有責任記錄這件事,但並沒有責任製作這件器物。我們也很難找到類似的例證,即作器者製作了一件純粹爲了頌揚別人的器物。器物的製作總是有一定的目的,或爲祭祖,或因戰爭獲勝,或因冊命封賞,或因贏得訴訟。而且,無論是由於作冊般受到眔賜而作器,還是由於作冊般參與了其中的射事而且表現優秀,爲紀念此事而作器,黽身的箭都有些特異。另外這麼長的銘文鑄於器物表面的顯眼部位,也與一般的商代銘文不同。即使有的銘文鑄於器表,也往往有意與紋飾融會在一起(圖2),或營造出紋飾的效果(圖3)①。

---

① 圖2寧犾簋,2005年7月河南安陽市殷都區北蒙街道范家莊東北地商代墓葬出土(M4:5),圈足上獸面紋鼻梁處爲兩組"寧犾"二字銘文。圖3亞長尊,2001年2月河南安陽市花園莊殷墟宮殿宗廟區内商代墓葬出土(M54:84),銘文"亞長"二字在口沿下外壁蕉葉紋兩側作豎向對稱分佈。參岳洪彬主編《殷墟新出土青銅器》,雲南人民出版社2008年10月,第179、157頁。

圖2　寧犰簋　　　　　　圖3　亞長尊

盠駒尊(《集成》①6011,昭穆時期),1955年3月陝西郿縣李村西周銅器窖藏出土5件銅器,兩件馬駒形的盠駒尊(存二蓋一器身,參圖4)②,兩件方彝,一件方尊。駒尊銘記錄的是執駒禮,這是周王親自參加的一項重要典禮。周王會把部分駒馬分給大夫卿(即"頒馬"),因此盠受賜駒兩匹③。銘文在頸下和蓋內。方尊、方彝紋飾風格一致,銘文內容相同,記載的是周王對盠的冊命,當是成套的禮器,與駒尊性質有別,文字亦較駒尊規整。

圖4　盠駒尊器形及器銘拓本　　　　圖5　宰丰兕骨

從銘文內容性質講,盠駒尊與作冊般銅黿更相近,這可以反過來證

---

① 中國社會科學院考古研究所編《殷周金文集成》,中華書局1984—1994年。簡稱《集成》。
② 《集成》6011、6012(蓋)著錄。
③ 參沈文倬《"執駒"補釋》,《考古》1961年第6期;收入氏著《宗周禮樂文明考論》,浙江大學出版社1999年12月。

明黿銘記錄的很可能是一種典禮(射禮),而且是作冊般由於受到王的既賜而作器。作冊參加射禮的見於西周的麥方尊(《集成》6015 西周早期),十五年趞曹鼎(《集成》2784 恭王時器)中的史趞曹則是周王的史官。我們懷疑,駒尊和銅黿的造型大概都是跟特定的禮儀相匹配的,兼有明禮和禮的教育的功用。如果這種推測合理,黿銘之"奏于庸"的"庸"可能應該讀爲"頌",指禮容,銘文中具體指射儀。"奏"可能是書、記之類的意義。如果這樣解釋"奏于庸"是可信的,那麼末句釋爲"作汝寶"是合適的。此句意思是說,把這件事記錄進射儀當中,並當作你的寶物。但不是把射獲的實物黿作爲寶物,而是把所鑄的用於禮教的模型作爲寶物[①]。如果這種推測合理的話,作冊般的身份就跟《儀禮·鄉射禮》和《大射儀》中的"司射"相當。

諸文援引用以與銅黿類比的晚商骨類刻辭資料中,現在見到的人頭骨刻辭完全是爲了祭典,是刻辭以報先人,不是留給活人看的,也非著重在紀念,而在旌揚先祖護祐之功;而且,其人頭骨無一完整,皆爲碎小片,可能在獻祭之際即已打碎[②]。宰丰兕骨(圖 5)辭例與黿銘的獵獲和賞賜兩項內容相近,其他內容差別甚大。其形制爲骨柶,是具有實用價值的食器。其一面刻有文字,記載帝辛將獵獲的兕既賜宰丰之事;另一面刻獸面紋、龍紋等,並嵌有綠松石。它同時也是一件可以觀賞的藝術品。其他如虎骨刻辭(雕花骨柶,"王田于雞麓"[③],《懷特》1915)、雕花骨柶("獲白兕",《佚存》427)、鹿頭刻辭("王蒿田",《合集》36534,圖 6)、兕頭骨刻辭("王來正盂方伯",《合集》37398)等,這些動物均爲田獵所獲,它們和宰丰骨材質相同,記事內容相似,其性質也應該大致相同——銘功紀念。[④] 它們與銅黿只是點上的相似,而非面上的相同,把這些骨刻辭的性質與銅黿之間直接認同,恐怕是值得商榷的。

---

①這種情形並不能類推,比如達須蓋(《通鑑》5661—5663 西中),作冊吳盤(《通鑑》14525 西中)、盉(《通鑑》14797)均記載了執駒禮,但並未作成駒形器。賜駒又見於瘨鼎(《集成》2742 西中)。
②王宇信、楊升南主編《甲骨學一百年》,社會科學文獻出版社 1999 年 9 月,第 250 頁。
③此爲刻辭內容的提示,下同。
④此類骨刻辭資料,參王宇信、楊升南主編《甲骨學一百年》第 248—253 頁。

晉侯銅人爲圓雕跽坐形男性人像，戴平頂帽，直鼻細眼，口用淺綫條刻畫，上身赤裸，腰帶下垂條狀蔽膝，雙手反背身後。銅人身前有銘文曰："隹（唯）五月，淮尸（夷）伐格，晉侯厰（搏）戎，隻（獲）氒（厥）君冢師，侯揚王于絲（茲）。"（參圖7）有學者指出，這個銅人就是晉侯所俘獲的淮夷君長的形象①。銅人製作的目的，一是揚王（大概是揚王休或揚王令之省），二是揚威並對戎人進行震懾。器物性質與銅黿亦有別。

傳出於山西太原的春秋晚期器子之弄鳥尊（《集成》5761，圖8），則是弄器，項上錯金銘文四字②。它應該是器主所"欣賞、珍愛"的藝術品，大概是日常生活中自娛之用③。

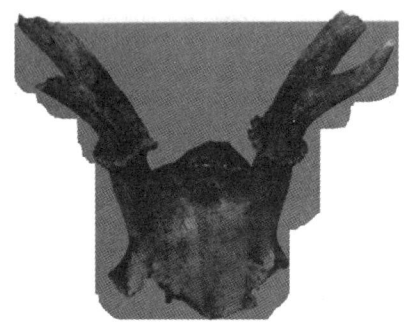 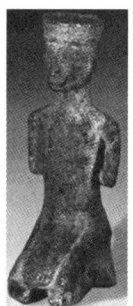 

圖6　鹿頭刻辭　　　圖7　晉侯銅人　　　圖8　子之弄鳥尊

二

青銅器的花紋與銘文內容相照應，見於貉子卣。

卣有2件，西周早期器，著錄於《西清古鑑》15.9（圖9）、15.11（圖

---

① 參董珊《從作册般銅黿漫說"庸器"》引蘇芳淑、李零說，第27頁。
② "之"字，近何家興先生改釋爲"延"，參《〈子之弄鳥尊〉應稱〈子延弄鳥尊〉》，石立善主編《古典學集刊》第一輯，華東師範大學出版社2015年5月。此字作爲偏旁亦見於戰國時期魚鼎匕，作[字]。
③ 參黃銘崇《殷代與東周之"弄器"及其意義》，《古今論衡》第六期，2001年6月。對於"弄器"的認識，應該考慮時代、地域、器物形制以及使用場合等因素。封泥中的相關材料參陳治國《"陰御弄印"與"陽御弄印"封泥考釋》，《考古與文物》2015年第3期。陳文同意"弄"解爲"寶"的意見。

10)。《周金文存》5.86—88（卣一：5.86.1 蓋銘，5.86.2 器銘，5.87.1—2 爲蓋、器的全形拓本，參圖 11；卣二：5.88.1 器銘，參圖 12），據其目錄，貉子卣一，蓋器各 36 字，南海李氏所藏；貉子卣二，器 36 字，吳縣潘氏所藏。容庚《商周彝器通考》①下編圖 25（《周金文存》5.87）、附圖 670 著錄（失蓋，吳縣潘氏攀古樓藏器）。

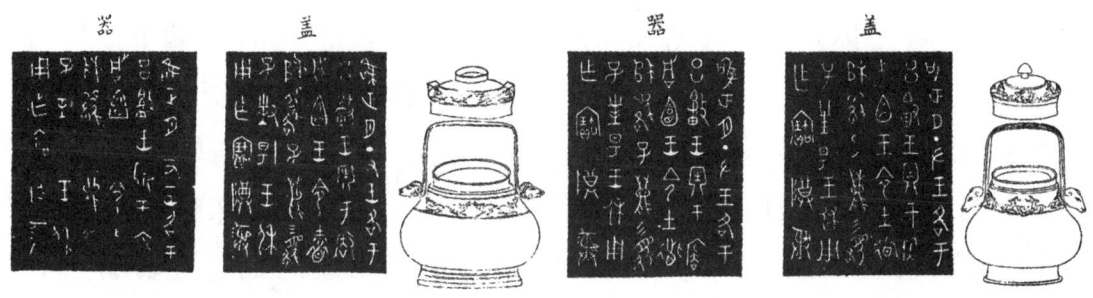

圖 9　貉子卣（《西清古鑑》15.9）　　圖 10　貉子卣（《西清古鑑》15.11）

陳夢家《美集錄》所錄爲皮斯百所藏（參圖 13、14），A626 貉子卣說明："蓋：《西清》15.9，《周金》5.87a，《三代》13.41.2，《周金》5.86a，R389；器：《西清》15.11，《周金》5.87b，《三代》13.41.1，《周金》5.86b。"②陳氏云："前曾數次審驗皮氏所藏器，決定蓋是真的而器是僞的。原來在清宮時，此卣共一對，其中一真（《西清》15.9）一僞（《西清》15.11）。出宮後，李宗岱得真蓋僞器，即皮氏今所存者；潘祖蔭得真器（《西清》15.9，《商周彝器通考》670，《周金》5.88a，《三代》13.40.5），而《西清》15.11 之僞蓋，今不知所在。潘器失提梁，與李蓋字體行款相同。李、皮之器及失去的僞蓋，銘文仿刻真器而有訛誤，花文、形制亦與潘器李、皮蓋稍有不同。"皮氏所藏，即李宗岱舊藏（《周金》5.87），其蓋是《西清》15.9 之蓋，是真的；器是 15.11 之器，乃僞作。潘器李蓋是《西清》的第一器。《周金》

---

①容庚《商周彝器通考》，哈佛燕京學社 1941 年；上海人民出版社 2008 年 8 月（重排本），第 321 頁。

②陳夢家《美帝國主義劫掠的我國殷周銅器集錄》，科學出版社 1962 年 8 月，第 118 頁。《集成》5409 云：清宮舊藏，原爲一真（《西清》15.9）一僞（《西清》15.11），流出宮後，李山農得真蓋僞器，潘祖蔭得真器（《美集錄》）；現蓋藏美國米里阿波里斯美術館（皮斯柏氏藏品），器藏上海博物館。其著錄來源：《西清》15.9，《周金》5.86.1（蓋）、88.1（器）。容庚《西清金文真僞存佚表》認爲《西清》15.9 即《周存》5.88（失蓋），《西清》15.11 即《周存》5.86，二器皆真。劉雨《乾隆四鑑綜理表》意見同（875、876 號），中華書局 1989 年 4 月。

5.87.2(器)是僞的①。

卣腹及蓋各飾鹿紋一道。方濬益云："此二器器、蓋各有八鹿,正以歸鹿作器,故肖其形以爲飾歟？"②鄒安云："文曰'王命士道歸貉子鹿三',飾以鹿,所以紀王寵也。"③郭沫若云："此因受錫鹿而作器,器上即以鹿紋爲飾。銘詞與花紋相應,僅見。"④容庚云："王令士道歸貉子鹿三,貉子對揚王休,用作寶尊彝,其花紋爲鹿形,亦一有趣事也。"(《通考》P103)陳夢家云："作器者因受賜鹿的殊賞而作器,並圖象鹿形於此器上,如此銘文內容與文飾的相照應之例,實所罕見。"(《美集錄》P118)⑤周王以其田獵所獲之鹿歸(饋)於貉子,貉子因此殊榮而作器,事情與作冊般銅黿相似,但卣屬祭器,與作爲特殊用途的銅黿性質有別。

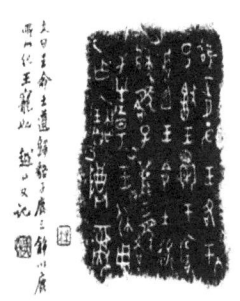

圖11.1 《周金文存》5.86.1－2

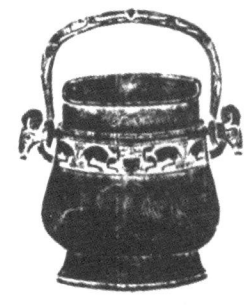

圖11.2 《周金文存》5.87.1－2

圖12 《周金文存》5.88.1　　圖13 《美集錄》R389a(蓋銘)

---

①陳夢家《西周銅器斷代》,中華書局2004年4月,上冊第122－124頁、下冊第667頁。
②方濬益《綴遺齋彝器款識考釋》卷十二頁12貉子卣考釋。
③參《周金文存》5.86.2拓片題記,寫於庚申年(1920年)八月。
④參《兩周金文辭大系圖錄考釋・貉子卣》第422頁。
⑤另參陳夢家《殷代銅器(三篇)》,《考古學報》1954年第七冊,第23頁。

圖 14　《美集錄》A626 器影

三

　　花紋構圖與銘文文字構形照應的現象多見於商代器物。

　　銘文與器外的紋飾主體相應，如尹舟簋（《集成》3106 商晚，參圖 15）。容庚云："其狀如古舟字，縱三舟相重，橫多舟相連。花紋僅一見，銘文亦作Ⅲ字，或非普通之紋飾也。"（《通考》P97 舟字紋）口、足紋飾同，均是三重舟字紋上下夾以圈帶紋。這種銘文紋飾化的現象極罕見，其性質與貊子卣又有所不同，而與上文提到的寧狃簋相似，體現了商代工匠的獨特匠心。

圖 15　尹舟簋器形、銘文及紋飾

　　商代晚期的文父乙簋（《集成》3502，圖 16）內底有銘文六字，或云外底還有一字。古代青銅器絕大部分是用陶範法鑄成的，有的器物鑄出後,外底會留下三角形或網格狀鑄痕。比如商戌戊簋(圖 17)①。這種鑄痕一般是不打磨的。文父乙簋當是對這種鑄痕進行了打磨,而形成與族氏文字"令"相照應的造型,是一個特殊的例子。按之通常情况,它不能被看成是字。

  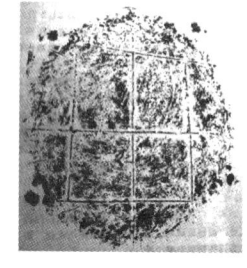

圖 16　文父乙簋　　　　　　　　　圖 17　戌戊簋外底拓片

1934 年秋至 1935 年底,中央研究院歷史語言研究所考古組對安陽殷墟進行了第 10~12 次發掘,在西北崗王陵區共挖掘出 10 座帶墓道的大墓、一座未完工的大墓及 1200 多座小墓或祭祀坑。1004 號大墓是其中之一,帶有四條墓道,氣勢恢宏,雖被盜嚴重,但仍在未被盜擾的一隅出土了許多重要隨葬品,包括著名的牛方鼎、鹿方鼎和石磬、碧玉棒、銅胄、銅戈、銅矛頭、車飾、皮甲、盾等。該墓的年代在殷墟二期或三期的較早階段②。一般認爲牛方鼎與鹿方鼎的銘文與器外的紋飾主題相應(參圖 18 器形,圖 19 銘拓)③。

---

① 參程長新、王文昶、程瑞秀《銅器辨僞淺說》,文物出版社 1991 年 12 月,第 42—44 頁。其所謂戌戊簋當即《集成》3065 何戊簋。
② 田建花、金正耀《南京博物院藏侯家莊 1004 號大墓出土青銅胄》,《東南文化》2014 年第 3 期,第 66 頁。另參田建花、金正耀、李瑞亮、閻立峰、崔建勇《殷墟 1004 號王墓出土青銅胄研究》,《江漢考古》2012 年第 1 期,第 92、98 頁。
③ 陳夢家《殷代銅器(三篇)》,《考古學報》1954 年第七冊,第 22—24 頁。這兩件鼎的相關數據,據陳文,牛方鼎:通高 74 釐米,口徑 45×64 釐米,耳高 14 釐米;鹿方鼎:通高 62 釐米,口徑 38×52 釐米,耳高 12 釐米。唐際根《殷墟文物在臺灣》(《中國文化遺産》2006 年第 3 期,第 51 頁)云:牛鼎通高 73.3、長 64.1、寬 45.4 釐米,重 110 千克;鹿鼎通高 60.9、長 51.4、寬 37.4 釐米,重 60.49 千克。臺灣"中央研究院"歷史語言研究所歷史文物陳列館展覽的數據與唐文相同。圖 18 黑白照片引自陳文。

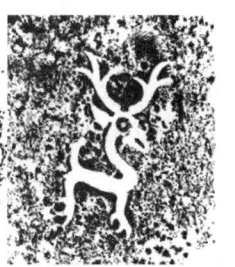

圖 18　牛方鼎、鹿方鼎器影　　　　　圖 19　牛方鼎、鹿方鼎銘拓

　　子龍鼎（圖 20、22），通高 103 釐米，口徑 80 釐米，重 230 公斤。據傳 19 世紀 20 年代出土於輝縣，早年流出海外，後爲日本收藏家千石唯司所獲（大約收藏於 20 世紀 80 年代），直至 2004 年在大阪美術館展出之後纔爲世人所知。展出後的子龍鼎流入香港，據傳國家博物館在 2006 年以 600 萬美元（當時約合 4800 萬人民幣）購得。口沿下三組長軀獸面紋之間，各有一組窄幅的無軀獸面紋。張昌平先生認爲子龍鼎的年代當與大盂鼎（圖 21）接近而略早①。陳佩芬先生根據該鼎造型與表面氧化層具有陝西周原一帶出土器物的特點，認爲屬於西周早期是合適的②。朱鳳瀚先生認爲應在商晚期偏晚（近於商末），其下限也可能已入西周初年③。吴鎮烽先生亦認爲屬商代晚期後段近於商末，並認爲子龍是商王子④。

　　該鼎銘文與紋飾之間的關係有多位學者指出。李學勤先生云："'龍'字雙鈎，有瓶形角，與鼎面饕餮紋間的龍首一致。這種銘文和紋

---

①參張昌平《吉金類系——海外博物館藏中國古代青銅器（三）：獸面紋大鼎（上）》，《南方文物》2011 年第 4 期，第 144－148 頁；高至喜《賀子龍大鼎回歸》，《中國歷史文物》2006 年第 5 期，第 14 頁。另參謝小銓《子龍鼎歸國始末》，《中國歷史文物》2006 年第 5 期，第 18－19 頁。圖 20.1、圖 22.1－2 引自張文，圖 21 引自劉錫榮《説鼎——榮寶齋隨筆之一》，《榮寶齋》2015 年第 9 期，第 266 頁。圖 20.2（側面圖）、圖 22.3 引自《中國歷史文物》2006 年第 5 期圖版一、封二下。

②陳佩芬《説子龍鼎》，《中國歷史文物》2006 年第 5 期，第 6－7 頁。

③朱鳳瀚《子龍鼎的年代與銘文之内涵》，《中國歷史文物》2006 年第 5 期，第 9 頁。

④吴鎮烽《談子龍鼎》，《中國歷史文物》2006 年第 5 期，第 13 頁。郝本性意見近同，參《雄奇神秘子龍鼎》，《中國歷史文物》2006 年第 5 期，第 11 頁。

飾呼應的情形,在其他商代青銅器上也出現過。"①李先生還提及新鄉市博物館收藏的一件子龏戈(圖23),援本和内的一面上的龍首形花紋都飾瓶形角,顯然是與銘文呼應,與子龍鼎一樣②。朱鳳瀚先生云:"龍"字上部之角作❏形,與口沿下紋飾帶中三獨立饕餮紋首部之角的形狀(作❏形)、特徵相近,且角部均與頭頂隔開,風格亦近同③。王冠英先生云:子龍鼎獨首無身獸面紋突出的碩大的瓶形角,與鼎銘"子龍""龍"字突出的瓶形角非常相似,值得人們回味思考;頭上碩大的瓶形角突出而與龍頭不連筆,與上腹紋飾帶上獨首無身獸面紋的瓶形角非常相近④。

圖20　子龍鼎器影及銘文拓本　　　　圖21　大盂鼎

圖22　子龍鼎紋飾

---

①李學勤《論子龍大鼎及有關問題》,《中國歷史文物》2006年第5期;氏著《青銅器入門》,商務印書館2013年5月,第96—100頁。例子爲《歐洲所藏中國青銅器遺珠》第321頁32父丁觶。

②李先生推測子龍即子龏,子龏是族氏名,龏子是龏地的君長。懷疑子龏戈亦出輝縣。

③朱鳳瀚《子龍鼎的年代與銘文之内涵》,第8頁。

④王冠英《子龍鼎的年代與子龍族氏地望》,《中國歷史文物》2006年第5期,第16頁。子龏諸器中"龏"所從之龍的造型多與子龍鼎相似,王先生認爲可能不是偶然,他把子龍鼎與所傳出土地之輝縣(古共地)聯繫起來,認爲龏、龍一字(從其學生孫向榮說),子龍可能是商末周初共地強族的族長。朱鳳瀚先生則主張龏與龍字不同,似不宜將龏(龔)氏與子龍氏相混,他認爲子龍觶器銘"子龍"可能是蓋銘"龏女子"(出生於龏氏之女子)的夫家氏名,子龍族屬於與商王室有密切關係的子姓高級貴族。

"龍"字（或龍旁）寫成瓶形角的，又見於子龏鼎（《集成》1308 商晚，輝縣出土，圖 24）①、子龏鼎（《集成》1307 商晚，圖 25）、子龏鼎（《集成》1306 商晚，圖 26）、子龏簋（《集成》3078 商晚，圖 27）、子龏尊（《集成》5543 商晚，圖 28）、龏子壺（《通鑑》11991 商晚，圖 29）、龏卣（《集成》4742 商晚，鴞形卣，圖 30）、龏子鉞（《集成》11751 商晚，圖 31）、龏子觚（《集成》6914 商晚，圖 32）、子龍壺（《集成》9485 商晚，圖 33），但與紋飾沒有呼應關係。他如龍器（《集成》10486 商晚，圖 34）、龏先觶（《集成》6152 商晚，圖 35）、同龏觚（《集成》6940 商晚，圖 36）、龏女簋（《集成》3083 商晚，圖 37）等。有些銘文，瓶形角不顯，如龏子勺（《集成》9914 商晚）、龏女子觶（《集成》6349 商晚，器銘"子龍"）等。也就是說，作爲族名的子龏或子龍的龍字或龍旁的角的形狀寫作瓶形角，其他文例的龏、龍一般寫作"辛"形冠。甲骨文中龍字也有這兩種形態，如 ②。

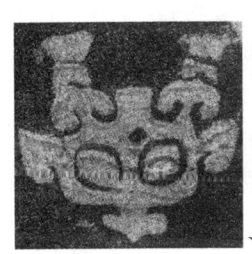    

圖 23　子龏戈紋飾（內上）、銘文③　圖 24　子龏鼎　圖 25　子龏鼎　圖 26　子龏鼎

 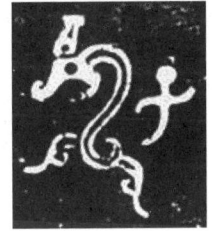   

圖 27　子龏簋圖　　28　子龏尊　　圖 29　龏子壺　圖 30　龏卣（蓋）　圖 31　龏子鉞

---

①張昌平認爲子龏鼎時代屬於殷墟文化晚期。參《吉金類系——海外博物館藏中國古代青銅器（三）：獸面紋大鼎（下）》，《南方文物》2012 年第 1 期，第 134－135 頁。

②李宗焜《甲骨文字編》，中華書局 2012 年 3 月，第 661 頁。

③楊清秀、賈擁軍《新鄉市博物館館藏古代兵器選介》，《中原文物》1991 年第 1 期，第 100 頁。

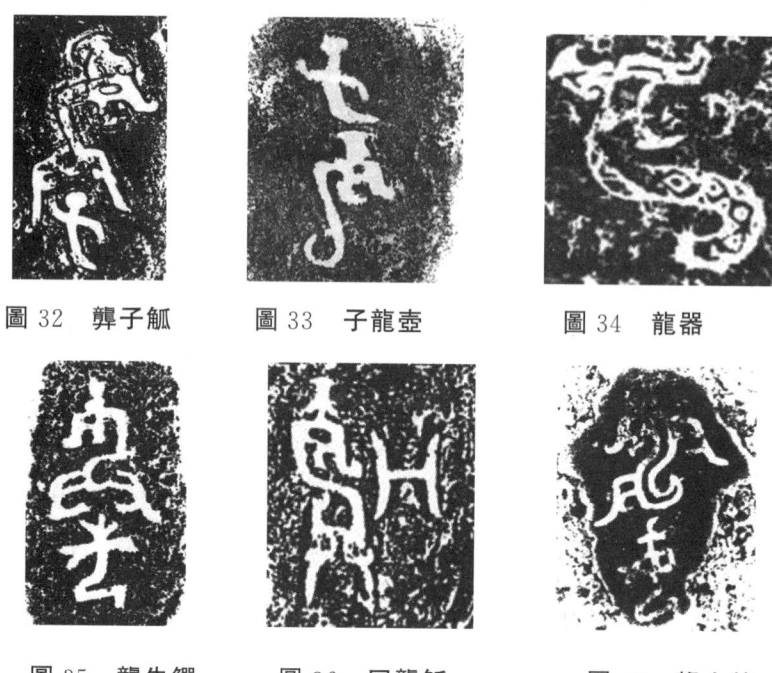

圖 32　龏子觚　　圖 33　子龍壺　　圖 34　龍器

圖 35　龏先觶　　圖 36　冋龏觚　　圖 37　龏女簋

獸面紋作瓶形角，也見於其他器物，如◇銅戈（《通鑑》16200 商晚）援本處所飾紋飾（圖 38①）、獸面紋方彝（商晚，圖 39）②。很多子龏、子龍之器並無銘與紋飾相呼應的情況。子龍鼎獸面紋的瓶形角與銘文中的龍字構形相呼應應該是有意的。從子龍、子龏的普遍寫法看，應該是紋飾呼應銘文，而不是相反。

我們現在回過頭再看牛方鼎、鹿方鼎的問題。陳夢家先生認爲兩件方鼎的銘文與紋飾呼應的性質跟尹舟簋、貉子卣不同，他認爲鼎内的銘文不是族名，而是指明鼎的性質的，可能是表示烹牛烹鹿之異③。李濟先生則看作"圖騰標識"④。牛方鼎上的牛角形獸面紋在其他器物上

---

①引自楊清秀、賈擁軍《新鄉市博物館館藏古代兵器選介》，第 100 頁圖二。
②上海博物館青銅器研究組編《商周青銅器紋飾》，文物出版社 1984 年 5 月，第 54 頁。稱之爲"長頸鹿角獸面紋"。出土於湖南株洲醴陵市仙霞獅形山的象尊臀部飾有這種角的龍紋，或稱之爲"柱角"。參湖南省博物館、上海博物館《酌彼金罍——皿方罍與湖南出土青銅器精粹》，上海書畫出版社 2015 年 11 月，第 114 頁。
③陳夢家《殷代銅器（三篇）》，第 23 頁。
④李濟《殷墟青銅器研究》，上海人民出版社 2008 年 4 月，第 329－332 頁。

多次出現①,牛方鼎中與銘文中的角形相呼應。如果把牛方鼎的器腹紋飾看作牛頭,那就真如陳夢家先生所言,一般所說的饕餮紋或獸面紋就應該是牛頭紋了。獸面紋其實是一種藝術創造,有現實的影子,但加以指實恐怕就不符合實際情況了。但與鹿方鼎對照,説牛首鼎有意把紋飾與銘文作某種特徵上的對應,應該是沒有問題的。

圖38　◇銅戈　　　　　　　圖39　獸面紋方彝(腹部)

《歐洲所藏中國青銅器遺珠》著録一件商代後期的父丁觶(《集成》6266,圖40),蓋有"♠冊,父丁"四字,第一字拓本上未見,器第一字則爲鏽覆。編者云:"此觶腹部紋飾極爲奇異,蕉葉呈桃形,而銘文中的族氏也作桃形,彼此應有關係,值得吟味。"②遺憾的是,我們未找到拓出第一字的拓本。

圖40　父丁觶及蓋、器銘　　　　　圖41　牛首鼎及蓋、器銘

黄濬《尊古齋所見吉金圖》1.12牛首鼎,乃有蓋圓鼎,高31、口徑

---

①參上海博物館青銅器研究組編《商周青銅器紋飾》第75—82頁。
②李學勤、艾蘭《歐洲所藏中國青銅器遺珠》,文物出版社1995年12月,圖32及第321頁圖版說明。或釋爲"㗊父丁",不確。

25.7釐米,器蓋各有一個象牛頭形的字(圖41),陳夢家先生説:"鼎兩耳上及蓋頂上各立立體的牛首,而器身則是一般的獸面文。這個圓鼎的銘文與其耳上及蓋頂上的牛首也是相應的。"①對於兩耳及蓋頂上的獸頭造型,容庚云:"兩耳及蓋之正中作獸首形。"(《通考》P229)吳鎮烽《通鑑》9云:"蓋隆起,上有拱體龍形鈕。每個耳上飾一對高浮雕龍頭。"不管對其造型有何不同認識,但其角形很可能是與銘文相呼應的。

有兩件西周早期的龍爵(《集成》7533,圖42②;7534,圖43),7533現藏上海博物館。上博的葛亮先生給我來信,他認爲兩件龍爵鋬内的"龍"都是紋飾,而不是字。我回信説:"兩件爵紋飾是斜條形,比較特異。初步考慮:確如您所説,不像字,而且與常見的龍字也有差異;但它又打破了紋飾帶,好像製器者又有意讓它有字的感覺。它大概是具有文字假象的紋飾。希望能找到更多類似例證。完全作裝飾的文字,見於復旦會議曹錦炎先生所説器物③,但其時代太晚。"(2016年1月12日)葛先生認同我的説法,他回信説:"關於兩件龍爵上的龍紋,我覺得您所下的定義——'具有文字假象的紋飾'——非常準確,希望能遇到更多的例子(印象裏好像還有把蟬紋放在銘文最後,像族名一樣使用的)。"如果把鋬内的"龍"看作是字的話,此例即是花紋與銘文文字構形相照應的佳例。

圖42 龍爵(《集成》7533)　　圖43 龍爵(《集成》7534)

---

①陳夢家《殷代銅器(三篇)》,第23頁。
②《通鑑》:"腹内側有一個獸首鋬,不能容指,純屬裝飾。"
③參曹錦炎、李則斌《盱眙江都王墓出土越國鳥蟲書錞於銘文研究》,"戰國文字研究的回顧與展望國際學術研討會"論文,上海復旦大學,2015年12月12—13日。

與銘文文字構形相照應的花紋,有的只是個案,具有藝術上的獨特性,但缺乏通行能力,如尹舟簋的舟字紋、文父乙簋外底的網格紋、鹿方鼎的鹿紋、父丁觶的桃形蕉葉紋;有的紋飾則有自己的演變序列,與銘文文字構形相應,當是出於銅器製作(設計)者的精心選擇和安排,如子龍鼎和牛方鼎上的獸面紋。

　　上文共梳理15件器與銘相照應的青銅器實例,區分爲三種類型,第一種類型四見,第二種類型一見,以第三種類型爲多,共十見。第二、第三兩種情況體現了當時的一種藝術造型上的審美特點,這種對應應該從藝術的角度加以解釋,不必過於猜度。研究難點集中在第一種情況,四件器物,各自的性質均不相同,而且還與當時的禮制、文化心理有關聯,這是以後研究所需要注意的。

2015年12月2日寫畢
2015年12月9日修訂
2016年2月6日三稿

　　[附記]本文一稿提交"文字‧文本‧文明:出土文獻研究青年論壇",北京:中國社會科學院簡帛研究中心、中國社會科學院歷史研究所戰國秦漢史研究室,2015年12月5—6日;二稿提交"第二屆古文字學青年論壇",臺灣:"中央研究院"歷史語言研究所,2016年1月28—29日。文經徐少華、劉釗、陳昭容、董珊、劉源、陳穎飛、陶曲勇、葛亮等先生提供寶貴意見。陶曲勇、葛亮二位先生在給我的郵件中都提到了西周早期的兩件龍爵。這兩件爵,我雖也查及,但未予以足夠注意。文父乙簋亦蒙葛亮先生提示。在此一並致以謝忱!

　　劉釗先生提示我,作冊般銅黿可能反映了古人的祥瑞觀念。董珊先生力主庸器說,他認爲銅黿、宰丰雕骨、晉侯銅人反映的思維方式是一致的。對於龍爵鋬内的"龍",陳昭容先生主張是字,而不是紋飾。

2016年2月6日補記

讀金劄記四則①

楊懷源②　　孫銀瓊③

提　要：通過考覈文義，驗諸音韻，論文新釋金文字詞四則：釋"康𤕤"爲"康娛"；釋"康勵"爲"康樂"；釋"康寶"爲"永寶"；釋《鄭虢仲簋》、《師訇簋》中的"彶"爲"其"。

關鍵詞：康娛；康樂；永寶；其

一、釋"康𤕤"

金文嘏辭中常見"康𤕤"一詞。徐中舒《金文嘏辭釋例》破舊釋"康虔"之說，釋爲"康睿"④。舊說之誤，徐文已辨，是新說也並未被學界廣泛認同。大型金文著錄著作如《殷周金文集成》等，對"𤕤"字就只作隸定，並未破讀；容庚《金文編》(1206頁)將此字當作未識字列入附錄，因而該詞有進一步考釋的必要。我們認爲，該詞應從《商周青銅器銘文暨圖像集成》(下簡稱《商周》)《大師小子彔簋》(西周晚期，05123—05125)、

---

①本文的寫作得到重慶市社科基金資助，項目編號：2014YBYY087。
②楊懷源，西南大學文學院　副教授　重慶　400715。
③孫銀瓊，西南大學國際學院　講師　重慶　400715。
④徐中舒《金文嘏辭釋例》，《中央研究院歷史語言研究所集刊》第六本第一分，1936年。

《逨鐘》（西周晚期，15634、15635、15636）釋文，讀作"康娛"，下面試作論證。

"康🉂"之"🉂"，金文中有三種形體：

A. 🉂，從🉂，從虍。三件頌鼎（西周晚期，《商周》02492—02494）、六件頌簋（西周晚期，05390—05393、05395、05397）、兩件頌簋蓋（西周晚期，05394、05396）、兩件頌壺（西周晚期，12541、12542）、一件頌盤（西周晚期，14540）、虢姜簋蓋（西周晚期，051980）其銘並同。

B. 🉂，從🉂，從虍。卅二年逨鼎甲（西周晚期，《商周》02501）、卅二年逨鼎乙同。（西周晚期，《商周》02502）

C. 🉂，不從"虍"。卅三年逨鼎除辛鼎（西周晚期，《商周》02510）拓片漫漶不清外，其他甲、乙（02070 西周晚期宣王世）、丙、丁、戊、己、庚、癸七鼎並同。

A形與B形，差別在於從"𠬪"與從"又"，"𠬪"從二"又"，"又"本手之象形，從一手與從二手無別，古文字中常見，🉂即🉂；從C形來看，"🉂"應當是由"🉂"、"虍"兩個構字部件構成的字，應該是個形聲字，至於哪個是聲符哪個是形符，難以遽斷。"🉂"見於《司馬南叔匜》（西周晚期，14950），銘文說："嗣（司）馬南弔（叔）乍（作）🉂姬𦝩（媵）也（匜），子子孫孫永寶用亯（享）。"

這給了我們線索。這件銅器1953年出土於山東莒縣嶠山前集，該地為先秦莒國故城。該器為司馬南叔為🉂姬所作陪嫁之器，孫敬明認為屬西周晚期或春秋早期魯國司馬南叔為嫁到莒國的🉂姬所鑄①。我們認為很有道理，據《通志·氏族略》，莒國為嬴姓，正可與姬姓之魯國通婚。從媵器銘文來看，一般夫家所鑄之器，稱出嫁之女，其稱謂形式為：所嫁國名＋姓②。據此，"🉂"當為國名，為"莒"之借字。"莒"為見母魚部字，則"🉂"最有可能也為魚部字，而"🉂"所從之"虍"為曉母魚部字，

---

① 孫敬明《兩周金文與莒史補》，《齊魯學刊》，1995年第4期；《從莒地出土兩周十四國金文看莒文化的交流與影響》，《山東師範大學學報·人文社科版》，2013年第1期。

② 參見吳鎮烽《金文人名研究》，載《金文人名彙編》（修訂本），中華書局，2006年。

曉、見上古關係密切,通用之例至多①,則"🅐"為从"虍"的形聲字,聲母為舌根音,韻屬魚部,至於"🅐"為後世何字,還是先秦後已經廢棄不用,根據現有資料難以斷定,但在金文中如何破讀是可以討論的。我們認為金文中"康🅐"可讀為"康娛","娛"上古音疑母魚部,"🅐"以曉母魚部字"虍"為聲符,又可借作見母魚部字"莒","娛"、"🅐"二字上古音極近,自可通用。

"康娛"亦見於傳世文獻。《楚辭·離騷》:"保厥美以驕傲兮,日康娛以淫遊。"王逸注:"康,安也。日自娛樂,以遊戲自恣。《爾雅·釋詁》:"康,樂也。"邢昺疏:"康者,安樂也。"《詩經·唐風·蟋蟀》:"無已大康,職思其居。"毛傳:"康,樂也。""娛"與"康"同義,《說文解字·女部》:"娛,樂也。"《詩經·鄭風·出其東門》:"縞衣茹藘,聊可與娛。"毛傳:"娛,樂也。""康娛"為同義連文,為安樂之義,金文嘏辭祈求安樂,亦是人之常情。

二、釋"康勵"

金文嘏辭中常見"康勵"一詞,其語法位置與"康🅐"相當。"勵"的釋讀多歧說②,後徐中舒《耒耜考》通過比較文義,釋"勵"為"嗣",後又在《金文嘏辭釋例》中認為"勵"與戰國中期《曾姬無卹壺》(《商周》12424、12425)中"後嗣"之"嗣"形近,釋讀為"嗣"。其實《曾姬無卹壺》"嗣"字作"🅑","康勵"之"勵"作"🅒"(《小克鼎》,西周晚期,《商周》02454—02460、"🅓"(《南仲盨父簋》西周晚期,《商周》05199、05200),二字形體迥異。郭沫若《兩周金文辭大系圖錄及考釋·小克鼎》認為"用匄康勵"之"勵"為𥃲字,假借為"樂"③。我們認為"勵"究為何字,據現有資料難以

---

① 參見李新魁《上古音"曉匣"歸"見溪群"說》,《學術研究》1963年第2期。
② 參見周法高主編《金文詁林》,香港中文大學,1975年,頁1129—1131。
③ 郭沫若《兩周金文辭大系考釋》,上海書店,1999年,頁123。

斷定,但郭讀此字為"樂"則為卓識,現作補充論證。

"▨"从"▨"从力,"▨"即"侖"字。"侖"《說文解字》分析為"从品、侖",郭沫若《甲骨文字研究·釋龢言》已辨其誤,認為"侖"為象形字,他說:"象形者,象編管之形也。金文之作▨若▨者,實示管頭之空,示為編管而非編簡,蓋正與从亼冊之侖字有別。"①其說至辨。甲骨文"侖"多不从"亼",作"▨"(《合集》22882),間有从"亼"作"▨"(合集4270)②。金文中"龢"所从之"侖",或从"亼"、或不从"亼",如:▨(《魯原鐘》,西周晚期,《商周》15126)、▨(《伯龢鼎》,西周早期,《商周》01900)③。

"侖"與"力"在古漢字裡既可以作聲符,也可以作形符,因而"勮"的結構還需要進一步分析。"勮"在金文中又常用於"勮於永命",這個"勮"多破讀為"擢",結論可信。"擢"為藥部字,與"侖"同部,故"勮"當為从力,▨(侖)聲的形聲字。以聲韻求之,"康勮"可讀為"康樂"。"侖"以母藥部,"樂"來母藥部,以母字和來母字相通,其例至多④。今音韻學家多認為上古音來母音值為 *r,以母音值為 *l,中古時期,來母變為 *l,以母變為 *j,二者讀音至近。

"康樂"義為安樂,與"康娛"為同義詞,這個詞戰國金文已寫作"康樂"。如:

《者汈鐘四》:女(汝)其用丝(茲),妥(綏)安乃▨(壽),叀(惠)▨(逸)康樂,訑之不[諆]。(戰國早期,《商周》15334)

《令狐君嗣子壺》:柬(簡)柬(簡)▨(優)▨(優),康樂我家。(戰國中期,《商周》12434、12435)

《康樂鐘》:康樂□□……□保▨(眉)□於君子(戰國晚期,《商周》15152)

蓋西周時期"康樂"一詞寫作"康勮",戰國時期寫作"康樂"。

"康樂"亦見於傳世文獻。《禮記·樂記》:"嘽諧慢易繁文簡節之音

---

① 郭沫若《郭沫若全集·甲骨文字研究》,科學出版社,1982年,頁94。
② 參見劉釗、洪颺、張新俊《新甲骨文編》,福建人民出版社,2009年1版,頁120。此字有殘泐,但是上部之形可辨,為"亼"。
③ 參見容庚《金文編》,中華書局,1985年,頁124—125。
④ 參見黃焯《古今聲類通轉表》,上海古籍出版社,1983年,18—19,頁75。

作,而民康樂。"《周禮·秋官·小行人》:"其康樂和親安平為一書。"孔穎達疏:"其康樂一條專陳安泰之事。"

第一則劄記所引《爾雅》、《詩經》毛傳皆證"康"與"樂"同義,"康樂"為同義連文,祈求"康樂",猶言祈求"康娛"。

三、釋"康寶"

1978 年 1 月陝西寶雞縣陽平公社楊家溝太公廟出土春秋早期銅器秦公鐘 5 件,秦公鎛 3 件,從銘文來看,甲乙二鐘連綴成文(《商周》15565、15566),丙丁戊三鐘合成一篇(《商周》15567－15569),本應另有一鐘,與丙丁戊三鐘組合成一篇,但已散佚;鎛銘單獨成篇(《商周》15824－15826),鐘、鎛銘文相同,實為五篇相同銘文,每篇各 135 字。其銘末句云:"秦(秦)公𤔲(其)畯䰯(紹)才(在)立(位),雁(膺)受大令(命),嚳(眉)𠹏(壽)無彊(疆),匍(敷)有(佑)三(四)方,嬰(其)康寶。"其中有"康寶"一語。又《晉公盆》:"隹今小子,整辭爾公(容),宗婦楚邦,烏(無)歟(咎)萬年,晉(晉)邦佳(唯)𨍮(翰),用康寶。"(春秋晚期,《商周》6274)

"康"从宀,"康"聲,"康寶"即"康寶",即金文習見之"永寶"。"康"無永、長義①,與"永"並非同義詞,當為"永"之借字。康,中古溪母唐韻,上古溪母,陽部,永,中古於(喻三)母梗韻,上古匣母陽部,溪匣相通之例至多,李新魁《上古音"曉匣"歸"見溪群說"》②中其例甚夥,不煩列舉。

---

① 徐中舒《金文嘏辭釋例》(《中央研究院歷史語言研究所集刊》第六本第一分,1936 年)引《爾雅·釋詁》認為"康㲋"之"康"有長義,今檢《爾雅》,並無此語。

② 李新魁,《上古音"曉匣"歸"見溪群"說》,《學術研究》1963 年第 2 期。

四、釋"彶"

《鄭虢仲簋》:"隹(唯)十又一月既生霸庚戌,奠(鄭)虢中(仲)乍(作)寶毁(簋),子子孫孫彶永用。"(西周晚期,《商周》04995—04997,《殷周金文集成》4024—4026)

"彶"未破讀,我們認為當讀作"其"。金文習見"其永用"、"其永寶用",其例至多,今各舉一例:

《蘇衛妃鼎》:"穌(蘇)衛改乍(作)旅鼎,𠀠(其)永用。"(西周晚期,《商周》01870—01873)

《鄭姜伯鼎》:"奠(鄭)姜(羌)白(伯)乍(作)寶鼎,子子孫孫𠀠(其)永寶用。"(西周晚期:《商周》02032)

"彶"與"其"語法位置一致,當為同一詞。"彶"當讀為"其"。"其"上古音群母之部,"彶"見母緝部,見、群,旁紐,之、緝通轉,二字語音相近,當可通假。上古之部與緝部相通不乏其例。如:

1.《史記·周本紀》:"衛叔封布茲。"司馬貞《索隱》:"茲亦作芨。"茲,之部,芨,緝部。

2.《詩經·小雅·六月》"我是用急。"《鹽鐵論·繇役》引作"我是用戒。""急"从"及"聲,上古音見母緝部,"戒"《廣韻》古拜切,見母怪韻,上古歸之部。

從古音學家擬音來看,"彶"與"其"二字,李方桂擬音為 $^*kjəp$、$^*gjə$,王力擬音為 $^*kjəp$、$^*gjəg$,語音極近。

"其永用"的"(其)",徐中舒《金文嘏辭釋例》解釋為肯定性擬議之辭。這種用法的"其",徐仁甫《廣釋詞》解釋為助動詞,相當於"當"[①],楊伯峻解釋為命令副詞[②],我們認為解釋為加強祈使語義的語氣副詞為佳。

[①] 徐仁甫撰,冉友僑校訂《廣釋詞》,四川人民出版社,1981年,頁 174—175。
[②] 楊伯峻《古漢語虛詞》,中華書局,1981年,頁 172。

《師訇簋》中的"彶"亦當讀爲"其"。

《師訇簋》:"王曰:師訇,哀才(哉)！今日天疾毘(畏、威)降喪(喪),首德不克夋(規),古(故)亡承於先王,鄉(嚮)女(汝)彶屯(純)卹(恤)周邦,妥(綏)立餘小子,訊(哉)乃事。隹(唯)王身厚(厚)眉,今餘隹(唯)龖(申)臱(就)乃令(命)。"(西周晚期,《商周》05402)

從銘文看,"彶(其)"所在語句講的是過去的事情,是已然之事,所以這個"其"不應解釋爲語氣副詞,當解釋爲程度副詞,相當於"極"、"甚",也就古書中寫作"綦"的程度副詞①。"彶屯(純)卹(恤)周邦"意謂"極爲屯(純)卹(恤)周邦"。

---

① 參見朱駿聲《說文通訓定聲·頤部》(中華書局,1984年)"綦"字條,徐仁甫《廣釋詞》,四川人民出版社,1981年,頁176。

讀《宣和博古圖》詩辭門隨札兩則

鵬宇①

提　要：本文對《宣和博古圖》詩辭門中的兩件漢代銅鏡全名文進行校正，指出漢尚方鑑二中的"㧅"爲"浮游"二字相傾軋所致，"放"字爲"敖"字誤摹，在鏡銘中讀爲"遨"，"壽比金石"中所謂"比"字爲"而"字之訛；漢長生鑑中"明□五得"之"得"讀爲"德"，"明"，訓爲成，"明□五德"，即成就、擁有五種美好的品質之意，"子孫成"之"成"讀爲"盛"，表示眾多之意。

關鍵詞：《宣和博古圖》；漢代；鏡銘；校正

近年來，因工作需要不時翻查古書，接觸到一些精美的漢鏡，其中不乏銘文重要者。隨手選擇兩面鏡銘重要者略加考訂，以求教於方家同好。

一

《宣和博古圖》詩辭門②收有一件漢尚方鑑，原序號爲二，其鏡圖如下（圖1、圖2）：

---

①鵬宇，西南大學歷史文化學院　博士　重慶　400715。
②（宋）王黼：《宣和博古圖》，清乾隆十八年（1753）天都黃晟亦政堂修補明萬曆二十八年吳萬化寶古堂刻本。下引是書版本相同，不再另注。

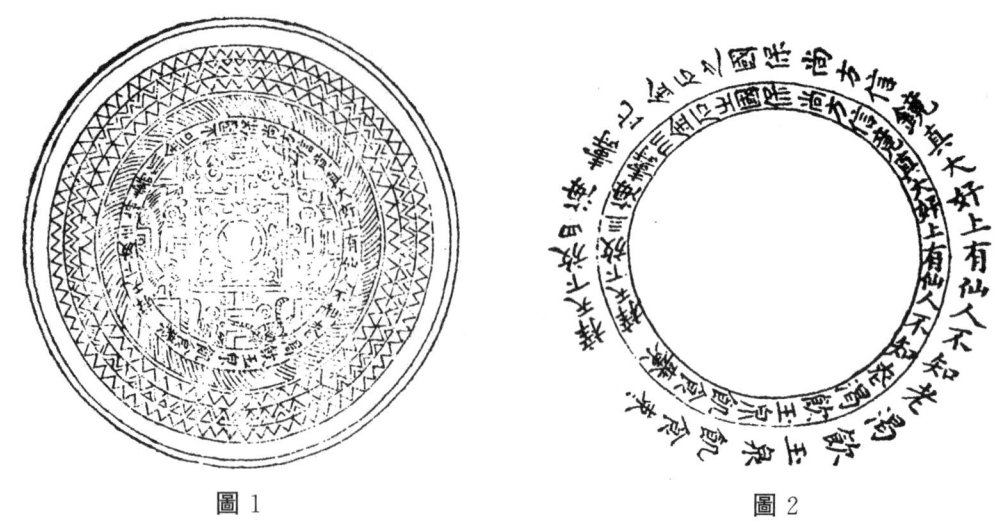

圖1　　　　　　　　圖2

從此鏡摹本形制來看，是流行於西漢晚期到東漢早期的典型博局紋配鋸齒紋，當係漢鏡無疑。是鏡銘文原書釋文作（按右旋順序）：

尚方信鏡真大好，上有仙人不知老，渴飲玉泉飢食棗，梓天下放三海，壽比金石之國保。

是鏡釋文又見於翁方綱《兩漢金石記》①。原所謂"信"字，翁氏云當是"作"之訛，其說頗有道理。不過，這個"信"字也有可能是"佳"字之訛。"尚方作鏡"、"尚方佳鏡"都是常見的鏡銘開場白。

原所謂"梓"字，翁氏云當是"浮"字之訛，"梓"上一字當是"浮"字。今按，《宣和博古圖》中闕釋之字，往往以"○"號代替，如乾象門中漢十二辰鑑以"○"代替"眾"前之字，而此鏡摹本中並無此符號，且"棗"字與"梓"字之間看似間隙較大，但若再放一"浮"字則空間過於擁擠，故在"棗"、"梓"之間似不應再置一字。

又，翁氏以爲"梓"是"浮"字之訛，查漢鏡中"游"字有作游、游之形者，兩相比較，則此字才旁可以落實，而辛旁則相去甚遠。又漢鏡中"浮"字常作浮、浮、浮等形，若其右部"孚"字訛誤則與"辛"旁相近。考慮到鏡銘字形結構及漢代鑄鏡過程，頗疑此字爲"浮游"二字相傾軋所

---

① （清）翁方綱撰《兩漢金石記》卷五漢大吉鏡銘題記，清乾隆五十四年（1789）南昌使院刻本。

致,所以"梓"字無意中具有"浮游"二字各一部分的字形特徵。假如這種推論不誤的話,這不僅可以解釋爲何此處銘文間隙較大的現象,同時也能解釋爲何全篇銘文只有此句是六言的問題。

根據現有知識我們知道,在漢鏡鑄造過程中變數很多,除鑄鏡工師根據銅鏡尺寸會有意識地減省部分銘文外,有時也會無意識地發生一些銘文誤置、倒置、反置或相互傾軋的現象。如中國嘉德 2010 秋拍的一件銅鏡(6795 號),其銘文作:

【外】新興辟雍建明堂,然於舉土列侯王,將軍令尹民戶行,云〈古〉(胡)臚〈虜〉真(珍)滅(滅)下青黃,諸生萬舍在北方,郊祀星宿並天皇,左龍右虎主四彭(方),子孫復(備)具治中央。【內】子丑寅卯辰巳午未申酉戌亥。

"胡虜"二字便因鑄造時的失誤而成爲"古臚"(　)二字。

此外,原所謂"放"字,當爲"敖"字誤摹,在此處讀爲"遨",是漢鏡中常見套語,不必贅述。唯"壽比金石"一句較爲罕見,迄今爲止,所能見到的傳世及出土漢鏡中僅此一例。細審原所謂"比"字,字形作川,似爲"而"字之訛。漢鏡中"而"字一般作而、而、而、而等形,也有上下筆畫分離而作而、而形,上面橫筆殘泐或鏽蝕則易誤摹爲川。

"而"可訓爲"如"①,"壽而金石",即壽如金石之意,也是漢代鏡銘習語。

二

《宣和博古圖》詩辭門收有一件漢長生鑑,其鏡圖如下(圖 3、圖 4),從形制、紋飾來看,亦屬典型漢鏡。

---

① 宗福邦等主編《故訓匯纂》,商務印書館,2003 年,第 1828 頁。

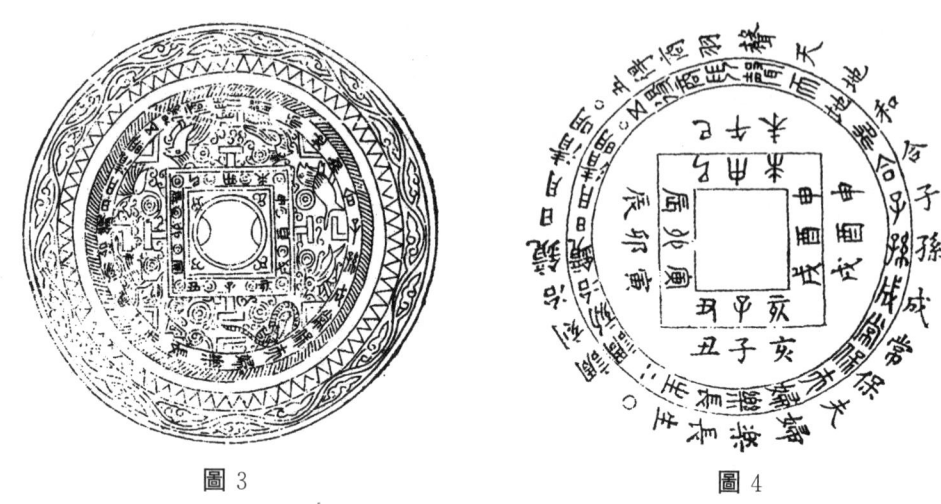

圖3　　　　　　　　圖4

是鏡銘文原書釋作（按右旋順序）：

【外】調刻冶鏡日月清，明□五得商羽聲，天地和合子孫成，常保夫婦樂長生。

【內】子丑寅卯辰巳午未申酉戌亥。

若摹本可信，則原釋文可從。"清"、"聲"、"成"、"生"，叶耕部韻。其中"調"，可讀爲"雕"，"調刻冶鏡"即冶鑄銅鏡並進行雕刻紋飾之意。"清"，可讀爲"精"，日月精，是說所冶之鏡得到日月之精華。

"五得"一詞在漢代鏡銘中少見，"得"，疑可讀爲"德"。得、德相通，文獻常見。《易·小畜》："尚德哉"，《集解》"德"作"得"。《左傳》哀公六年："不穀雖不德，河非所獲罪也。"《韓詩外傳》"德"作"得"。《逸周書·官人》："小施而好德"，《大戴禮記·文王官人》"德"作"得"。《史記·項羽本紀》："吾爲若德"，《漢書·項籍傳》"德"作"得"。五德，指五種美好的品質。

而鏡銘中與五德搭配的"明"，疑為明辨、考察之意。"明□五德"，即以五種美好的品質考察之之意。

《古鏡今照》載有一鏡（原圖版八〇），與此鏡可以相互發明，其銘曰：

【外】雕刻冶鏡日月精，考於五德商羽殷（聲），天地合和子孫成，壽主毋（無）極永以寧，長相保有富貴榮。

【內】子丑寅卯辰巳午未申酉戌亥。

其中"考"字,亦表示考察、考校之意。《禮記·禮運》:"禮義以爲器,故事行有考也。"鄭玄注:"考,成也,器利則事成。"

"考於五德"與《博古圖》此鏡"明□五得"之意相同,"五"後一字正作"德"。

而"子孫成"之"成",則可讀爲"盛",表示衆多之意。盛,从成得聲,於例可通。文獻中成、盛相同之例頗多①,如《商君書》:"以盛知謀",《韓非子·飾令》"盛"作"成"。《淮南子·繆稱》:"成國之道",《藝文類聚》引"成"作"盛"。

《收藏家》曾刊有一鏡(圖5)②,其銘曰:

【外】雕刻冶鏡日月精,考於五德商羽聲,天地合和子孫盈,壽主毋(無)極永以寧,長相保有富貴榮。

【內】子丑寅卯辰巳午未申酉戌亥。

其中"子孫盈"與本鏡"子孫成"相類,"盈"也有衆多之意,《詩·小雅·節南山》"降此鞠訩"毛傳:"鞠,盈也。"鄭玄箋:"盈,猶多也。"子孫盈,即子孫衆多之意。

古音"成"在禪鈕耕部,"盈"在余鈕耕部,禪、余皆爲舌音,聲在一系,韻又相同,所以,"成"也有可能徑讀爲"盈"。

圖5

---

① 可參看高亨編纂,董治安整理:《古字通假會典》,齊魯書社,1997年,第57頁。
② 王綱懷:《兩漢儒家思想銘文鏡》,《收藏家》,2007年第7期,第48頁圖5。本文所引釋文爲據銅鏡圖片新隸定,與原刊中釋文稍有不同。

甲骨刻辭數量表達語法劄記二則①

黃勁偉　樊森②

提　要：甲骨記事刻辭"某人示數屯又一丿"，因所涉內容（某人整治"骨"的數量）與記錄載體（刻於骨臼）相同，而省略名詞"骨"，本質上是"某人示（骨）數屯又一丿"，屬於典型的"動名數量"結構，因此，與"屯"處於相同句法地位的"丿"也用作量詞，"十屯又一丿"的語法結構是"[[數量]又[數量]]"。甲骨記事刻辭中"甲辰乞骨十骨"中"骨十骨"符合上古漢語早期拷貝量詞結構"名數名"的句法條件：位於動詞"乞"後作直接賓語，"乞骨十骨"的結構是"[[乞[[骨][十骨]]"，即："[[動[[名][數＋量拷貝]]]"，也屬於典型的"動名數量"結構。

關鍵詞：數量表達；名數量；丿；骨

喻遂生師在《語法研究與卜辭訓釋》中指出"闡明語法是訓詁的重要內容之一，闡明語法對於正確訓釋詞語、疏通文意有重要的意義"③。本文嘗試從語法分析入手對兩則甲骨刻辭數量表達進行釋讀，旨在申明語法研究對卜辭訓釋的重要性。

---

① 本文寫作得到中央高校基本科研業務費專項資金資助，項目編號：14YCX003。
② 黃勁偉，四川外國語大學中文系　講師　重慶　400715；樊森，西南大學歷史文化學院博士生　重慶　400715。
③ 喻遂生：《語法研究與卜辭訓釋》，《綿延師範學院學報》2007年第4期。

一、"數屯又一丿"是"[[數量]又[數量]]"

甲骨刻辭有"數屯又一丿",例如①:
  帚(婦)杏(杞)示七屯又一丿。 (H17525 臼 典賓)
  帚(婦)杏(杞)示十屯又一丿。 (H17526 臼 典賓)
  古示十屯又一丿。殷。 (H17579 臼 典賓)
  古示十屯又一丿。古。 (H17580 臼 典賓)
  古示十屯又一丿。 (H17581 臼 典賓)

其中"丿"只與數詞"一"連用,字形寫作"▇""▇"等②。如上所示,"一丿"均與"數屯"並列出現在動詞"示"之後,形成"某人示數屯又一丿"的句式。這類刻辭均為"骨臼刻辭",為五種記事刻辭之一。胡厚宣先生在《武丁時五種記事刻辭考》一文中曾指出:

  "郭沫若氏釋𦥑為𦥑,讀為骨,其說可從。至丿字者,余疑為片字之古文。一𦥑一丿皆半副牛骨或背甲之謂。故'背甲刻辭'言'三(乞)自某若干▇'者,某人或自某處採背甲若干對也。'某示若干▇'

---

① 本文所舉甲骨辭例,除引文外,出自《甲骨文合集》者一律以 H 表示,並儘量給出刻辭部位和所在組別。

② 或讀作"片",如沈之瑜《甲骨學基礎講義》,上海古籍出版社,2011 年,頁 27;或隸作"丿",讀為"奇",例如楊澤生《甲骨文"丿"讀為"奇"申論》,載饒宗頤主編《華學》第八輯,紫禁城出版社,2006 年,頁 92—95。再如香港中文大學中國文化研究所中國古籍研究中心的《漢達文庫·甲骨文庫》就是如此,大概以為是奇零之義。"奇零"義為形容詞性,在整個漢語數量表達系統中不能與數詞直接搭配。與形容詞搭配的數量表達只有"數量+形"(如"三尺高")和"形+數量""高三尺",而無"數形"。本文以為"丿"與數詞"一"搭配,在漢語數量表達系統中只有三種可能:1)"丿"為名詞,"一丿"為"數名"結構;2)"丿"為量詞,"一丿"為"數量"結構;3)"丿"為動詞,"一丿"為"數動"結構。根據前人研究,"一丿"只見於"某人示數屯又一丿"這一結構,第三種可能可以排除。但對"一丿"究竟是"數名"還是"數量",卻存在分歧,本文旨在對這一問題進行澄清。此外,或隸為"匹"(劉桓《殷契存稿》,黑龍江教育出版社,1992 年,頁 182—184),或隸為"骨"(白玉崢:《說▇與丿》,《中國文字》第十七期,1993 年,頁 43—68),或隸為"丿"(jue)。

者,某人祭背甲若干對也。其言'若干𠂤屮(又)一骨'者,牛胛骨若干對又另一骨也。言'若干𠂤屮(又)一骨'者,牛胛骨若干對又一半也。言'一丿'者,半對牛胛骨也。執此以釋'背甲'及牛骨刻辭,則無不可通也。"①

按照胡先生意見,"一丿"與"若干𠂤"(即"數屯")結構一樣,"丿""屯"都用作計算獸骨的單位。徐中舒、蕭良瓊、尚秀妍、劉興隆、沈之瑜、張玉金等先生均持此說,認為"一丿"即牛胛骨版之一片②。

對於其中"丿"的語法性質,徐中舒先生主編《甲骨文字典》第 77 頁釋義為"計算卜骨之單位"③,張玉金先生也在《甲骨文語法學》中明確指出:

"丿:原為一骨之形,後演化為量詞,指骨版一塊。例如:'一丿'(《合集》9976)、'十屯有一丿'(《合集》17580)》、'三屯有一丿'(《合集》17611)。"④

但並不是所有人都同意"一丿"與"數屯"一樣是"[數量]"結構。最近,就有姚振武先生在其新作《上古漢語語法史》中提出異議,認為"十屯又一丿"中的"一丿"與"一牛"一樣是"[數名]"結構。其論述如下:

"關於'丿',張氏所舉之例,'丿'均只是簡單處在數詞之後,這是可數名詞的一個基本位置,並沒有形成'(動)名+數+名'這種個體量詞形成的典型環境,因此似不能證明'丿'是量詞性質。比如,'一丿'只是和'一牛'這樣的殷商時期基本的稱數格式相類,

---

① 胡厚宣:《武丁時五種記事刻辭考》,載《甲骨學商史論叢初集》,1944 年,頁 596—597。
② 徐中舒:《甲骨文字典》,四川辭書出版社,2006 年,頁 77。蕭良瓊:《卜辭文例與卜辭的整理研究》,《甲骨文與殷商史》(第二輯),上海古籍出版社,1986 年,頁 33—34。劉興隆:《新編甲骨文字典》,國際文化出版公司,1993 年,頁 847。尚秀妍:《再讀胡厚宣先生〈五種記事刻辭考〉》,《殷都學刊》1998 年第 3 期。張玉金:《甲骨文語法學》,學林出版社,2001 年,頁 20。沈之瑜:《甲骨文講疏》,上海書店出版社,2002 年,頁 41。沈之瑜:《甲骨學基礎講義》,上海古籍出版社,2011 年,頁 27。
③ 徐中舒:《甲骨文字典》,四川辭書出版社,2006 年,頁 77。
④ 張玉金:《甲骨文語法學》,學林出版社,2001 年,頁 20。

'牛'既然不能因此證明為量詞,'ㄎ'也同樣如此。"①

換言之,對"一ㄎ"語法性質的判定還存在分歧:根據胡厚宣、張玉金等先生觀點,"一ㄎ"與"數屯"性質相同,都是"[數量]"結構;根據姚振武先生,"一ㄎ"與"一牛"相類,只是普通的"[數名]"結構。兩種觀點,孰是孰非?值得進一步討論。

兩種觀點的分歧在於對"一ㄎ"的語法性質究竟是"[數量]"還是"[數名]",即其中"ㄎ"究竟是用作名詞還是量詞(單位詞)。我們知道語法性質的判斷來自對其實際用例、具體用法的概括,因此,調查"ㄎ"的實際用例是第一步。

(一)"ㄎ"的使用情況

第一,"ㄎ"僅與數詞"一"搭配

正如郭沫若、胡厚宣等先生所言,"據'七♀又一ㄎ''四♀又一❺'等例謂'於七勺四勺之外,尚有另餘,可知一勺不止一骨,言零餘之例無過一者,則一勺必僅二骨,♀字正合二骨而締結之形'",此類用法的"ㄎ"僅限與數詞"一"搭配。我們檢索了香港中文大學中國文化研究所中國古籍研究中心的《漢達文庫·甲骨文庫》,只找到了"ㄎ"與"一"結合成"一ㄎ"這樣的表達,而未發現"ㄎ"與其他數詞結合的用例。如果"ㄎ"是名詞,代表某種物品,那麼為什麼只能與數詞"一"結合呢?如果真如姚振武先生所說"ㄎ"和"牛"一樣是普通的可數名詞,那麼,計數時就不應該受數詞"一"的限制。顯然,"ㄎ"為普通可數名詞的說法不能成立。

第二,"一ㄎ"僅見於記事刻辭

"一ㄎ"僅見於記事刻辭,常刻於骨臼處。按照兩期斷代法,多屬於典賓組。而"一牛"("數牛")見於祭祀刻辭,表示用牲情況,如:

  貞:燎于土三小宰,卯<u>一牛</u>,沈十牛。 (H00779 正.4)

  癸卯卜,殼:燎河<u>一牛</u>又三羌,卯三牛。 (H01027 正.2)

這些辭例中"一牛"("數牛")作為祭祀用牲動詞的處置對象,動詞

---

① 姚振武:《上古漢語語法史》,上海古籍出版社,2015年,頁126—127。

"卯""沈""燎"均爲具體的用牲方法。而"一丿"及"數屯"均不用於祭祀刻辭,可見"一丿"與"一牛"並不相同。

第三,"一丿"通常和"數屯"一起使用,形成並列關係,這暗示"一丿"與前面的"數屯"在語法性質上相同,而且在數量上有著某種必然的聯繫。因此弄清楚"數屯"的語法性質是判斷"一丿"語法性質的關鍵。

我們通過檢索《漢達文庫·甲骨文庫》,共得到"一丿"14例①。除了上面所舉5例"某人+示+數屯又一丿"之外,還有9例一並臚列如下:

  戊寅,帚(婦)□示二屯丿。㲋。   (H06156 臼 典賓 B)
  丙戌,帚(婦)□示□〔屯又一〕丿。自區气(乞)。(H17542 臼 典賓)
  利示三屯又〔一〕丿。殻。   (H17610 臼 典賓)
  利示三屯又一丿。   (H17611 臼 典賓)
  利示三屯又一丿。   (H17612 臼 典賓)
  〔帚(婦)〕利示一丿。殻。   (H17613 臼 典賓)
  己□…示五屯又一丿。亙。   (H17663 臼 典賓)
  …示一丿。   (H17664 臼 典賓)
  奠示十屯一丿。   (H18654 臼 賓三)

這14例"一丿"中,除去殘損嚴重的一例(H17664"…示一丿…")②和唯一不與"數屯"共現的(H17613"〔帚(婦)〕利示一丿。殻。")之外,其餘12例全都是與"數屯"構成並列,而且都出現在如下相同的句式,我們稱之為A1式:"某人+示+數屯(又)一丿",即"〔某人+〔示+〔〔數屯〕(又)〔一丿〕〕〕"其中"〔〔數屯〕(又)〔一丿〕〕"是動詞"示"的賓語。顯然,"一丿"的性質與"數屯"的語法性質一致,認識到這一點對於理解"一丿"的性質極為關鍵:"一丿"中"丿"的語法性質取決於"數屯"中"屯"的語法性質。

---

  ① 香港中文大學中國文化研究所中國古籍研究中心的《漢達文庫·甲骨文庫》隸作"丨(奇)"。漢達文庫·甲骨文庫網站 http://www.chant.org/Bone/
  ② 相對完整的辭例中"一丿"不與"數屯"並列的僅有一例,即:壬申,帚(婦)喜示一丿。小㲋內。(H09976 臼 1 典賓),同樣是刻於骨臼處的記事刻辭。

(二)"數屯"的使用情況

為了探討"數屯"的語法性質,我們以與"一丿"同現頻率最高的"十屯"為檢索目標①,在《漢達文庫·甲骨文庫》中得到"十屯"74例,其中前面有動詞"示"的34例,有動詞"乞"的有27例("乞自"18例,"自"4例,"乞于"1例,"乞"4例);動詞"乞"與"示"同現的有7例;有動詞"入"的2例。這些用例可概括為如下幾種情況:

A 作動詞"示"的賓語,形成"[某人+[示+[數屯](+[一丿])]]",共34例。除了上面已見到的10例"[某人+[示+[[數屯](又)[一丿]]]]"(即"A_1")外,餘下用例可分為三類,分別是A_2、A_3、A_4如:

A_2 "[某人+[示+[數屯]]]"。例如:

癸酉,𦥑(畢)示十屯。叙。　　　(H00493 𡆥 典賓)
丁丑,雩示二十屯。岳。　　　　(H17602 𡆥 典賓)
庚申,帚八示八十屯。古。　　　(H09544 𡆥 典賓 B)

A_3 "[某人+[示+[十屯]+[數屯]]]"。例如:

帚良示十屯六屯。　　　　　　　　　　　(H17528 𡆥 典賓)

A_4 "[[數屯]+[某人+[示]]]"。例如:

〔辛〕丑气(乞)自𡃇二十屯,小臣中示。縶。　(H05574.1 賓出)
□丑十屯,小臣从示。　　　　　　　　　(H05579 反 事何類)
…二十屯,小臣□〔示〕。　　　　　　　　(H05580 賓)

"數屯"作動詞"示"賓語的34例中,既有"[某人+[示+[數屯](又)[一丿]]]",如(A_1);又有"[某人+[示+[數屯]]]",如(A_2);還有"[某人+[示+[十屯][數屯]]]",如(A_3);還有"[某人+[示+[數屯]]]+[某人+[(从)示]]",如(A_4)。由於刻辭前面內容殘損,不能斷定"二

---

① 除"十屯"之外,與"一丿"同現的還有"三屯""五屯""七屯",通過檢索《先秦甲骨金文簡牘辭彙資料庫》,分別得到"三屯"51例、"五屯"18例、"七屯"12例,這些用例與"十屯"一樣均只見於甲骨刻辭,且均屬於同類型的記事刻辭,其完整辭例均為"某人示若干屯",因此,可以"十屯"作為"數屯"實際使用情況的代表。胡厚宣在《武丁時五種記事刻辭考》中統計了甲橋刻辭273例、甲尾刻辭37例、背甲刻辭13例、骨臼刻辭177例和骨面刻辭26例等五種記事刻辭,其中含有"數屯"的辭例多見於骨臼刻辭,僅有少許例外(5例刻於背甲的)。

十屯"前是否有"某人示",但從後面的"小臣从示"來看,前面一定有"某人示",否則"从示"就不能成立,因此也可視作"某人示數屯",即"[某人＋[示＋[數屯](＋[一丿])]]"。比較如下：

A_1："某人＋示＋數屯（又）一丿"如：

奠示十屯一丿。　　　　　　　　（H18654 白 賓三）

帚（婦）杞（杞）示十屯又一丿。　（H17526 白 典賓）

A_2："某人＋示＋數屯"　　如：

癸酉皇（畢）示十屯。叔。　　　　（H00493 白 典賓 B）

A_3："某人＋示＋數屯一屯"　　如：

奠示十屯一屯。凸。　　　　　　　（H06445 白 典賓 B）

帚（婦）良示十屯六屯。　　　　　（H17528 白 典賓）

A_4："某人＋示＋數屯又一"如：

奠示十屯又一。永。　　　　　　　（H06527 白 典賓 B）

A_5："某人＋示＋數屯又一骨（骨）"如：

晏示四屯又一骨（骨）。亙。　　　（H15734 白 典賓）

"數屯又一丿"所在的句式 A_1"某人示數屯（又）一丿"與其他"數屯"所在句式均可歸入"某人示數屯"句式,且都為骨臼記事刻辭。為理解"某人示數屯"中"數屯"的性質,還須把"某人示數屯"放置在更大的背景下去考察。為此,我們還需看"數屯"與其他動詞搭配的情況。

B 作動詞"乞"的賓語。這又包括兩種情況：

B_1 在動詞"乞"和賓語"數屯"之間出現表示處所方位的"自/于 NP",即"[某人＋[乞＋[自/于 NP]＋[數屯](＋[一丿])]]",其中"乞自 N"18 例,"乞于 N"1 例。

癸卯,气（乞）自霝蒜二十屯。允。　（H00564 白 1《合集》號誤"白"為"反"賓出）

〔辛〕丑,气（乞）自器二十屯,小臣中示。（H05574.1 骨面刻辭 賓出）

辛丑,气（乞）自器二十屯。（H09450＋H09435＝B02474.1 骨面刻辭 賓出）

丁丑,气(乞)于㠯二十屯。河。(H09399.2 骨面刻辭"河"字外倒刻 典賓 B)

…自㠯五十屯。(H09396.1 骨面刻辭 典賓 B)

B₂ 在賓語"數屯"之後出現其他名詞性數量結構,即"[某人+[乞+[數屯]+[名[數屯]]]]",4 例。

乙亥气(乞)二十屯,兕五… (H09461 反.1 骨面刻辭賓出)

□亥气(乞)二十屯、兕五屯。(H16896 反 1 賓骨面刻辭)

C 作動詞"入(納)"的賓語,"[某人+[入(納)+[數屯]]]",共 2 例。

隹入(納)十屯。(B01571 反 1 甲橋刻辭典賓 B)

妻入(納)十屯。(H00687 臼 1 典賓 B)

D 殘損嚴重的 4 例

…新束三十屯。(H09444.1 骨面刻辭 典賓)

貞:二十屯(?)…伐二十…。一二三 (H11297+乙補 4375 倒+無號碎甲.1 典賓 A)

…五十屯㞢(又)… (H16574 反+H16575 反=綴集 227=B04803 反.1 典賓)

除去殘損嚴重的 D 類,總結關於"數屯"出現的句法環境如下:

A"[某人+[示+[數屯](+[一丿])]]"

B₁"[某人+[乞(+[自/于 N])+[數屯](+[一丿])]]"

B₂"[某人+[乞+[數屯]+[名[數屯]]]]"

C"[某人+[入+[數屯]]]"

由於此類刻辭所記載內容"某人貢納整治處理甲/骨的數量或來源"與記錄的載體(刻於骨臼)都是"骨",載體"骨"本身可以"以物自名",在骨臼上記下"某人示多少數量",刻寫者和解讀者就可以明白說的是"某人示骨多少",例如"古示十屯又一丿。殷。(H17579 臼 典賓)"意思是:一個名為"殷"的人記錄了名為"古"的人整治了十對零一片骨①。因此,這些用例都屬於"S[NP某人+VP[動(+PP[自/于 N])+

---

① 郭沫若、胡厚宣、蕭良瓊等觀點"一屯"為一對骨版,"一丿"為一塊骨版。

NP[＋NumP[數量(又數量)]]]"句式。其中名詞 NP"某人"作主語；動詞 VP(入、氐、乞、示)作謂語，有時候帶上介賓短語 PP([自雩]、[自喦]等)；數量短語 NumP([數量(又數量)])作省略的名詞○(骨)的限定成分，與名詞○(骨)一起作動詞的賓語。

值得注意的是，這些用例主要見於甲橋刻辭、背甲刻辭、骨臼刻辭，屬於記事刻辭，按照此類刻辭的用法——用來記載某人貢獻或整理龜甲或牛骨("示"為動詞，在此語境下當理解為"眂高作龜"的"眂"，整治龜甲或獸骨以備占卜所用①)。因此，表面為"S[NP某人＋VP[動(＋PP[自/于 N])＋NP[○＋NumP[數量(又數量)]]]"在句法上隱含了作賓語的名詞中心語，實際的語言形式也該是"S[NP某人＋VP[動(＋PP[自/于 N])＋NP[名＋NumP[數量(又數量)]]]"句式。故屬於姚先生所說的"'(動)名＋數＋名'這種個體量詞形成的典型環境"都可歸入"[動[名[數量]]]"句式②。

由於"一丿"與"數屯"並列，因此，"一丿"的句法環境應該是"S[NP某人＋VP[示＋NP[名＋NumP[數屯(又)一丿]]]"。即"一丿"和"數屯"都處於"[動[名[數量又數量]]]"結構中，與"[蒸[新鬯[二升一卣]]](H30970)"、"[俘[戎車[百乘一十又七乘]]](多友鼎)"句法結構一致。

(三)"屯"與"丿"均是量詞

胡厚宣在《武丁時五種記事刻辭考》一文中謂"郭沫若釋 丿 為勺，雖

---

① "最足以證明'示'為'眂'者，莫過於三種刻辭既書'入''乞自''來'[按：還有'氐']"以後，更寫上'某示'多少"(嚴一萍：《甲骨學》，臺北：藝文印書館，1978 年，頁 693－696)。甲橋刻辭如"吳入五十，婦井示十。爭"(H14951)"我來四十，婦井示三。賓"(乙 6747)。骨臼刻辭如"丁亥，乞自㫃十屯，婦示""己丑，乞自缶五屯，㞢示三屯。嶽"(H9408)。骨面刻辭如"辛丑乞自喦二十屯，小臣中示。"(H05574)因此，其實際的計數表達應該是：[動[○[數量(又數量)]]]。"古示十屯又一丿"意思是"名為古的人示(整治)了十對零一片骨版(或者十一片骨版)"。

② 這一點也是姚振武先生判斷"數 X"是否量詞的重要依據，即出現在"[動[名[數量]]]"句式，如："[俘[人[十又六人]]](H137 反)"，或"[動[名[數量(又)數量]]]"句式，如"[蒸[新鬯[二升一卣]]](H30970)"、"[俘[戎車[百乘一十又七乘]]](多友鼎，西周晚期)"比較"[俘[人[萬三千八十一人]]]……[俘[馬[百四匹]]]……[俘[車[卅輛]]]"(小盂鼎，西周早期)等等。

不可盡信,然據'七⚬又一ノ''四⚬又一🐚'等例謂'於七勹四勹之外,尚有零餘,可知一勹不止一骨,言零餘之例無過一者,則一勹必僅二骨,⚬字正合二骨而締結之形'。以一⚬為二骨,其說誠無可易"①。可見郭、胡而未現身均同意"一⚬"指稱的是兩塊骨版。根據"數屯"的使用情況以及"一ノ"與"數屯"連用的特點,"一ノ"雖表示單塊骨版,但從語法性質上都是用作甲/骨的計數單位,即量詞。

吳諍(2009)指出:"這些刻辭(引者按,即'示數屯又一ノ')都是骨臼刻辭,也就是商王朝在後來收集整理卜骨時刻在骨臼面的記錄,一般記錄的都是誰考察了多少蔔骨骨版的意思,所以'ノ'也可能是表示集體的,也可能是表單位的","但是,'屯'和'ノ'都不是量詞,因為如果它們是量詞,在所有類似的句子中,就沒有了名詞。在甲骨文中,除了這裏,還沒有省略名詞而只保留量詞的情況。所以,'屯'和'ノ'的含義都是某種形式的骨版,仍然是名詞。"②

吳先生判斷"屯"和"ノ"是否量詞的依據是句子中有無名詞,殊不知在此類記事刻辭中"以物自名"而省略名詞的情形。如果考慮到這一情形,就沒有理由否定"屯"和"ノ"為量詞了。

綜上所述,"十屯(又)一ノ"類刻辭多見於骨臼刻辭,屬記事刻辭之一,表明占卜用骨的來源數量和管理(簽收或整治)者相關信息。由於數量的主體為甲/骨本身,可"以物自名",所以常省略,所在句式為"S[NP某人＋VP[動(＋PP[自/于 N])＋NP[○＋NumP[數量(又數量)]]]"(其中名詞"甲/骨"省略,以"○"表示)。因此,正屬於姚振武先生所說的"'(動)名＋數＋名'這種個體量詞形成的典型環境",都可歸入"[動[名[數量]]]"句式。"屯"是集合量詞"對"的意思,"一屯"表示一對骨版,"ノ"為多出的不成對的一片骨版(奇數),"一ノ"就是一片或一塊的意思。因此,"ノ"可以看作是個體量詞。

---

①胡厚宣([1944]1990)武丁時五種記事刻辭考,載《甲骨學商史論叢初集》,成都;齊魯大學國學研究所專刊。又聖功《民國叢書》第一編,上海:上海書店,第 595—596 頁。

②吳諍:《殷周漢語名量詞辨析》,《殷都學刊》2009 年第 3 期。

二、"骨十骨"是拷貝量詞結構"名數名"（名[數量拷貝]）

張玉金先生《甲骨文語法學》指出：

"骨：原象卜用的牛胛原形，本為名詞，有時用如量詞。如'甲辰乞骨十骨'（《合集》35211）"①

姚振武先生《上古漢語語法史》指出：

"關於'骨'，張氏所舉之例，《合集》原釋文是這樣的：

甲辰，三骨，十骨。（《合集》35211）

圖1　H35202　　　圖2　《屯南》3028

---

① 張玉金：《甲骨文語法學》，學林出版社，2001年，頁20。

如果依這樣的釋文,'骨'顯然不是量詞。何況,被指為量詞的'骨'僅此一例,似未便下定論。"①(引自姚振武 2015:127)

同樣的一片甲骨(《合集》35211),姚先生與張先生兩人的釋讀完全不同。孰是? 值得深究。查《漢達文庫・甲骨文庫》《殷墟甲骨刻辭摹釋總集》《殷墟甲骨刻辭摹釋總集校訂》等都將該片第一個"骨"字前的"三"字釋作"乞",用為動詞。換言之,該條刻辭釋文應該是:

甲辰,乞骨十骨。(《合集》35211)

其結構為"VP[乞NP[骨NumP[十骨]]]",即"動詞+名詞+數量結構"。理由是甲骨刻辭中類似結構不少,例如同片甲骨的"丙寅,尸乞骨一自▨(辛)",其中"尸乞骨一自辛"的句法結構為"[S[尸VP[乞NP[骨NumP[一]]PP[自辛]]]"②。再如:

癸申夨乞骨三　　　　　　　　H35202
☐乞骨三自▨(辛)　　　　　　H35212
☐乞骨自▨(辛)　　　　　　　H35213
夨乞骨七自▨(辛)　　　　　　H35214
夨乞骨七自▨(辛)　　　　　　H35215
戊申夨乞骨三旬。　　　　　　《屯南》2916③
乙未夨乞骨六旬自正。　　　　《屯南》3028.2④

圖1所示其中"癸申夨乞骨三"(H35202)中"乞""三"同現,而字形有別,"三☰"字中間一筆長,"乞☰"中間一筆較短。

從《屯南》3028片第二條刻辭的角度來看,該片為倒置,旋轉180度後應該如圖2所示。其中"旬"柯昌濟、陳夢家等釋為"包裹"之"包",用

---

① 姚振武:《上古漢語語法史》,上海古籍出版社,2015年,頁 126—127。
② 這裏的"B827▨"、"B828▨"、"B8279▨"可能是一字的變體,姑且隸作"辛",人名。
③ 干支原寫作"甲申",今根據《小屯南地甲骨考釋》《小屯南地甲骨索引》等校訂為"戊申"。
④《小屯南地甲骨考釋》釋文為"乙未夨乞骨六自正。旬"(《屯南》3208),拓片見圖2。

作量詞①。"乞骨三旬"即送來三包占卜用的獸骨。

值得注意的是與"某人乞骨十骨"句法結構平行的是"某人入骨一",如 H35211 同片刻辭就有這種情況：

《甲骨文合集釋文》《漢達文庫·甲骨文庫》

丙寅,入二骨一自[☐] H35211.1　丙寅尸乞骨一自[☐]　H35211.2

甲辰,三骨,十骨　H35211.2　甲辰乞骨十骨　H35211.1

以上卜辭用法中"乞"與前面"乞（自/于 N）＋數量"用法一致。"乞[☐]"為"迄"之古文,《爾雅·釋詁》"迄,至也"。與"致謝"的"致"用法同,即:"使……至",貢獻、致獻的意思。那麼"甲辰,乞骨十骨。丙寅尸乞骨一自辛"（H35211）的意思就是"甲辰那一天,某人帶來牛肩胛骨十塊,丙寅那天,名為尸的人從辛帶來骨一塊或一對"。

如果以上"[某人[乞[骨[數量]][（自 N）]]]"句式與前文所述"[某人[乞[自/于 NP][數屯]（＋[一丿]）]]]"句式所述事件都是進獻甲骨的,那麼就可以斷定,"骨十骨"的"骨"與"十屯又一丿"的"丿"都是個體量詞,因為符合"（動＋）名＋數＋名"（[動[名[數量]]]）這一個體量詞形成的典型環境。

根據我們調查,甲骨、金文、簡牘等上古早期文獻中"名數名"（其中第二個名詞即所謂的"拷貝量詞"）在使用上具有如下特點:①見於事件句,表示賞賜、貢納、征伐、獵獲等;②全都緊跟動詞後作動詞的直接賓語;③語義上為動詞的受事賓語。例如:

四日庚申亦㞢（有）來媸（艱）自北,子[☐]告曰:"昔甲辰方征于蚁,俘人十㞢（又）五人。五日戊申方亦征,俘人十㞢（又）六人。"六月,才（在）䧊。（H00137 反＋H16890 反）

隻（獲）職四千八百☐二職,孚（俘）人萬三千八十一人,孚（俘）馬四☐☐四,孚（俘）車卅兩（輛）,孚（俘）牛三百五十五牛,羊廿八羊。（《殷

---

① 于省吾:《甲骨文字詁林》,中華書局,1996 年,頁 1883－1885。另外李孝定、劉興隆等釋為人名。李孝定:《甲骨文字集釋》（中央研究院歷史語言研究所集刊）,1965 年,頁 2161。劉興隆:《新編甲骨文字典》,國際文化出版公司,1993 年,頁 377。

周金文集成》02839 小盂鼎 西周早期）

侯氏賜之邑二百又九十又九邑。（《殷周金文集成》00271 黏鎛 春秋中期）

凡為錢一百廿九錢。（《長沙走馬樓三國吳簡·嘉禾吏民田家莂》4.6）

武王遂征四方，凡憝國九十有九國。（《逸周書·世俘》）

以上畫橫線部分為"名數名"結構，前面均有一個動詞，如"俘""獲""賜""為""憝"。換言之，所有"名數名"出現的句法環境都是"動名數名"，即"VP〔動NP〔名NumP〔數名〕〕〕"。根據高嶋謙一Takashima（1985），"NumP〔數名〕"作前面"名"的數量補語（quantitative complement），整個"NP〔名NumP〔數名〕〕"作前面動詞的直接賓語，且其中賓語為動詞的受事賓語①。如果"羌百羌"H32042成立，那麼其所出現的句法環境為"卯于大甲羌百羌"，"羌百羌"並不直接緊鄰動詞"禦"，且也不是動詞"禦"的受事賓語，而是工具賓語，意思是"用一百羌向大甲進行禦祭。"也就是說，用於表達祭祀內容的"羌百羌"如果是"名數名"，則構成甲骨金文"名數名"結構用法通例的例外。

三、小結

本文討論的兩類刻辭（①骨臼記事刻辭"十屯又一丿"②記事卜辭H35211.1"骨十骨"）均與數量表達有關，且均涉及語法問題，故命題為"甲骨刻辭數量表達語法劄記二則"。

"十屯又一丿"實際代表的是"數屯（又）一丿"類刻於骨臼處的記事刻辭，其句法環境為"某人示數屯（又）一丿"，與其他"某人＋動詞＋數屯"或"某人＋動詞＋數"表達功能一致，均用來表示某人整治骨版的數

---

① Takashima, Ken-ichi. On the quantitative complement in oracle-bone inscriptions, *Journal of Chinese Linguistics*, Vol.13, No.1:44-68, 1985.

量情況。完整刻辭中"一丿"只見於與"數屯"並列的情況,"一丿"與"數屯"的語法性質一致,均作動詞"示"的直接賓語。由於此類刻辭所記載內容與記録的載體都是"骨",載體"骨"本身可以"以物自名",因此,常可省略。本質上"示數屯(又)一丿"就是"示骨數屯(又)一丿",屬於典型的"動名數量"結構,即:

VP[動NP[名NumP[數量又數量]]]＝VP[示NP[骨NumP[數屯又一丿]]]。

其中"數屯又一丿"爲並列數量結構,即"[[數量]又[數量]]"。

"骨十骨"的唯一用例爲記録整治骨版數量的記事刻辭"甲辰乞骨十骨",其中"乞骨十骨"結構是"[VP[乞NP[N[骨]NumP[十骨]]]]",前一個"骨"爲動詞"乞"的直接賓語。後一個"骨"用作前一"骨"的計數單位,與數詞"十"一起組成作前一個名詞"骨"的數量補語。"骨十骨"屬於拷貝量詞結構的"名數名"(名[數量拷貝]),符合"上古早期漢語'名數名'從不出現於祭祀刻辭,只見於征伐獵獲類刻辭,且一定緊鄰動詞作動詞的受事賓語",結構上是"[動[名[數名]]]"這一通則。

甲骨拼綴七則

吳麗婉①

提　要：正確的甲骨綴合對甲骨文研究起到正面作用，可以幫助解決研究中的許多問題，錯誤的綴合則會帶來負面影響。掌握綴合的方法是綴合的基礎，這些方法亦可以反過來作為判斷綴合正確與否的標準。

關鍵詞：甲骨；拼綴；七則

甲骨綴合在沒有新出土材料公佈的情況下愈發顯得珍貴，卜辭中的許多問題，諸如卜辭的正確釋讀、文字的考釋、字體的分類等都可以通過綴合得到解決。當然，前提是綴合是正確的，錯誤的綴合只會阻礙甲骨文的研究。

正確的綴合必須掌握一定的方法。黃天樹師在前賢的基礎上，將綴合的方法歸納為綜合運用字體、殘字、碴口、同文等方法②。這些方法不僅僅是綴合的方法，也可以反過來作為判斷綴合是否正確的標準。此外，綴合以後，辭例通順、甲骨形態一致、符合卜辭的規律等等也能幫助驗證綴合是正確的。

筆者最近這段時間根據上述方法拼綴了七則甲骨，列成此文，以求教於同好。

---

①吳麗婉，首都師範大學文學院　2013 級博士研究生　北京 10089。
②黃天樹主編：《甲骨拼合集》序，學苑出版社，2010 年，頁 3—5。

一、第一則（綴合見圖一）

A：《合集》①14179
B：《合集》14583

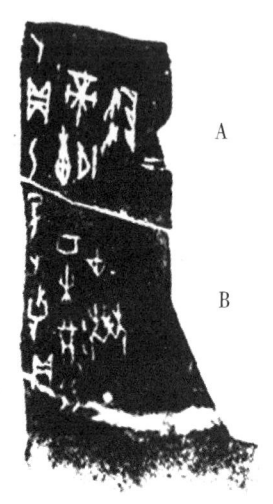

圖一

《合集》14584

釋文②：

(1) 乙巳卜，爭貞：惠丁未酒河。十月。在鬥。二

(2) □□卜，貞……帝……降……。

說明：

A、B字體風格相同，均屬賓組三類。兩版均是右龜腹甲。綴合以後，斷邊密合，卜辭完整，與《合集》14584"乙巳卜，貞：惠辛亥酒河。十月。在鬥"占卜事項相同，兩者卜問的焦點在於"酒河"的日子。綴合

---

①按照在文中出現的順序，本文引用甲骨著錄書及其簡稱為：《合集》—《甲骨文合集》、《殷遺》—《殷墟甲骨拾遺》、《旅博》—《旅順博物館所藏甲骨》、《上博》—《上海博物館藏甲骨文字》、《英藏》—《英國所藏甲骨集》、《合補》—《甲骨文合集補編》。

②為了排印的方便，釋文儘量使用通行字。

後,可看出 A、B 是沿著卜兆斷裂的。

卜辭中與"鬥"地有關的比較完整的辭例還有以下幾條:

庚辰卜,賓貞:朕芻于鬥。《合集》152 正

[□□卜],賓[貞]……汵①……酒……燎。十月。在鬥。《合集》14370

乙巳卜,爭貞:燎于河五牛,沉十牛。□月。在鬥。《合集》14554

……燎于河……五……十月。[在]鬥。《合集》14562

可見,"鬥"這個地方經常用於祭祀河神,如此,鬥地的地理位置必定在黃河附近。

二、第二則(綴合見圖二)

A:《殷遺》96
B:《旅博》555 正

釋文:

乙丑卜,殼貞:我受舌方[祐]。

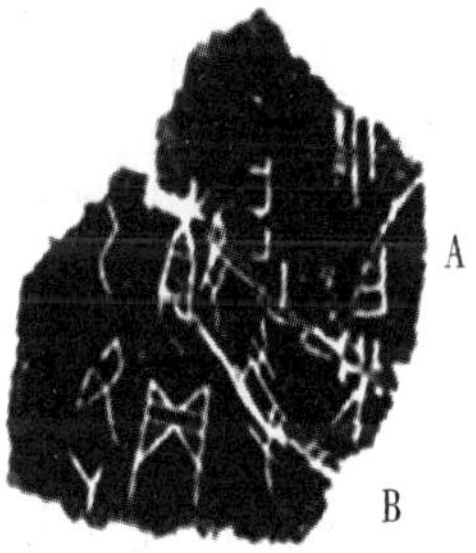

圖二

說明:

A、B 字體風格均屬典賓類。拼綴後,斷邊基本密合,而且斷邊上"殼""我""方"三個殘字的補全,足以證明綴合是正確的。從形態上看,拼綴後兩版應是龜腹甲的左前甲。

在戰爭類卜辭裏,習見"受某方祐"的卜辭,如:

貞:我受舌方祐。《合集》8502

乙巳卜,殼貞:弗其受舌方祐。《合集》8512

貞:弗其受土方祐。《合集》8481

---

①有的學者將此字釋為"今水"的合文,本文暫且將之隸定為"汵"。

三、第三則（綴合見圖三）

A:《合集》34878
B:《殷遺》458 正
釋文：
(1)癸丑，貞：旬亡憂。
(2)癸亥，貞：旬亡憂。
(3)癸酉，貞：旬亡憂。
(4)癸未，貞：旬亡憂。
(5)癸巳，貞：旬亡憂。
說明：

A、B 的字體風格均屬歷組二類，材質均為牛肩胛骨的骨條，骨條的寬條一致，拼綴後，斷邊完全密合，可補足"旬"、"憂"兩字。

卜旬卜辭的格式比較固定，刻辭的規律性也比較強，在卜骨上體現得尤其明顯。常玉芝先生曾對卜旬卜辭的刻辭規律做過總結："刻於牛胛骨上的卜旬卜辭，早期雖然多數是自下而上一旬接一旬契刻的，但尚有不少例外（以賓組居多），規律性還不強，而晚期的全部刻辭（約 678 版左右）中，凡是契刻在兩旬以上的，皆是自下而上一旬接一旬契刻的，規律性已很強。"[1]這種程序化的格式及刻辭規律在綴合當中可以起到很好的引導作用。本版綴合以後，可看出癸日自下而上都是相接的，這也可以從一方面反映出綴合的正確性。

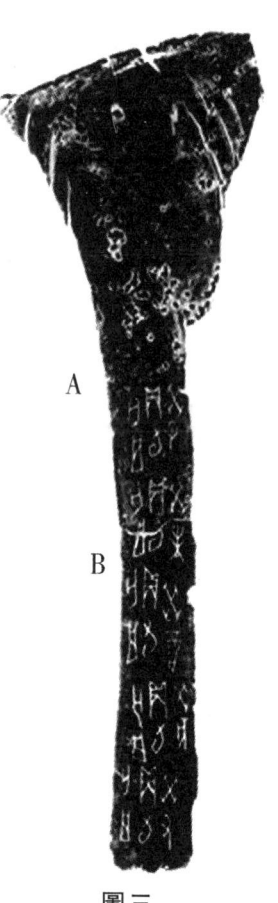

圖三

---

[1] 常玉芝：《晚期龜腹甲卜旬卜辭的契刻規律及意義》，《考古》1987 年第 10 期。

四、第四則(綴合見圖四)

A:《上博》17645.645(第 326 頁)

B:《英藏》1674

釋文:

(1)貞:不其見。一

(2)……□……□……。正面

(1)……㞢……。

(2)……□……。反面

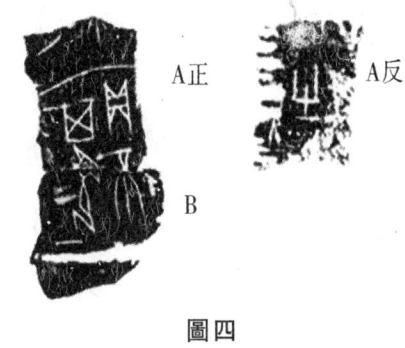

圖四

說明:

A、B 字體風格均屬賓組二類,材質均屬龜腹甲。綴合以後,斷邊密合,殘字可以拼合,卜辭完整。A 反的齒紋應該是中縫(千里路),A 正不見齒紋,可能是龜腹甲沒有拓全,所以 A 的寬度看似比 B 稍窄。

此辭中的"見"意思可能是"進獻",可惜這條卜辭文字簡短,不知進獻的具體事宜。

五、第五則(綴合見圖五)

A:《合集》28633

B:《合補》7455

釋文:

(1)于丁王省田,亡弋,不遘雨。

(2)于辛省田,亡災,不遘雨。

說明:

A、B字體風格均屬無名類。兩版均是牛肩胛骨的骨條,左邊為原邊,斷邊形狀均為弧形,大小一致。拼綴後,可補足"王""田""遘"三字,而且辭例通順,與上面一辭為選貞關係,綴合應該是正確的。

A、B卜問的焦點在於"省田"的日子,占卜的背景應該是商王要外出巡視農田,害怕遇到雨天,故而卜問在哪一天出行。

圖五

六、第六則(綴合見圖六)

A:《合補》8497

B:《合集》23051

釋文:

(1)丙申卜,旅貞:翌丁酉小丁歲,王其䆞。
(2)丙[申]……。
(3)……[牡]……。

說明:

A、B字體風格均屬出組二類。兩版的材質都是龜腹甲,斷邊形狀相似,綴合以後,可補全"貞"字,界劃線亦可連接。

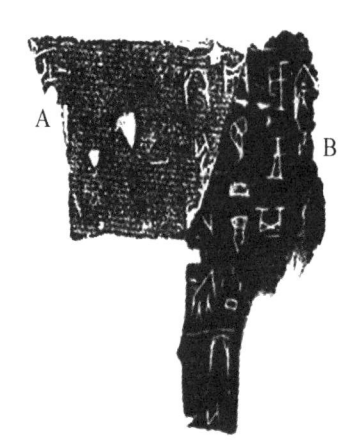

圖六

七、第七則(綴合見圖七)

A:《合集》26443
B:《合集》26362

釋文:

(1)辛卯[卜,□]貞:[今夕]亡[憂]。

(2)壬辰卜,即貞:今夕亡憂。

(3)癸巳卜,貞:今夕亡憂。八月。

(4)甲午卜,貞:今夕亡憂。

(5)乙未卜,貞:今夕亡憂。

(6)[丙申卜],貞:[今夕]亡[憂]。

說明:

A、B的字體風格均屬出組二類,兩版均是牛肩胛骨的骨條,右邊均為原邊,骨條的寬度一致,斷邊形狀吻合,拼綴以後,可補足"今"字,而且行款整齊。

卜夕卜辭與卜旬卜辭一樣,也有比較強的刻辭規律。卜旬卜辭是一旬接著一旬占卜,卜夕卜辭是一天接著一天占卜。這種規律在綴合時體現得非常重要,在綴合時尤其要注意干支間的關係。本版綴合以後,占卜的干支自下而上都是接續的,符合卜夕卜辭的刻辭規律,可以為綴合的正確提供一個憑證。

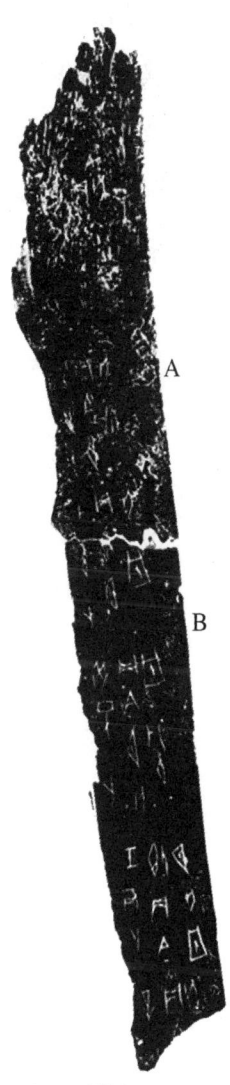

圖七

參考文獻：

［1］郭沫若主編:《甲骨文合集》,中華書局,1978－1982年。

［2］李學勤、齊文心、［美］艾蘭:《英國所藏甲骨集》,中華書局,1985年。

［3］常玉芝:《晚期龜腹甲卜旬卜辭的契刻規律及意義》,《考古》1987年第10期。

［4］彭邦炯、謝濟、馬季凡編:《甲骨文合集補編》,語文出版社,1999年。

［5］濮茅左編著:《上海博物館藏甲骨文字》,上海辭書出版社,2009年。

［6］黃天樹主編:《甲骨拼合集》,學苑出版社,2010年。

［7］宋鎮豪、郭富純主編:《旅順博物館所藏甲骨》,上海古籍出版社,2014年。

［8］宋鎮豪、焦智勤、孫亞冰主編:《殷墟甲骨拾遺》,中國社會科學出版社,2015年。

甲骨卜辭中的"帝降若""帝降不若"新釋①

李芸鑫②

提　要：甲骨卜辭中的"帝降若""帝降不若"，前人解釋為上帝降下好事或不好的事。本文希望提供一個新的解釋。"帝降若""帝降不若"在語法上與卜辭中的"主語＋動賓短語"結構有明顯的區別，而與表示順利的"若"的用例結構相符。比起傳統解釋來說，更好的理解方式是卜問"上帝降臨之事是否順利"。根據卜辭用例和傳世文獻的佐證，"賓"字與祭祀活動密切相關，"巳賓乍"應理解為進行賓禮。"帝降若""帝降不若"的上文是"我其巳賓乍""我勿巳賓乍"，說明上帝是在祭祀活動中降臨的。陳夢家認為殷人的上帝不享受牲祭。但是，卜辭中有關於祭祀上帝的卜辭，文獻中的相關內容也可以說明，商人的上帝有享受牲祭的可能。

關鍵詞：帝降若；賓；商代祭祀

---

①本文初稿在 2015 年西南大學舉辦的"出土文獻與比較文字學全國博士生論壇"上，得到了諸位師友的指正，特別是吳麗婉、王挺斌兩位，在此謹表謝忱。本文的甲骨文字隸定一般採用寬式。文中所引甲骨卜辭來源為中國社會科學院歷史研究所：《甲骨文合集》，中華書局，1979—1983 年；姚孝遂主編：《殷墟甲骨刻辭類纂》，中華書局，1989 年。隸定主要參考胡厚宣主編：《甲骨文合集釋文》，中國社會科學出版社，1999 年；姚孝遂主編：《殷墟甲骨刻辭摹釋總集》，中華書局，1988 年。隸定和標點也有筆者自己的意見。

②李芸鑫，北京大學歷史學系碩士研究生　北京 100871。

一、"帝降若""帝降不若"的語法結構

甲骨卜辭中,有這樣的兩組對貞:
……我其巳(祀)賓乍(作),帝降若。
……我勿巳(祀)賓乍(作),帝降不若。(《合集》6497)
……卜,㱿貞,我其巳(祀)賓乍(作),帝降若。
……㱿貞,我(勿)巳(祀)賓乍(作),帝降不若。(《合集》6498)

"帝降若""帝降不若"可以有兩種理解方式,一是"帝"為主語、動賓結構"降若""降不若"為謂語,"若"用作名詞,句意為帝降下順利或不順利的事給商人;二是"帝降"這個主謂短語作主語、"若"和"不若"作謂語,"若"用作形容詞,句意為帝下降之事順利或不順利。以往的學者一般都理解為第一種,即帝降下好或不好的事情給商人。但是,仔細研讀可以發現,未必如此,這兩組卜辭從語法和意義方面都值得再加以考證。

從理論上說,兩種理解方式都是有可能的。在甲骨文中既有帝命令降雨、降旱災等情況,如:
自今庚子……于甲辰帝令雨。
至甲辰帝不其令雨。(《合集》900正)
甲戌卜,㱿,翌乙亥帝其令雨。
甲戌卜,㱿,翌乙亥帝不令雨。(《合集》14153乙正)
貞,帝不降大熯(暵)。九月。(《合集》10167)

庚戌卜,貞,帝其降堇。(《合集》10168)

戊申卜,爭貞,帝其降我堇。一月。二告。

戊申卜,爭貞,帝不我降堇。(《合集》10171正)

辛卯卜,㱿貞,帝其堇我。三月。(《合集》10172)

貞,帝不我堇。(《合集》10173正)

□亥卜,……□卯……丁,帝其降🈸其🈯。

貞,卯帝弗其降🈸。十月。(《合集》14176)

也有帝自己下降到人間之事,如:

癸亥卜,翌日辛帝降,其入于䕩大宎。在宓。

……于䕩小乙宎。(《合集》30386)

……卯卜,帝其陟……(《合集》30387)

……帝不……降隹……(《英》1142)

宎是宗廟一類的宮室建築,這條卜辭說明帝會降臨到祖先神的宗廟。

不僅是帝,殷人的先王先妣等神也會下降:

……申卜,王夢,允大甲降。(《合集》19829)

婡降。(《合集》17390乙正)

婡不其降。(《合集》17390甲正)

還有一些主語不明的"降",也能說明"降"不一定有賓語,可以用作不及物動詞:

戊辰卜,賓貞,……降。(《合集》2388甲正)

癸酉貞,降。(《合集》371反)

貞,降。(《合集》6475)

然而,儘管單字的意義是不固定的,甲骨文的語法卻是相對固定的。觀察上述例子中的否定句，"帝其令雨"相對的否定疑問句是"帝不令雨"或"帝不其令雨"。表達帝不降下旱災的句子是"帝不降大堇"或"帝不我降堇"。表達帝不降下災禍的句子是"帝弗其降囚"。那麼，如果把"若"當作名詞來用，將句子理解為帝是否降下順利之事給商人，按照上述例子，"帝降若"的對貞應該是"帝不降若""帝不其降若""帝不我降若"之類的句式，而非"帝降不若"。再舉一個例子，有一組卜辭是這樣的：

　　……來歲帝其降永。在祖乙宗，十月卜。
　　……帝不降永。（《屯》723）

如果將"帝降若"理解為帝降下福祐，那麼"帝降永"的意義與其十分相似。然而，"帝降永"的對貞是"帝不降永"，而非"帝降不永"。在"帝降不若"這個句子中，"不"所否定的是"若"，而不是"降"，即句子的焦點是"若"。因此，我們有理由懷疑"帝降若"的含義與這類卜辭的情況有所不同。

上古漢語中的詞往往有多種詞性和多個義項，造成了詞義和句義的不確定性。陳夢家在《殷虛卜辭綜述》中對此有一段精彩的論述："分析卜辭文法應該從語序的基本上去研究，即是注意某一詞在某一句中的環境，我們稱之為'詞位'研究。《文心雕龍·章句》篇說'置言有位''位言曰句'，言就是詞，寫出來謂之字。每一個言或詞的語法的性質，不是由它本身決定的，也不是固定於一的；乃是由它在某一所組成的句子中的環境地位所決定的，而同一個字可以在不同的句子中用在不同的地位上。因此同一個字的用法是不固定的，而組成句子的'詞序'是有其規律可尋的，是可以歸納出若干固定的規律的。我們不能先確定了某個字的詞類或詞性（如說雨是動詞，衣是名詞）而分析句子，我們應該先從句子中看某一個字的地位和其作用，如'解衣衣我'是'動、名、動、名'的組合。因此我們不能說衣是動詞或名詞,只能說在'解衣'的結構中它是處於動詞後之名詞,在'衣我'的結構中它是處於名詞之前的動詞。"①

"不若"可以作為一個固定短語。陳夢家說:"'不若'是名詞,即不順、不祥,《左傳》宣三'故民入山林不逢不若','不若'亦是名詞。"②的確,卜辭中有"王隹有不若""王不隹有不若"(《合集》376正),"貞,王夢不隹有不若"(《合集》17398)這樣的句子,這裏的"不若"是指不好的事情。雖然如此,"帝降不若"作為"帝降若"的對貞,還是不符合語法規律,因為在命辭的否定句中,"不"通常放在要強調的焦點之前,而且一般是謂語動詞之前。

此外,卜辭中還有"巳(祀)若""巳(祀)賓若"這樣的語句:

戊申卜,㱿貞,祀弗若。(《合集》2231)

貞,祀有若。(《合集》6037正)

癸未卜,㱿貞,王為巳若。(《合集》15189)

辛卯卜,㱿貞,巳賓若。(《合集》15192)

辛卯……貞,我巳賓若。(《合集》15193正)

辛卯卜,㱿貞,我巳賓若。(《合集》15194正)

……我勿巳賓,不若。(《合集》15195)

辛卯卜,㱿貞,我勿巳賓,不若。(《合集》15196)

……祀若。(《合集》15492)

貞,祀若。(《合集》15494正)

對於此類卜辭,陳夢家提到可與"我其巳賓乍,帝降若—我勿巳賓乍,帝降不若"比較,但"意不甚明",又說:"'不若'是名詞,即不順、不

---

① 陳夢家:《殷墟卜辭綜述》,中華書局,1988年,頁86。
② 陳夢家:《殷墟卜辭綜述》,頁567。

祥,《左傳》宣三'故民入山林不逢不若','不若'亦是名詞。"①但是,"若"並不僅限於名詞,也可以是形容詞,意為順利。"我勿已賓,不若",理解為不要祭祀、不會順利更合適。甲骨文中常常出現省略現象,這些卜辭十分可能是"我其已賓乍,帝降若"的省略形式。根據省略句的規律,其他的信息可以省,但是最重要的信息即焦點是不能省略的。在這些卜辭中,即使最簡略的形式也保留"祀"和"若"兩個詞,可見這兩個詞就是焦點,這些卜辭的目的是卜問祭祀的時候是否"若"的問題。假如把"帝降若""帝降不若"解釋為上帝降下好或不好的事,那麼謂語動詞"降"是不太可能省略的。所以,將"若"解釋為形容詞"順利",更加合理。

二、"若"在甲骨文中的用法

《爾雅·釋言》:"若,順也。"又《爾雅·釋詁》:"若,善也。""若"字的本義,于省吾解釋為"理順頭髮"。臧克和《釋"若"》一文認為"若"字的取象與"祝"字類似,都是事神者的形象,"均以突出兩手動作為特徵","'若'在初取象,為巫者兩手向空中舞動,(甚且披頭散髮)以傳達進入降神、神我為一,施行巫術活動的狀態,由是以'事無形'"②。由巫者事神的取象,引申為事神的結果(諾),再引申為順。其說有理。

總結卜辭中的"若",大致有如下幾種用法。

(一)動詞,可讀為"諾",意為允諾、保祐。

王國維:"若,順也,古若諾一字。智鼎以若為唯諾字。"③若為諾之

---

①陳夢家:《殷墟卜辭綜述》,頁567。
②臧克和:《釋"若"》,《殷都學刊》1990年第1期,頁12—17。
③王國維:《戩壽堂所藏殷墟文字考釋》,藝文印書館,1980年,頁33。

初文,西周金文中的若已經加口,如舀鼎的若字作⿰,毛公鼎的若字作⿰。古文字中从言與从口往往可以互換,如訊字在甲骨文中亦从口;從古音上講,若字屬日母鐸部,諾字在娘母鐸部,"娘日歸泥",完全可通。這種用法在傳世文獻中也有,如《楚辭·天問》:"何獻蒸肉之膏,而后帝不若?"舉一些卜辭中的用例:

　　貞,且丁若小子⿰。

　　貞,且丁弗若小子⿰。二告。(《合集》151 正)

　　辛巳卜,殼貞,且乙若。(《合集》1637)

　　乙酉卜,賓貞,大甲若王。(《合集》3216 正)

在被動句中,若字亦可表示受到神的允諾和保祐。如:

　　丙申卜,亘貞,王𢦔多屯若于下上。

　　貞,王𢦔多屯若于下乙。(《合集》808 正)

　　貞,王𢦔……屯不若佐于下上。

　　貞,𢦔多屯不佐若于下上。(《合集》809 正)

(二)順利,形容詞。

　　……丑卜……貞,王歸,若。(《合集》5194)

　　己亥……侯……𢆶王……伐歸,若。(《合集》33069)

　　己亥……侯……𢆶王伐歸,若。(《屯》4516)

　　乙亥卜,爭貞,今春王往田,若。(《合集》649)

　　甲午卜,爭貞,王往去束,若。(《合集》5130 正)

　　貞,王其往觀河,不若。(《合集》5158 乙)

　　貞,王觀河,若。二告不玄黽小告(《合集》5159)

　　丙午卜,賓貞,王入,若。(《合集》5179)

　　王使人于沚,若。(《合集》5530 乙)

　　貞,王𥘱,若。(《合集》5533)

庚申卜,䅦,若。(《合集》7224)

……王䅦,若。(《合集》7225)

王䅦,若。二告

不若。(《合集》7226)

于庚子王涉,若。(《合集》32951)

(三)虛詞,用於"若茲"。

郭沫若:"'若茲不雨,帝佳茲邑寵',乃求晴之卜也。'若'用為虛擬之詞,此例僅見。"①

卜辭中有"帝若""帝不若"的說法,但"帝若"和"帝降若"是有區別的。"帝若"的對貞是"帝不若",這裡的"若"是動詞。陳夢家說:"若是允諾,王之作邑與出征,都要得到帝的允諾。"②而"帝降若"中"降"是動詞,"若"只能是形容詞或名詞。如果將"帝降若""帝降不若"與第二個義項中的例子作對比,可以發現它們的結構基本相同,都是以主謂短語作主語、"若""不若"為謂語,所要卜問的是"若""不若"前面的行為是否順利或吉利。上帝在商人眼中是一個喜怒無常、難以捉摸的神。因此,商人不知道帝會不會降臨,必須懷著虔誠的心情進行占卜。

三、"巳賓乍"的解釋

卜辭中所見的"賓",字形複雜,大致分為从"止"和不从"止"的兩類,一般認為从"止"者表動作義。王國維說:"⟨字⟩上屋、下从人从止,象人至屋下,其義為賓。各客二字从夂,意皆如此。金文及小篆易从止為从貝者,乃後起之字。古者賓客至,必有物以贈之,其贈之之事謂之賓,故

---

① 郭沫若:《卜辭通纂》,科學出版社,1983年,頁597。
② 陳夢家:《殷墟卜辭綜述》,頁567。

其字从貝,其義即禮經之儐字也。如大敦蓋、史頌敦、裘卣、貿鼎諸器之賓字从貝者,其義皆為儐也。後世以賓為賓客字,而別造儐字以代賓字,實則🔾乃賓之本字,賓則儐之本字也。"①此說是。在《周禮》中,"賓"字主要在"賓客""賓禮"中作為名詞使用。分化出的"儐""擯",用作動詞,義為相禮,迎接、導引賓客。《周禮·大宗伯》:"王命諸侯,則儐。"《小宗伯》:"賜卿、大夫、士爵,則儐。"《肆師》:"大朝覲,佐儐,共設匪甕之禮。"《司儀》:"司儀掌九儀之賓客擯相之禮,以詔儀容、辭令、揖讓之節。"②擯相,鄭《注》曰:"出接賓曰擯,入贊禮曰相。"③但在文獻中有時還保留著"賓"的動詞用法。如《周禮》中的幾例:

《大司徒》:令五家為比,使之相保;五比為閭,使之相愛;四閭為族,使之相葬;五族為黨,使之相救;五黨為州,使之相賙;五州為鄉,使之相賓。

《鄉大夫》:三年則大比,考其德行、道藝,而興賢者、能者。鄉老及鄉大夫帥其吏與其眾寡,以禮禮賓之。

《巾車》:王之五路:一曰玉路,鍚,樊纓,十有再就,建大常,十有二斿,以祀。金路,鉤,樊纓九就,建大旂,以賓,同姓以封。

《象胥》:象胥掌蠻、夷、閩、貉、戎、狄之國使,掌傳王之言而諭說焉,以和親之。若以時入賓,則協其禮與其辭言傳之。凡其出入、送逆之禮節、幣帛、辭令而賓相之。凡國之大喪,詔相國客之禮儀而正其位。凡軍旅、會同,受國客幣而賓禮之。④

在卜辭中,賓字除了作人名外,常與祭祀神靈的活動相關,又可指神降臨受祭。辭例:

戊寅卜,貞,于丁賓,延尸。七月。(《合集》831)

---

① 王國維:《與林浩卿博士論洛誥書》,載《觀堂集林》,中華書局,1959年,頁44。
② 楊天宇:《周禮譯注》,頁283、288、293、574。
③ (東漢)鄭玄注、(唐)賈公彥疏:《周禮注疏》卷三八,阮元校刻《十三經注疏》本,上海古籍出版社影印,1997年,頁896。
④ 楊天宇:《周禮譯注》,頁155、171、384、584—585。

庚申卜，㱿貞，乍賓。

庚申卜，㱿貞，勿乍賓。(《合集》32 正)

癸酉卜，爭貞，隹賓為。

貞，勿隹賓為。(《合集》13490)

乙丑卜，㱿貞，我勿為賓。

丁未卜，㱿貞，我為賓。

丁未卜，㱿貞，勿為賓。(《合集》15179)

貞，于大……賓，延尸。(《合集》830)

癸丑卜，爭貞，我宅茲邑，大賓，帝若。三月。(《合集》14206 正)

……寅卜，韋貞，賓婦好。(《合集》2638)

貞，弗其賓婦好。(《合集》2638)

貞，岳賓。(《合集》14421)

貞，岳賓我燎。(《合集》14422)

甲戌卜，尹貞，王賓上甲，亡囚。(《合集》22630)

己巳卜，行貞，王賓雍己，亡尤。(《合集》22819)

甲子卜，貞，王賓丁，亡尤。(《合集》23062)

甲子卜，即貞，王賓㕣甲，其亡囚。(《合集》23087)

丁巳卜，行貞，王賓父丁，叀十牛，亡尤。(《合集》23180)

丁酉卜，貞，王賓文武丁，伐十人，卯六牢，鬯六卣，亡尤。(《合集》35355)①

"賓"用在祭祀卜辭中，當是以敬賓客之禮事神，或是作為其他祭祀

---

① 關於"賓為"和"為賓"，學者有不同的解釋。孫海波認為"我為賓""我勿為賓"是"我其為客""我其弗為客"的意思，見孫海波：《卜辭文字小記》，《考古學社社刊》第 3 期，1935 年 12 月。聞一多不同意此說，認為卜辭中的"賓為"更多，"為賓"就是"賓為"，而"為媯古一字，媯乃舜姓，此疑與傳說中的舜有關"，見聞一多：《釋為》，《考古學社社刊》第 6 期，1937 年 6 月。李立新認為"賓"不是祭名，"為"是祭名，"為賓"是"賓為"的倒裝，"賓為"義即"至於祭場參加為祭"，見李立新：《甲骨文中所見祭名研究》，中國社會科學院博士學位論文，2003 年，頁 43、90。徐中舒主編《甲骨文字典》704 頁、于省吾主編《甲骨文字詁林》頁 2022 姚孝遂按語均認為"賓"是祭名。出於審慎的態度，本文暫不認為卜辭中的"賓"是祭名，但它作為動詞與祭祀活動密切相關。

之前的迎神之禮,但具體情形並不清楚。不過,後世的待賓之禮應當與此有關,也許是由此發展而來的。《儀禮》中隨處可見的揖讓、贈物、設宴等待賓之禮,皆可作為參考。《尚書》中也用此義,《洛誥》:"王賓,殺禋、咸格"。郭沫若《卜辭通纂》第 39 片:"是故'王宿'者,王儐也。《禮運》'禮者所以儐鬼神',即卜辭所用宿字之義。"①解釋為文獻中的導引之義。張玉金認為"王賓父丁祤"(《合集》23120)中的"賓",是說為父丁的祤祭而舉行"儐"禮;"王賓父丁歲宰"(《合集》23181)中的"賓",是說為用經過特殊飼養的羊對父丁進行的歲祭而舉行迎導神靈的儀式②。

那麼,"已賓乍"到底如何理解呢?于省吾先生有《釋已賓乍》一文,認為乍即作,與"為"同義;已通祀;"祀賓謂祭祀賓敬"③。筆者認為大體不錯,但"賓"為祭祀相關活動,"祀賓"可理解為進行儐禮;或者,由於神扮演了"賓"的角色,因此也可稱神為"賓","祀賓"是一個動賓短語,即祭祀神靈。王國維《洛誥解》:"王賓,謂文王、武王。死而賓之,因謂之賓。"④又《與林浩卿博士論洛誥書》:"又稱先祖為賓,經典亦無明文。然《檀弓》孔子謂'周人殯於西階之上,則猶賓之'。《雜記》曾子論遣奠曰:'父母而賓客之,所以為哀也。'是生則親之,死則賓之,古代當有此義。"⑤《尚書·皋陶謨》:"祖考來格,虞賓在位,群后德讓。"對於"虞賓",各家解釋不一,赤塚忠《書經》解釋為舉行虞祭禮的來賓,劉起釪認為"說亦可通"⑥。

至於"乍"字,亦可有兩種理解。第一種是同後世的"作",意為作為、進行。卜辭中的"乍"確有此用法,如:"壬子卜,爭貞,我其乍邑,帝弗左若。三月。"(《合集》14206 正)"乙亥貞,隹大庚乍害。"(《合集》

---

①郭沫若:《卜辭通纂》,頁 245。
②張玉金:《甲骨文語法學》,頁 6。
③于省吾:《釋已賓乍》,載《雙劍誃殷契駢枝三編》,中華書局,2009 年,頁 36。
④王國維:《洛誥解》,《觀堂集林》,頁 38。
⑤王國維:《與林浩卿博士論洛誥書》,《觀堂集林》,頁 44。
⑥顧頡剛、劉起釪:《尚書校釋譯論》,中華書局,2005 年,頁 482。

31981)不過,如果這樣理解,涉及到甲骨文倒裝句的形式問題。甲骨文中,除了否定句代詞賓語前置這一常見現象外,賓語前置一般是在"隹""惠"之後用於強調,如:"癸酉卜,爭貞,隹賓為。貞,勿隹賓為。"(《合集》13490)"祀賓作"是否賓語前置,還待討論①。第二種解釋是,"乍"也是一種祭祀,"巳賓乍"是三個動詞連用。彭邦炯認為"作字是祭名,大致和後世文獻上講的'酢祭',如《尚書·顧命》的'秉璋以酢'差不多"②。卜辭中有"乍"似乎祭名的例子,如:"庚申卜,爭貞,乍大丁。"(《合集》1404)"貞,乍告疾于祖辛,正。"(《合集》13852)"乙亥卜,賓貞,乍大禦于上甲。"(《合集》14860)或者,如果"賓"可以看作名詞的話,那麼"巳賓乍"的結構就是"動詞+受事賓語+方式賓語",意為用"乍"這種方法祭祀"賓"。

---

①楊樹達《甲文中之先置賓詞》說甲骨文中的賓語前置,一種是"句中有否定副詞而賓詞先置者",另一種是"亦有無否定副詞而賓詞先置者","而如此之句,往往以隹同惟或叀亦同惟置於賓詞之前"(《積微居甲文說》,科學出版社,1954年,頁61—62)。而陳夢家說:"賓詞的前置,即'O—V'的形式,在卜辭中還是很常見的","無論其為間接賓詞或直接賓詞,無論其附有介詞或不附有介詞,都可以先置於動詞之前"(《殷墟卜辭綜述》,頁101—102)。有一部分學者贊同陳夢家的觀點,如侯鏡昶、李瑾,還有俞敏、黃盛璋、高仲華等學者進一步認為遠古漢語的語序與漢藏語系某些語言相同,是"主賓動"而非"主動賓"。參:侯鏡昶《論甲骨刻辭語法研究的方向》,收入上海古籍出版社1982年《中華文史論叢·語言文字研究專輯》;李瑾《漢語殷周語法問題探討》,收入上海古籍出版社1982年《中華文史論叢·語言文字研究專輯》;俞敏《倒句探源》,《語言研究》創刊號(1981);黃盛璋《先秦漢語指示詞研究》,《語言研究》1983年第2期;高仲華《古文字與古語言》,收入香港中文大學出版社1983年《古文字學論集·初編》。反對的學者堅持認為甲骨文中的賓語前置是有條件限制的。管燮初說:"凡賓語在他動詞之前,這個賓語前頭一定有一個介詞'唯'或'惠'做標記。"(《殷墟甲骨刻辭的語法研究》,北京:中國科學院出版社,1953年,頁17)張玉金說:"要符合下述兩個條件,才能夠看成是沒有標識的名詞賓語前置句:一是要與'惠+O+V'式句構成對貞;二是要在'O+V'前出現否定副詞'弜'或時間副詞'其'。"(《甲骨文語法學》,上海:學林出版社,2001年,頁220)其他持反對意見的文章如黃德寬:《甲骨文"(S)叀OV"句式探蹤》,《語言研究》1988年第1期;唐鈺明:《甲骨文'唯賓動'式及其蛻變》,《中山大學學報》1990年第3期。

②彭邦炯:《卜辭"作邑"蠡測》,《甲骨探史錄》,三聯書店,1982年9月,頁265—285。

四、關於殷人祭祀上帝的問題

殷人的帝到底是否享受牲祭,這個問題存在爭議。陳夢家認為"卜辭並無明顯的祭祀上帝的記錄",認為"巫帝"的卜辭不能確定是祭祀上帝的,"方帝"指的是祭祀四方之帝,如同後世的"方祀""望祀"。他認為,"上帝與人世間的先公先王先祖先妣是不同的","不享受生物或奴隸的犧牲(除了方帝與帝臣)"①。但是,也有學者認為,商人會用多種方式祭祀上帝。臺灣成功大學的四位學者合作《略論卜辭中所見祭上帝之禮》,總結了八種殷人祭祀上帝之禮,包括方、酚、侑、歲、禦、燎、賓、卯,並逐一詳細說明②。茲舉幾例:

貞,方帝一羌、二犬,卯一牛。(《合集》418 正)

□午卜,方帝三豕又犬,卯于土牢,橐雨。(《合集》12855)

己丑卜,禦于帝三十小牢。(《合集》22073)

辛未卜,侑歲于帝牢。(《合集》22075)

貞,燎于帝、云。(《合集》14227)

丙寅卜,卯帝,其令雨。(《合集》14153 正甲)

即使"方帝"可作他解,對於"禦于帝三十小牢""侑歲于帝牢"這樣的卜辭,很難否認,它們確是祭祀上帝的卜辭,而且是用牲祭。

本文討論的"我其已賓作,帝降若""我勿已賓作,帝降不若",也與祭祀上帝有關。前半句點明了語境"已賓作",即帝降臨的時機。為何

---

①陳夢家:《殷墟卜辭綜述》,中華書局,1988 年,頁 577—580。
②鄭幸朱、趙福勇、石韶華、趙德華:《略論卜辭中所見祭上帝之禮》,原載《甲骨文論文集》,臺中甲骨文學會,1993 年。本文引自宋振豪主編《甲骨文獻集成》第 30 冊,四川大學出版社,頁 485—500。

是否進行祭祀與帝是否順利降臨有所關聯呢？一個合理的解釋就是帝會降臨受祭，或者至少與祭祀活動相關。

禮書中記載，古人祭祀祖先之前要先通過卜筮確定日期和尸的人選等事，以表對神的敬意。如《儀禮·特牲饋食禮》：

> 特牲饋食之禮。不諏日。及筮日，主人冠端玄，即位於門外，西面。子姓、兄弟如主人之服，立於主人之南，西面，北上。有司、群執事如兄弟服，東面，北上。席於門中闑西、閾外。筮人取筮於西塾，執之東面受命於主人。宰自主人之左贊命，命曰："孝孫某，筮來日某，諏此某事，適其皇祖某子，尚饗。"筮者許諾，還即席，西面坐。卦者在左。卒筮，寫卦。筮者執以示主人。主人受視反之。筮者還東面。長占卒，告於主人：占曰吉。若不吉，則筮遠日如初儀。宗人告事畢。
>
> 前期三日之朝，筮尸，如求日之儀。命筮曰："孝孫某，諏此某事，適其皇祖某子，筮某之某為尸，尚饗。"①

《少牢饋食禮》開篇也敘述了類似的禮儀。對於尚鬼神的殷人來說，在祭祀之前一定會進行這類占卜，獲得神的允許後才進行祭祀。以下這條卜辭即可理解為這種占卜儀式：

貞，帝示若，今我奏祀。四月。（《英》1286）

如果上帝降臨祭祀活動，商人一定會有降神之禮，這條卜辭或許與此有關：

叀五鼓……上帝若，王……又（有）又（祐）。（《合集》30388）

古人常以鼓等樂器降神，然後進行祭祀。《周禮·地官》有"鼓人"，其職責有"以雷鼓鼓神祀，以靈鼓鼓社祭……"②。又《周禮·春官·大司樂》："凡樂，圜鐘為宮，黃鐘為角，大蔟為徵，姑洗為羽，靁鼓、靁鞀、孤

---

① 楊天宇：《儀禮譯注》，上海古籍出版社，2004年，頁423—424。
② 楊天宇：《周禮譯注》，上海古籍出版社，2004年，頁183。

竹之管；雲和之琴瑟，雲門之舞。冬日至，於地上之圜丘奏之，若樂六變，則天神皆降，可得而禮矣。"①《禮記·禮運》："故玄酒在室，醴盞在戶，粢醍在堂，澄酒在下。陳其犧牲，備其鼎俎，列其琴瑟、管磐、鐘鼓，修其祝嘏，以降上神與其先祖，以正君臣，以篤父子，以睦兄弟，以齊上下，夫婦有所。是謂承天之祐。"②《禮記·樂記》："禮樂偩天地之情，達神明之德，降興上下之神，而凝是精粗之體，領父子君臣之節。"③這條卜辭既有鼓，又有上帝，很可能是說用鼓奏樂請上帝降臨。只是這條卜辭中間有所殘缺，不能夠斷定。

這條卜辭大概是說賓祭時祖先神降臨之事：

癸酉卜，𣪊貞，旬亡囚。王二曰：勾。王固曰：𠦪。有祟有夢。五日丁丑，王賓中丁𢆶，陟在宨（廳）阜。十月。（《合集》10405 正）

祖先神會在祭祀時降臨，那麼上帝也很可能如此。

還有一些卜辭，"賓"涉及兩位神，後面的神地位高於前面的神。有祖先神"賓于帝"的情況：

貞，咸賓于帝。

貞，咸不賓于帝。

貞，大甲賓于咸。

貞，大甲不賓于咸。

甲辰卜，𣪊貞，下乙賓于……

貞，下乙不賓于咸。

貞，下乙……于帝。

貞，下乙不賓于帝。

貞，大[甲]賓于帝。

貞，大甲不賓于帝。（《合集》1402 正）

---

① 楊天宇：《周禮譯注》，頁 329。
② 王文錦：《禮記譯解》，中華書局，2001 年，頁 292。
③ 王文錦：《禮記譯解》，頁 546。

也有兩位祖先之間"賓"的卜辭：

丙寅卜，□貞，父[乙賓]于且乙。

[父乙]不[賓于且]乙。

貞，父乙[賓]于且乙。

父乙不賓于且乙。

[貞，父乙賓于且乙。]

父乙不賓于且乙。

[父乙]賓于且乙。

父乙不賓于且乙。

父乙賓于且乙。

父乙不賓于且乙。（《合集》1657正）

對於這類卜辭，胡厚宣先生說"賓之義為配"，"賓于帝即配于帝，配于帝猶言配于天"①。解釋為配享，比較合理。《詩·大雅·文王》："殷之未喪師，克配上帝。"②關於以祖先配享上帝，禮書中也有記載：

《禮記·郊特牲》：萬物本乎天，人本乎祖，此所以配上帝也。郊之祭也，大報本反始也。

《禮記·明堂位》：是以魯君孟春乘大路，載弧韣，旂十有二旒，日月之章，祀帝於郊，配以后稷，天子之禮也。③

雖然商周制度有許多不同，但也不是沒有相繼之處。陳夢家說："所謂賓帝，發展為周人的配天。後世傳說，還保存了一些原始的意義：《山海經·大荒西經》'夏後開上三嬪於天，得《九辯》與《九歌》以下'；《天問》'啟棘賓帝（原作商，從朱駿聲、王闓運改），《九辯》《九歌》'；《孟

---

① 胡厚宣：《殷卜辭中的上帝與王帝》（下），《歷史研究》，1959年第10期，頁89。此說又見胡厚宣：《卜辭下乙說》，《甲骨學商史論叢初集》，河北教育出版社，2002年，頁391—416。

② 《毛詩正義》，阮元校刻《十三經注疏》本，頁505。

③ 王文錦：《禮記譯解》，頁345、438。

子·萬章上》'禹尚見帝……迭為賓主'(《燕報》27:142)。"① 按,胡、陳二位先生都引用了《山海經》和《楚辭·天問》的例子,這些文獻中的"賓"有可能是做客之義。不過,甲骨中的這些卜辭解釋爲配享比較有道理。如果這裡的"賓"不理解為配享的話,能否解釋為商人的祖先死了以後會到上帝那裡去做客?不太可能,因為帝與商人並無親屬關係,也不是商人專有的保護神,商人祖先的靈魂沒有理由要去上帝那裡。而且大甲、下乙(即祖乙②)在武丁時期已經去世很久了,如果是死後去上帝那裡做客,不應該這麼久之後才去。此外,這些卜辭中的"賓"字沒有從止,與表示引導、表示做客的"賓"應當有區別。還是理解為配享更合適。如果是配享,那麼上帝就會與祖先神一起降臨,享受祭祀③。

以往陳夢家等學者認為上帝不受牲祭,多是基於對上帝神性的認識,認為帝和商人的祖先神是有區別的。此說有理,但是神性不同並不意味著祭祀的方式一定不同。商人的信仰世界有各種各樣的神,各自有其管轄範圍,如河、嶽等自然神與祖先神也有所不同,但祭祀自然神,同祭祖先神一樣,也是用牲祭的。那麼,不能斷言上帝就不能夠享受牲祭。

---

① 陳夢家:《殷墟卜辭綜述》,頁173。
② 卜辭中的"下乙"是祖乙,見胡厚宣:《卜辭下乙說》,《甲骨學商史論叢初集》,河北教育出版社,2002年,頁391—416。
③ 感謝王挺斌先生幫助我重新思考"賓"字的訓釋,他的碩士論文有專節討論"賓于"結構及相關文獻,可參王挺斌先生:《出土先秦秦漢文獻與傳世文獻合讀》,首都師範大學碩士論文,2015年,頁93—105。

《甲骨文合集》釋文四種校正四十三則[①]

袁倫強　李　發[②]

提　要：《合集》所著錄的拓片中，不乏模糊不清、脫漏字者，這為釋文增加了難度，也導致基於《合集》拓片所作的摹錄和釋文出現脫字、衍字和訛字等謬誤。利用原片對釋文進行校訂，無疑能提高校訂的準確性，本文就是利用中國國家數字圖書館公佈的部分甲骨實物照片對四種釋文的《合集》部分進行校正。

關鍵詞：《合集》；釋文；校正

《甲骨文合集》（以下簡稱《合集》）是由郭沫若[③]主編，胡厚宣擔任總編輯，匯集數十位甲骨學家的力量編纂的一部集大成的甲骨文資料彙編，"它是甲骨學發展史上繼往開來的里程碑"[④]。早在1956年郭沫若就提出編纂《合集》的建議，經過甲骨學家二十幾年的努力，《合集》終於在1978年—1982年間由中華書局陸續出版，共十三冊。《合集》的出版無疑為甲骨文研究者提供了極大的便利，但是它的釋文並沒有隨後就

[①]本文是西南大學基本科研業務費專項資金創新團隊項目（SWU1509395）與中央高校基本科研業務費專項資金資助項目（SWU1609201）成果之一。

[②]袁倫強，西南大學漢語言文獻研究所　碩士生　重慶北碚 400715；李發，西南大學漢語言文獻研究所/出土文獻綜合研究中心　副研究員　重慶北碚　400715。

[③]為行文簡潔，前輩學者均直接稱呼姓名，不稱作某先生。

[④]王宇信、楊升南主編：《甲骨學一百年》，第79頁，社會科學文獻出版社，1999年。

出版，而是在《合集》出齊之後十七年，《甲骨文合集釋文》①（以下簡稱《釋文》）才出版，這也或多或少影響了《合集》的使用。《合集》最早的釋文見於姚孝遂主持編纂的《殷墟甲骨刻辭摹釋總集》②（以下簡稱《摹釋》），其後才相繼出版了《釋文》、《甲骨文校釋總集》③（以下簡稱《校釋》）和《殷墟甲骨文摹釋全編》④（以下簡稱《全編》）。四種釋文各有特色，《摹釋》和《全編》都是原文摹錄加釋文對照，不錄兆序，《釋文》和《校釋》注重辭例的完整性，四者都是研究者重要的參考書。

正如林澐評價《摹釋》一樣，"由於當時客觀和主觀上的種種限制，尚有相當多的不如人意之處"⑤。《摹釋》出版最早，白於藍曾對《摹釋》進行過全面的校訂，彙作《殷墟甲骨刻辭摹釋總集校訂》一書，但仍有不少疏漏之處。其他三種釋文也存在不少錯訛，雖有學者對其進行過部分的校訂，但大部分學者都是利用拓片對釋文進行校訂的，因此某些比較模糊的拓片的釋文仍無法校訂。

據胡輝平統計，"國家圖書館藏甲骨 35600 餘片，是目前我國乃至世界上收藏甲骨最多的單位。其中有 8770 片甲骨的拓片被《甲骨文合集》（以下簡稱《合集》）收錄"⑥。《合集》所著錄的拓片中，不乏模糊不清、脫漏字者，這為釋文增加了難度，也導致基於《合集》拓片所作的摹錄和釋文出現脫字、衍字和訛字等謬誤。胡輝平在整理國家圖書館這批甲骨的過程中曾利用原片校正釋文，見其文章《國家圖書館甲骨與〈甲骨文合集釋文〉之校勘》⑦和《善齋舊藏甲骨與〈甲骨文合集〉釋文之校勘》⑧。利用原片對釋文進行校訂，無疑能提高校訂的準確性，本文就

---

① 胡厚宣主編：《甲骨文合集釋文》，中國社會科學出版社，1999 年。
② 姚孝遂主編：《殷墟甲骨刻辭摹釋總集》，中華書局，1988 年。
③ 曹錦炎、沈建華編著：《甲骨文校釋總集》，上海辭書出版社，2006 年。
④ 陳年福撰寫：《殷墟甲骨文摹釋全編》，線裝書局，2010 年。
⑤ 白於藍：《殷墟甲骨刻辭摹釋總集校訂·序》（林澐），福建人民出版社，2004 年。
⑥ 胡輝平：《善齋舊藏甲骨與〈甲骨文合集〉釋文之校勘》，《文獻》，2011 年 4 月第 2 期。
⑦ 胡輝平：《國家圖書館藏甲骨與〈甲骨文合集釋文〉之校勘》，《文獻》，2009 年 1 月第 1 期。
⑧ 同⑥。

是利用中國國家數字圖書館公佈的部分甲骨實物照片對四種釋文的《合集》部分進行校正。為便於對照說明，我們以《摹釋》的釋文為參考標準。如果同一字四種釋文採用了不同的寫法，文中均不作說明。

第一則：《合集》336（附圖一）

《摹釋》釋作：

(1) ……午卜……令……

(2) ……卜方貞翌丁丑其䬺有羌十人

當釋為：

(1) □〔午〕卜……令……

(2) 貞：翌丁丑其䬺㞢羌十人。七〔月〕。

(3) 〔丙〕□〔卜〕，方……

四種釋文均釋該版卜辭為兩辭，我們認為第二辭①當析作兩辭為宜。理由是：我們所釋辭(2)位於兩個界劃之間，"〔丙〕□〔卜〕，方"位於辭(2)所在界劃之外，且字形明顯較大，故與(2)非一辭。《摹釋》第二辭脫"七月"。《釋文》《校釋》《全編》衍第一辭"貞"字，均誤釋第二辭"七月"為"一月"。國圖所藏該版甲骨的照片右下角"七月"清晰可辨。

第二則：《合集》580 正（附圖二）

《摹釋》釋作：

(1) 貞刖⿰八十人不㱿

當釋為：

(1) 貞：刖⿰八十人，不㱿（殟）。

"⿰"字各家所釋不一，暫從裘錫圭引此條卜辭寫作"⿰"②，此處當是被俘的奴隸。㱿字，從張政烺釋"殟"，義為暴死③。《摹釋》和《全編》的

---

① 文中"第幾辭"是依照《摹釋》的釋文順序，其他三種釋文的順序或有別，可以釋文內容對照，文中不作說明。

② 注中言："⿰字不識，暫據《殷契粹編考釋》隸定。"見裘錫圭《甲骨文中所見的商代五刑——並釋"刖""剢"二字》，《裘錫圭學術文集》（第一卷），第 3 頁，復旦大學出版社，2012 年。

③ 張政烺：《釋甲骨文中俄、隸、蘊三字》，《中國語文》，1985 年第四期（297—298 頁）。轉引自《甲骨文字詁林》第 0053 號字頭。

文字摹寫有誤,誤將"刖"字摹寫作 ⿱ 、⿱,此字非从刀,乃是从帶有鋸齒的刀鋸,《合集》拓片為⿱,當摹寫作⿱。《新甲骨文編》①列該字於"刖"字頭下,字形亦誤作⿱,此處一同指出。"刖"字,羅振玉誤釋"陵",以為象人登階梯之形,學者多從之。後張政烺釋為"俄",以為从大从我,乃象人被"我"截去一隻腳,此說正羅氏等以為从阜,"象人梯而升高"之誤,但釋"俄"亦有可商之處。其後胡厚宣釋為"旭"("尤"的古文)②,裘錫圭釋為"刖"。我們從裘錫圭釋,"從文字演變的通例來看,'刖'應該是斷足之刑的初文,'刖'是它的後起形聲字"③。"《漢書·刑法志》'中刑用刀鋸',顏注引韋昭曰:'鋸,刖刑也。'從甲骨文可知刖刑用鋸自商代即已如此。"④甲骨文"刖"字異體頗多,大概有這樣幾種:⿱、⿱、⿱、⿱、⿱⑤,沒有从刀者。蓋當時不同之刑罰有其固定的刑具,正如《國語·魯語》所云:"大刑用甲兵,次刑斧鉞,中刑刀鋸,其次鑽笮,薄刑鞭撲。"刖刑所用之刑具正是中刑所用的刀鋸而非刀,相較用鋒利的刀,用刀鋸似乎更加殘酷。

第三則:《合集》1221(附圖三)

《摹釋》釋作:

(1)……貞……于……

(2)庚……貞舟上甲

當釋為:

(1)□□卜,□貞……于……

---

① 劉釗主編:《新甲骨文編》(增訂本),福建人民出版社,2014年。
② 以上諸家意見均見《甲骨文字詁林》第310—312頁。
③ 裘錫圭:《甲骨文中所見的商代五刑——並釋"刖""剢"二字》,《裘錫圭學術文集》(第一卷),第3頁,復旦大學出版社,2012年。
④ 裘錫圭:《甲骨文中所見的商代五刑——並釋"刖""剢"二字》,《裘錫圭學術文集》(第一卷),第2頁,復旦大學出版社,2012年。
⑤ 分別見於《合集》581、6000、6007、6010,《屯》857。

(2)庚□□,□貞……舟……上甲。三

《摹釋》《全編》均脱第一辭的"卜"字,《釋文》《校釋》補"卜"字,國圖所藏該版甲骨的照片左上角"卜"字清晰可見。《釋文》《校釋》衍第一辭兆序"二"。

第四則:《合集》1266(附圖四)

《摹釋》釋作:

(1)……卜……雀……

(2)……大乙

當釋爲:

(1)……卜……雀……✲。

(2)……大乙。一

四種釋文均脱第一辭的"✲"字,此字不識,其義不詳。

第五則:《合集》1555(附圖五)

《摹釋》釋作:

(1)甲午……翌……侑于祖……乙告

當釋爲:

(1)甲午卜……翌乙酉㞢于祖乙,告……

《摹釋》脱"卜"和"乙酉",《釋文》《校釋》《全編》均脱"乙酉"。

第六則:《合集》1682(附圖六)

《摹釋》釋作:

(1)甲戌卜翌乙于祖……

(2)庚辰卜貞翌辛巳侑于祖辛牛十月

(3)癸巳卜,貞甗

當釋爲:

(1)甲戌卜,〔貞〕:翌乙〔亥〕……于祖…… 三

(2)庚辰卜,貞:翌辛巳㞢于祖辛牛。十二月。二

(3)癸巳卜,貞:甗。三

國圖公佈的該版甲骨照片十分清晰,第一辭"卜"下有"貞"字殘筆,"乙"下有"亥"字殘筆①。《摹釋》脱第一辭的"貞"和"亥",誤認為該辭無"貞"字,單以天干"乙"記日,誤釋第二辭"十二月"為"十月"。《釋文》《校釋》《全編》也誤以為第一辭無"貞"字,且脱第三辭兆序"三"。《釋文》《校釋》《全編》均認為第二辭"牛"前(即原片"辛"字下)還應有字,查原片可知,當無字。

第七則:《合集》3073(附圖七)

《摹釋》釋作:

(1)……貞子弓……丙日惟……辛卯酚四月

(2)……卜……王……四月

當釋為:

(1)……貞:子弓(強)……〔匕辛〕▨歲,叀……〔辛〕卯酚。四月。

(2)……卜,……王……四月。

"弓"從裘錫圭釋為"強"②。《摹釋》脱第一辭的"歲"字,《釋文》《校釋》誤釋第一辭的"四月"為"三月",《全編》脱第二辭的"四"③。《摹釋》《校釋》均釋▨為"丙日",《摹釋》摹寫作▨,《釋文》釋為"䖵",《全編》釋為"昺"。此字不識,在此處似用為祭名。

第八則:《合集》3336正(附圖八)

《摹釋》釋作:

(1)貞令中人十月

(2)……令……絲暨……侯

當釋為:

---

① 董雙印《〈甲骨文合集〉(1、2)釋文四種對比校訂》第186條已指出這點。
② 裘錫圭:《釋"弘""強"》,《裘錫圭學術文集》(第一卷),復旦大學出版社,2012年。
③ 董雙印《〈甲骨文合集〉(1、2)釋文四種對比校訂》第322條已指出這點。

(1)貞:令中人。七月。

(2)……〔爭貞〕:令上絲眔(暨)禾侯,〔若〕。二

《摹釋》誤釋第一辭"七月"爲"十月",脫第二辭"上"和"禾"①,《釋文》《校釋》《全編》脫第二辭"禾"字。《合集》3337與本版爲成套卜辭,兆序爲"一"。辭例如下:

貞……中……

爭……上絲……侯……若。一

據此可補辭(2)"侯"下"若"字。"上絲"與"禾"均爲侯名,可以《合集》23560"其令二侯:上絲眔(暨)倉侯"爲證。

第九則:《合集》3808反(附圖九)

《摹釋》釋作:

(1)……宋亘……

當釋爲:

(1)……以。亘。

《摹釋》《校釋》《全編》均誤釋"以"爲"宋",《釋文》未釋,誤摹作 。此字原片作 ,拓片作 ,從拓片上看,與"宋"字字形接近,但從實物照片觀之,當是由"以"左側和下面的殘畫所造成的誤會。"以"字的筆畫明顯深於其他殘畫,這些殘筆或許是刻手刮去此處原有的字的殘餘,"以"字後刻而重疊在這些殘筆上。

第十則:《合集》4001反(附圖十)

《摹釋》釋作:

(1)循步……屮……

當釋爲:

(1)徝〔雀〕……屮……

---

①《摹釋》第二辭白於藍已有校訂,見《殷墟甲骨刻辭摹釋總集》第53頁169則,但與我們的釋文略有差異。

《摹釋》誤釋"雀"為步,《釋文》《校釋》《全編》均誤釋為"受"。從實物照片上看,"雀"字下部殘損,作 。

第十一則:《合集》4397(附圖十一)

《摹釋》釋作:

  (1)……卜貞……惟並自……往

當釋為:

  (2)□〔未〕卜,貞……〔重〕竝自……往〔王(?)〕……

"未"字上部殘損 ,據殘筆和辭例可辨為"未"當不誤,《摹釋》此字從缺,《釋文》《校釋》《全編》均誤釋為"寅"。

第十二則:《合集》4687 正(附圖十二)

《摹釋》釋作:

  (1)……卜貞……來……子十三月
  (2)戊……貞
  (3)……貞……旬……于……

當釋為:

  (1)……卜,貞……來……子(巳)……十三月。二
  (2)戊……貞……
  (3)……丁……旬……于……
  (4)貞……①

《釋文》《校釋》《全編》均誤釋第一辭"十三月"為"十二月",《釋文》《校釋》脫第一辭兆序"二"。四種釋文均脫第三辭"丁"字。

第十三則:《合集》4831(附圖十三)

《摹釋》釋作:

  (1)……卜爭……無囚

---

① 此條卜辭參考"漢達文庫"釋文。

(2)鼄

當釋為：

(1)〔癸〕未卜，爭……旬亡（無）囚（憂）。二月。

(2)……鼄……

《摹釋》脫第一辭"未""旬""二月"，《釋文》《校釋》《全編》均誤釋"二月"為"一月"。

第十四則：《合集》5205（附圖十四）

《摹釋》釋作：

(1)丙午卜殼貞翌丁未步

(2)……日丁未王勿步？

當釋為：

(1)丙午卜，夆貞：翌丁未步，易日。丁未王步，允易日。①

《摹釋》將其視作兩條對貞卜辭，非是。《摹釋》誤釋"夆"為"殼"，脫"易""允易日"，衍"勿"字。此處"夆"當為一貞人名。《釋文》脫"夆"，誤釋前一"易日"為"夕日"，誤釋"允易日"為"允步"。《校釋》《全編》脫貞人"夆"。

此則胡輝平已指出②，但與我們的釋文有出入，所以於此處舉出。胡先生釋為：

丙午卜，夆貞：翌丁未步，夕日丁未王步，易日？允。③

在注釋中說："《校釋總集》'5052（引按：此編號有誤，《校釋》實為05205）丙午卜，貞翌丁未步，易日。丁未王步，允易日。'按，貞人'夆'未釋出，'夕日'被釋為'易日'，後一'易日'應屬驗辭。"我們認為《校釋》的釋文除貞人"夆"未釋出，其餘都是正確的，我們的理由如下：

---

① "漢達文庫"釋文同此。
② 胡輝平：《國家圖書館藏甲骨與〈甲骨文合集釋文〉之校勘》，《文獻》，2009年1月第1期。
③ 胡文把貞人夆寫作夆，非是，實際作夆，"漢達文庫"釋作"夆"，甚是。

(1)於卜辭中未見"夕日"連用者,"夕日"不可通。

(2)從原片上看,"夕"或為"易"之殘,釋"夕日"當是誤識殘字。

(3)甲骨文中有與之相似的辭例,如《合集》268:

　　癸酉卜,葡貞:翌甲戌用□以羌,易日。甲〔戌〕用自上甲。允易〔日〕。

(4)從原片上看,此辭後一"易日"在"允"字正下方而與後一"步"字位置相參差,故將"允易日"連讀更恰當。

第十五則:《合集》5362(附圖十五)

《摹釋》釋作:

　　(1)……貞王……◆多……㞢

當釋為:

　　(1)……卜貞:王……深多……〔㞢〕。

《合集》上拓片不清,查原片可知,四種釋文均脫"卜"字。◆字,《釋文》《校釋》摹寫作◆、◆,均不夠準確,此字《摹釋》《釋文》《校釋》均未釋,《全編》釋為"深",可從。◆从水从◆(或从水◆聲),頗疑右旁為◆◆◆之省寫。劉釗、裘錫圭、蔡哲茂等均釋◆◆◆等形為"罙"①,故"◆"似可隸作"深"。

第十六則:《合集》5811(附圖十六)

《摹釋》第一辭釋作:

　　(1)……卯卜貞……旬鑿……三丁?

當釋為:

　　(1)貞……戠(異)……

---

① 劉釗:《卜辭所見殷代的軍事活動》,《古文字研究》第十六輯112—113頁,中華書局,1989年。裘錫圭:《中國大百科全書·中國文學》"甲骨文字"條,轉引自《甲骨文字詁林》第2682號字頭;又見《裘錫圭學術文集·雜著卷》第244頁,復旦大學出版社,2012年。蔡哲茂:《釋"◆""◆"》,《故宮學術季刊》,1988年第5卷3期。

(2)□卯卜……旬……昔……

《摹釋》視為一辭之殘,非是,"貞"字與其上"□卯卜"位置相錯,上下視為兩辭更妥,《釋文》《校釋》《全編》意見與此同。《摹釋》疑 ▨ 為"三丁",《釋文》《校釋》《全編》均釋為"三日",並誤,當是"昔"字。"哉"讀為"異",從陳劍意見①。

第十七則:《合集》7339(附圖十七)

《摹釋》釋作:

(1)貞惟……丁……

(2)……小羌……其𤉲人……敦?……

當釋為:

(1)貞:〔叀〕……丁气……

(2)……曰小羌……〔王〕其𤉲人……〔𢆶(敦)〕,受……

拓片較模糊,查原片可知,四種釋文均脫第一辭"气"。《摹釋》還脫第二辭"曰""受"二字,疑 ▨ 為"𢆶(敦)",甚是。《釋文》《校釋》《全編》均誤釋第二辭"𢆶"為"羊"。《釋文》誤釋"受"為"允",《校釋》《全編》此字從缺。《全編》誤摹"曰"作凵。此辭"曰"字作 ▨,原片亦如此,與"口"字同形,"漢達文庫"即釋為"口",但此處釋"口",於辭例、意思皆不可通,而釋"曰"表示命令之義,則辭通義順。楊樹達云:"曰字義與謂同"②,卜辭中還見"曰子商于乙敦"(H6571 正),可以為證。此處"曰"與"口"同形,或是刻手脫刻"口"上一筆。

第十八則:《合集》8197(附圖十八)

《摹釋》釋作:

---

①陳劍:《殷墟卜辭的分期分類對甲骨文字考釋的重要性》,《甲骨金文考釋論集》,414～425頁,線裝書局,2007年。

②楊樹達:《釋曰》,《積微居甲骨文說》(卷上),第 223 頁。轉引自《甲骨文字詁林》第 0719 號字頭。

(1)……龖……

當釋為：

(2)……龖。二〔月〕。

《摹釋》脫"二月"，《釋文》《校釋》衍"龏"字。《摹釋》《全編》"龖"字摹寫不準確，分別作 ▨、▨，當寫作 ▨。

第十九則：《合集》8250 正（附圖十九）

《摹釋》釋作：

(1)……亦刖在敝允……

(2)……己……

當釋為：

(1)……己……敝，允……亦▨在…… 二

四種釋文均釋為兩辭，我們參考"漢達文庫"釋文將其視為一辭。《釋文》《校釋》脫兆序"二"。▨字，《摹釋》摹寫作▨，釋為"刖"，非是。《釋文》《校釋》《全編》均未釋，分別摹寫作▨、▨、▨，皆謬。此字不識，在卜辭中或表示"撲倒"之意。

第二十則：《合集》8288（附圖二十）

《摹釋》釋作：

(1)貞在永……其出……

當釋為：

(1)貞：在永……其出…… 五

《摹釋》釋文無誤，《釋文》《校釋》《全編》誤釋兆序"五"為"隹"。

第二十一則：《合集》10453（附圖二十一）

《摹釋》釋作：

(1)……翌庚申……兇……

當釋為：

(1)……翌庚戌……兇不〔其〕……

《摹釋》誤釋"戌"為"申",脫"不"。《釋文》以"戌"為"戎"之殘,非是。《校釋》《全編》"戌"字均從缺。"漢達文庫"誤釋"戌"為"子",於此一並指出。

第二十二則:《合集》10890(附圖二十二)

《摹釋》釋作:

  (1)弗獲……

當釋為:

  (1)〔弗〕獲虎。

《摹釋》脫"虎"字,《釋文》《校釋》《全編》均誤釋"虎"為"兕"。甲骨文中,"虎"字突出張開的大口和身上的斑紋,"兕"字突出其角。該版此字作 ,摹寫作 ,其下部略有殘損,但可見其張開的大口和身上的斑紋,當是"虎"字無誤。

第二十三則:《合集》12647(附圖二十三)

《摹釋》釋作:

  (1)今十三月雨

  (2)……十月

當釋為:

  (1)今十三月雨。

  (2)……十三月。

從實物照片上看,該版上端乃是"十三月",四種釋文均誤釋第二辭"十三月"為"十月"。

第二十四則:《合集》12744(附圖二十四)

《摹釋》釋作:

  (1)……未……雨

  (2)貞王 ……雨

當釋為:

(1)……東……雨。

(2)貞:王💃(奉)……東雨。

四種釋文均誤釋第一辭"東"為"未",《摹釋》脫第二辭"東",《釋文》《校釋》《全編》誤釋第二辭"東"為"叀",《釋文》釋第二辭"💃"為"燕",非是,此字張玉金釋為"奉"("捧"的初文)①,此處從之。第一辭胡輝平已有校訂,釋作"□雨□朿","意為雨已結束"②。我們不同意她的意見。首先甲骨文中雖有"朿"字,但常作祭祀名和人名,未見其用來表示結束之意的辭例;其次,於實物照片中可見,第一辭"東"字,上部殘損,中間似無橫畫,與"朿"同形,但第二辭"東雨"較容易識別,上下二辭或為對貞卜辭,故第一辭為"……東〔不其〕雨"的可能性很大。

第二十五則:《合集》14490 反(附圖二十五)

《摹釋》釋作:

(1)自……取……

(2)于岳

(3)于……

當釋為:

(1)匕(妣)……取……〔若〕。

(2)于岳……三豭三□。

(3)于……

《摹釋》誤釋第一辭"匕"為"自",脫"若",脫第二辭"三豭三"。《釋文》《校釋》《全編》均釋第二辭為"二豭(豕)二",從實物照片上看,實為"三豭三"。

第二十六則:《合集》14821(附圖二十六)

---

① 張玉金:《釋甲骨文中的"💃"》,《古文字研究》(第二十八輯),36~40 頁,中華書局,2010 年。李娜在張文基礎上有再論,讀者可參看。參李娜:《再說甲骨文中的"💃"字》,《中國文字學報》第四輯,商務印書館,2012 年。

② 胡輝平:《國家圖書館藏甲骨與〈甲骨文合集釋文〉之校勘》,《文獻》,2009 年 1 月第 1 期。

《摹釋》釋作：

(1)……辰貞……勿叙惟壬㞢

當釋為：

(1)貞：勿〔叀〕…… 二

(2)……齒▨隹叙壬㞢。二

《摹釋》誤釋"齒"為"辰"，辭例亦有誤，上下釋兩辭為宜，"勿"字下有殘筆，或為"叀"，四種釋文均脫。《摹釋》脫▨，《釋文》《校釋》《全編》均釋為"不"字，疑非"不"字，原片有刮削痕跡，此處不甚清晰，故此字釋文存疑。

第二十七則：《合集》15187（附圖二十七）

《摹釋》釋作：

(1)貞勿為賓

當釋為：

(1)貞：勿為賓。二告三

(2)〔貞：……叀……賓……〕

四種釋文均脫兆辭"二告"，實物照片左上角"二告"清晰可辨。

第二十八則：《合集》15313（附圖二十八）

《摹釋》釋作：

(1)……女……曹……

(2)……不……

當釋為：

(1)……小母……曹……

(2)……不……

(3)㝯（？）

《摹釋》誤釋"小母"為"女"，《釋文》《校釋》《全編》均誤釋"小母"為"母"。"小母"為合文，還見於《合集》19983、22258、32290等。此版左上

部還有一小字作 [圖], 四種釋文均脫, 疑為 "夲" 字。

第二十九則：《合集》15408（附圖二十九）

《摹釋》釋作：

  （1）……循用……妣……若

當釋為：

  （1）……值用……又𥃩……若永……

此版甲骨，《合集》上的拓片非常模糊，四種釋文均有較多錯誤。《摹釋》脫 "又" "永"，誤釋 "𥃩"① 為 "妣"。《釋文》《校釋》《全編》均誤釋 "又𥃩……若永" 為 "歧羌允若||"。實物照片上右側似還有字，因殘損較多無法辨識。此版與《合集》21853 可綴合②。

第三十則：《合集》15778（附圖三十）

《摹釋》釋作：

  （1）乙未貞……立……于……

  （2）勿酚

當釋為：

  （1）乙未貞：勿立于……。一

  （2）勿酚。十二月。

《摹釋》脫第一辭 "勿" 和第二辭 "十二月"。《釋文》《校釋》《全編》均脫第二辭 "勿" 字。

第三十一則：《合集》16012 正（附圖三十一）

《摹釋》釋作：

  （1）甲……勿……舞

  （2）……卜……奏六月

---

① "𥃩" 字作 [圖] 形，相似字形還見於《花東》480、333，《新甲骨文編》列該字形於 𥃩 字頭下，此處從之。

② "漢達文庫" 註明此版可與《合集》21853（《合集》21123）綴合，但不知為何人所綴。

(3)……無……

當釋為:

(1)甲……勿……舞…… 一

(2)……卜……〔奏〕。六月。

(3)……亾又。一

四種釋文均脫第三辭的"又"字。第二辭的"奏"字上部有殘損,但據殘畫判斷當是"奏"字,《釋文》《校釋》誤釋"奏"為"燊",且脫第三辭兆序"一"。

第三十二則:《合集》17250(附圖三十二)

《摹釋》釋作:

(1)己丑卜殼貞王羸

(2)貞……

當釋為:

(1)己丑卜,殼貞:王罔。

(2)〔貞〕……

(3)〔……奐(?)……白(?)……〕

《摹釋》及《校釋》《全編》均誤釋"罔"為"羸",《釋文》誤釋"罔"為"龍",原片此字作 ,當是"罔"不誤。實物照片可見上部邊緣還有殘筆,據"漢達文庫"釋文或為"奐""白"二字,因字形殘損較多,不能確斷。

第三十三則:《合集》18386(附圖三十三)

《摹釋》釋作:

(1)乙卯貞……
(2)……呼……

當釋為:

(1)乙卯卜,貞:王亾擔。

《摹釋》誤釋"王亾"二字為" ",衍"呼"字,《摹釋》所釋"呼"字當是誤識界劃的殘餘。《釋文》誤釋"亡"為"力",《校釋》《全編》均誤釋"亡"為"毛"。󰀀字,裘錫圭釋為"䀇",說:"《合》18386有󰀀字,似象'心'在'皿'中,也許是'䀇'的初文"①。實際上,該片此字左側似還有一部件,字形可摹寫作󰀀,與四種釋文摹寫的字形及裘錫圭所引字形有別,且"皿"中也非"心",乃是"󰀀",與心常作"󰀀"形有別,此字或並非"䀇",此處存疑。

第三十四則:《合集》19429(附圖三十四)

《摹釋》釋作:

(1)貞……惟……甫……

當釋為:

(1)貞:隹告…… 二 二

四種釋文均誤釋"告"為"甫(圃)"。《釋文》《校釋》誤釋兆序"二"為"一",脫一兆序"二"。

第三十五則:《合集》20760(附圖三十五)

《摹釋》釋作:

(1)庚子卜狩辛丑步不雨允不……九……

當釋為:

(1)庚子卜,狩,辛丑步,不雨。允不。九□。

(2)……不……

四種釋文均脫第二辭"不"字。

第三十六則:《合集》21697(附圖三十六)

《摹釋》釋作:

(1)己丑……自……事……我……

(2)……丁自……

---

① 裘錫圭:《釋殷墟卜辭中的"󰀀""󰀀"等字》,《裘錫圭學術文集》(第一卷),第397頁,復旦大學出版社,2012年。

當釋爲：

(1)己丑……自……史……我……

(2)己丑……丁自……

《摹釋》脱第二辭"己丑"二字,《釋文》《校釋》《全編》均誤釋"己丑"爲"隹"。《合集》此版拓片的右下角確似一"隹"字,但查之於實物照片,實爲"己丑"二字。

第三十七則:《合集》23756(附圖三十七)

《摹釋》釋作:

(1)乙？丑卜尹貞王出無囚

當釋爲:

(1)辛丑卜,尹貞:王出亡(無)囚(憂)。

《摹釋》疑"辛"爲"乙",非是。《釋文》《校釋》《全編》均釋"辛"爲"乙",並誤。

第三十八則:《合集》24556(附圖三十八)

《摹釋》釋作:

(1)庚……貞勿……若……艱……

(2)……酉王……大……

當釋爲:

(1)庚〔申〕……貞:勿……若……[字]我……

(2)……大……〔酉〕王……

四種釋文均脱第一辭的"我"字,《摹釋》《全編》誤摹[字]作[字]、[字],誤釋爲"艱",《校釋》亦誤釋爲"艱",此字與"艱"字構形有别,非"艱"字。《釋文》《校釋》《全編》均釋(1)爲二辭,以"……[字]……"爲一辭之殘,我們認爲當如上釋文併作兩辭爲宜。

此則,胡輝平已有校正①,但我們有不同意見,故列與此。胡先生的釋文如下:

  (2)庚□〔卜〕,□貞勻……若。

  (3)……[字]……

  (4)戊……②

誤釋"我"為"戊",此三辭當為一辭之殘,析為三辭或可斟酌。

第三十九則:《合集》34458(附圖三十九)

《摹釋》釋作:

  (1)燎五牛卯五牛　不用

  (2)……丑茲用在中

當釋為:

  (1)奠五牛,卯五牛。不用

  (2)辛丑茲用在中。

第一辭的"不"字《摹釋》《全編》摹寫有誤,作[字]、[字],當摹作[字]。《摹釋》脫第二辭的"辛"字,《釋文》《校釋》《全編》誤釋第二辭"丑"為"又",亦脫"辛"字。

第四十則:《合集》35705(附圖四十)

《摹釋》釋作:

  (1)……無畎……彡羌甲

  (2)……在……王旬……

當釋為:

  (1)……霍,……亡(無)畎(憂)……彡羌甲。

  (2)……卜,在……王旬……

《摹釋》脫第一辭"霍"字,脫第二辭"卜"字。《釋文》《校釋》和《全

---

①胡輝平:《國家圖書館藏甲骨與〈甲骨文合集釋文〉之校勘》,《文獻》,2009年1月第1期。
②卜辭前序號直接引用原文序號。

編》均釋作：

(1)〔癸〕□〔卜〕,〔貞〕王旬〔亡㞢〕。才(在)□〔月〕。〔甲〕□彡羌甲。

(2)……〔才〕霍……①

釋文存在較大錯誤,脫"霍"左邊的"亡㞢"和"在"上的"卜"字。因脫關鍵字"卜",導致辭例錯誤。該版可與《合》35661、《合》39178 綴合（如下圖）②,綴合後釋文為：

(1)癸巳卜。

(2)癸酉卜,在望,貞：王旬亡(無)㞢(憂)。在十月。

(3)癸丑卜,在霍,貞：王旬亡(無)㞢(憂)。在九月。甲寅彡日□甲。一③

(4)〔癸□卜,在〕霍,〔貞：王旬〕亡(無)㞢(憂)。〔在□月。甲□〕彡羌甲。

(5)〔癸□〕卜,在〔□,貞：〕王旬〔亡(無)㞢(憂)〕。

(6)癸卯卜,貞：王旬亡(無)㞢(憂)。

(4)(5)兩辭(即《合集》35705)"漢達文庫"釋為：

(1)〔癸〕□〔卜,鼎(貞)〕：王旬〔亡㞢(憂)〕。才(在)□〔月。甲〕□彡羌甲。

(2)……〔才(在)〕霍……

也因脫"卜"字而導致釋文錯誤,於此一並指出。

此版,胡輝平已對《釋文》作有校訂④,胡先生的釋文如下：

---

①"霍"字,《釋文》作"霾",《全編》作"霾"。
②《合》35661 與《合》35705 在《甲骨文合集材料來源表》中已經注明可以綴合,《合集》未綴合,也未收入《補編》。《合》39178 由門藝補綴,見 http://www.xianqin.org/blog/archives/2414.html。
③該辭參考《甲骨文校釋總集》35661 釋文。
④胡輝平：《國家圖書館藏甲骨與〈甲骨文合集釋文〉之校勘》,《文獻》,2009 年 1 月第 1 期。

(1)〔癸〕□〔卜〕,〔貞〕:王旬〔亡㕢〕?在□〔月〕。〔甲〕□彡羌甲。

(2)……〔王旬〕亡㕢?〔在〕霍。

說:"《合集釋文》辭(1)中補缺字'月',原骨上可見",查之原片,該版甲骨上並無"月"字,當是誤識。其釋文亦脫"卜"字,與其他幾種釋文在辭例上犯了相同錯誤。

H39178

H35705

H35661

第四十一則:《合集》37374(附圖四十一)

《摹釋》釋作:

(1)……王卜貞……王囟曰吉茲……三十八

當釋為:

(1)……王卜貞:田〔甹〕……王占曰:吉。茲……三十八,兔〔二〕……

《摹釋》脫"田"和"兔二","囟"釋"囟",不妥,當是"占"字,這是黃組卜辭的典型寫法。《釋文》《校釋》《全編》均誤釋"兔二"為"象一"。該版"象"字作,是否為象存疑,此處暫且釋作"象"。該版可與《合集》

37372 綴合①。

第四十二則:《合集》38242(附圖四十二)

《摹釋》釋作:

(1)……卜貞……使……又一牛

(2)甲……貞……

當釋為:

(1)……卜,貞:……史……又一牛。一

(2)甲……貞……宗……牢。

《摹釋》脫第二辭"宗"和"牢"。《釋文》《校釋》脫第一辭兆序"一"。

第四十三則:《合集》38467(附圖四十三)

《摹釋》第二辭釋作:

(2)乙亥卜貞賓蒦……尤

當釋為:

(2)乙未卜,貞:賓蒦,〔亡〕𡆥。

四種釋文均釋"乙未"為"乙亥"。"𡆥"字舊釋為"尤",今據陳劍先生釋"𡆥",讀作"吝"②。

以上所正四十三例,均是由甲骨實物照片對照所得,以管窺豹,可見甲骨實物對於甲骨文研究是十分重要的,能提高研究的準確度。實物上能看到拓片所不能提供的信息,比如墨書、涂朱等,這無疑能夠拓展研究的寬度。毫無疑問,能夠用實物進行研究,對於甲骨文研究者而言是一件幸福的事情。本文是我們懷著對前輩無比崇敬的心情寫就的,也藉此表達對前輩學者的敬仰。

---

① 由李愛輝所綴,見 http://www.xianqin.org/blog/archives/2372.html。
② 陳劍:《甲骨金文考釋論集》第 59~80 頁,線裝書局,2007 年。

附圖：

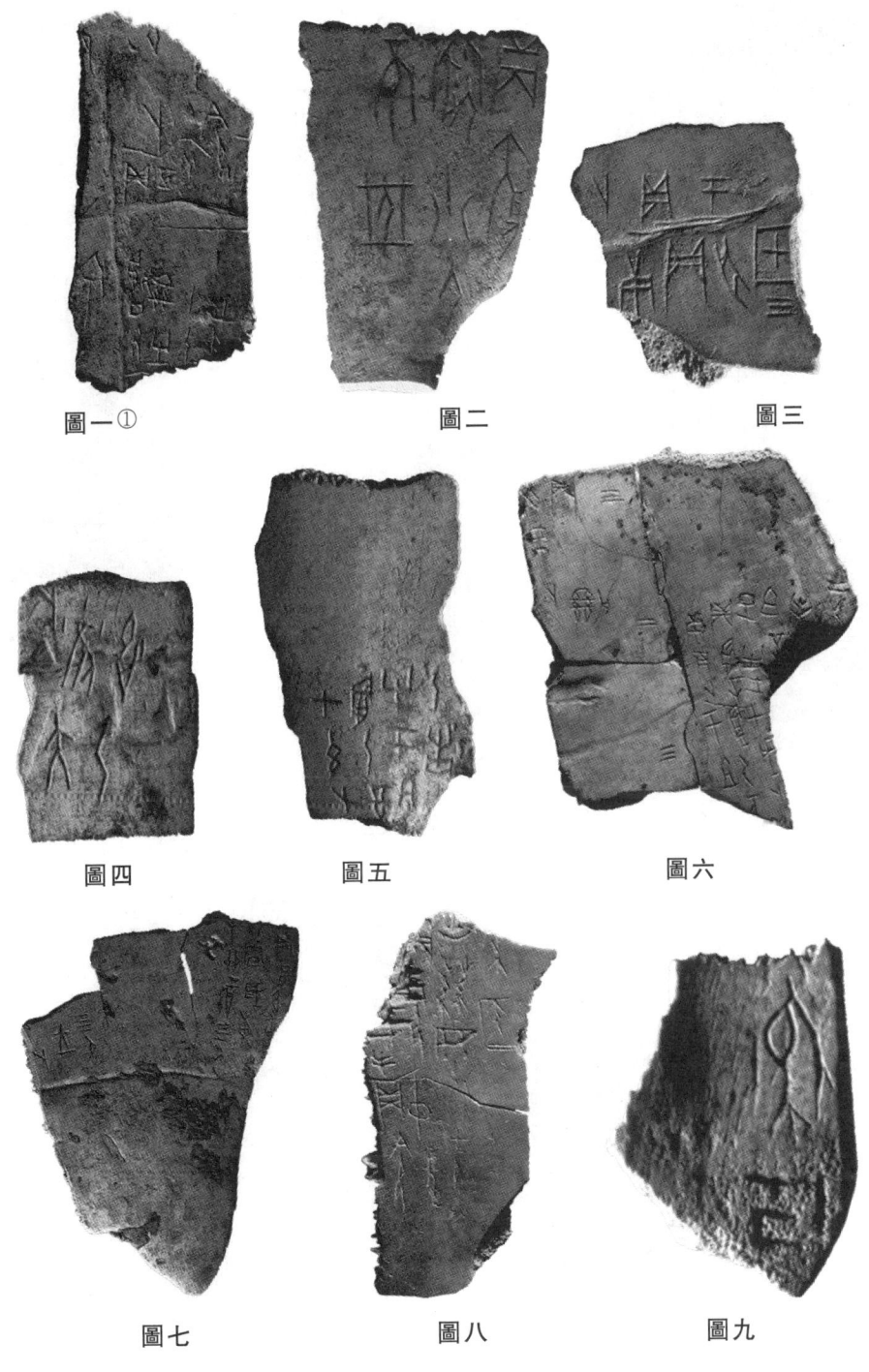

圖一①　　　　圖二　　　　圖三

圖四　　　　圖五　　　　圖六

圖七　　　　圖八　　　　圖九

① 本文所引甲骨實物照片均來源於中國國家數字圖書館，原照片背景為藍色，經處理均換作白底。

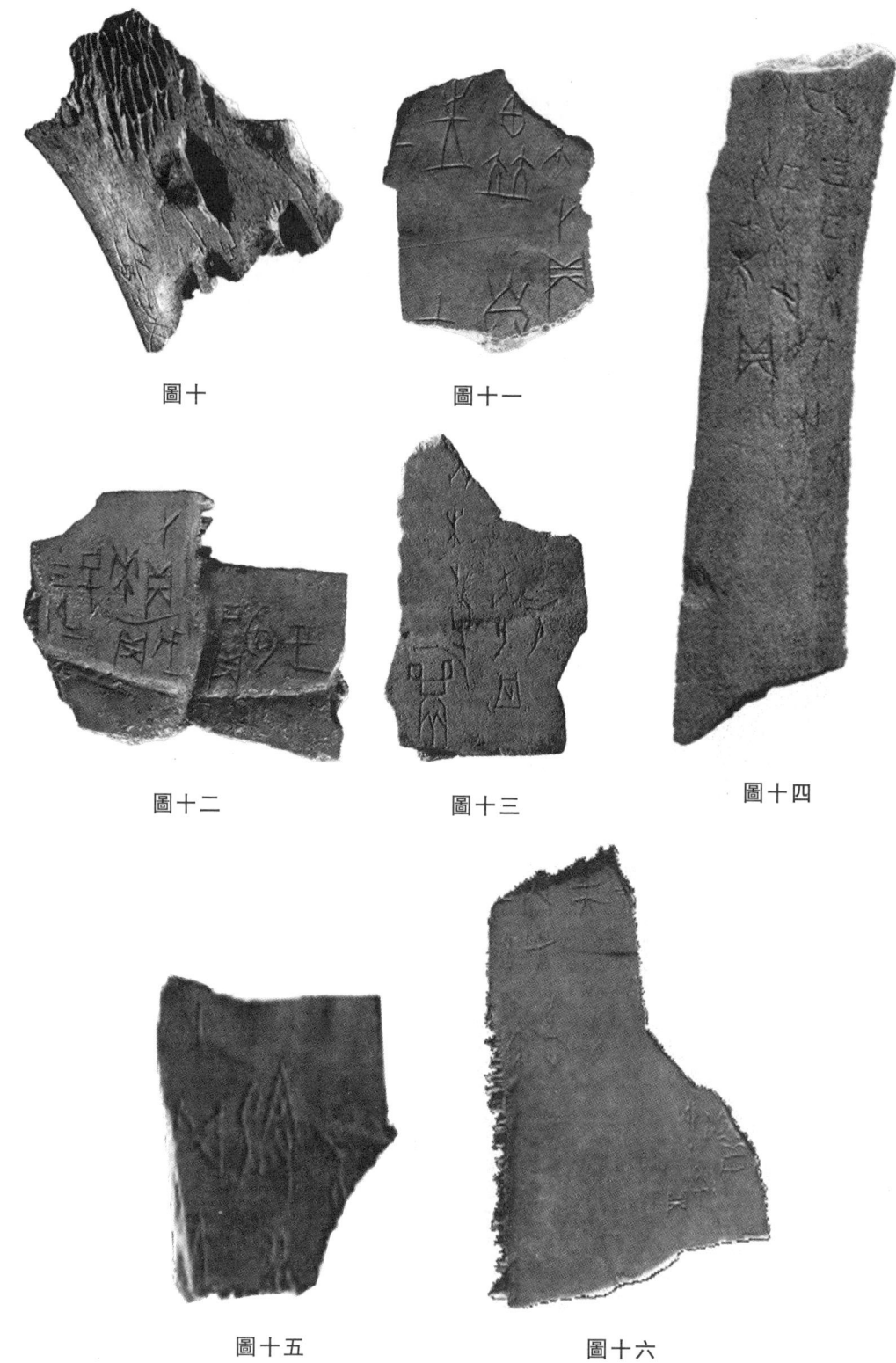

圖十　　　　　　圖十一

圖十二　　　　圖十三　　　　圖十四

圖十五　　　　　　圖十六

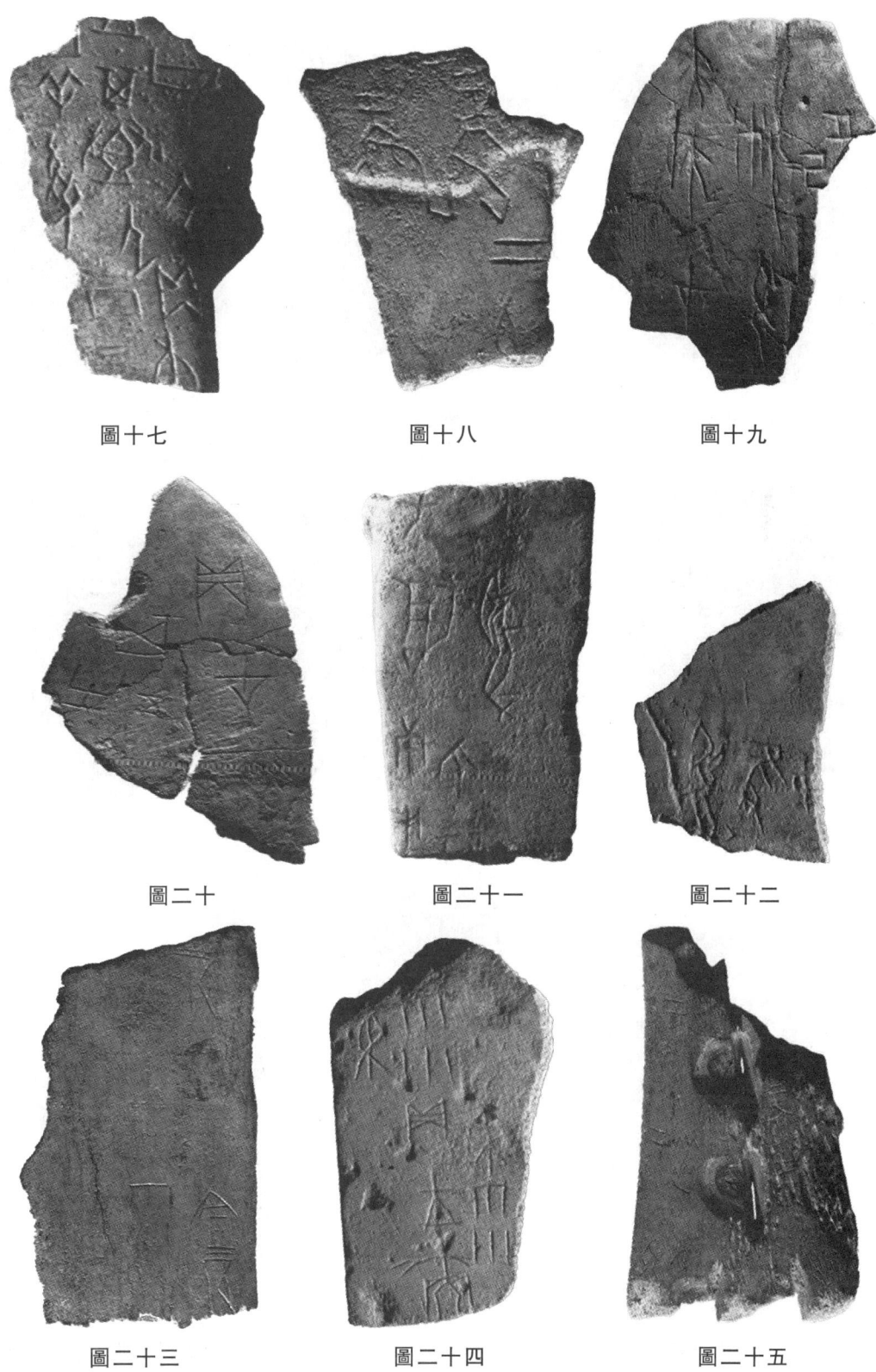

圖十七　　　　　圖十八　　　　　圖十九

圖二十　　　　　圖二十一　　　　圖二十二

圖二十三　　　　圖二十四　　　　圖二十五

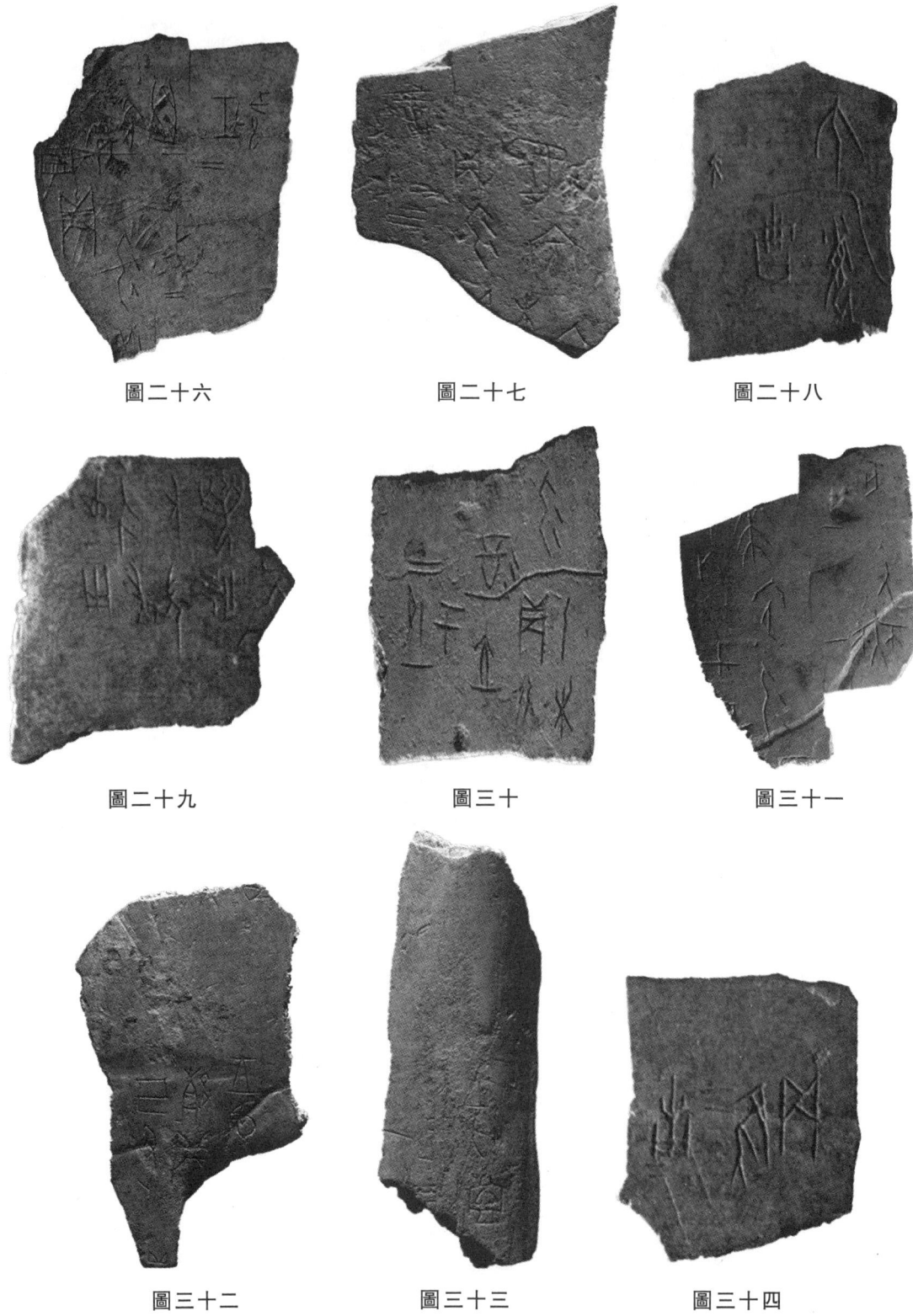

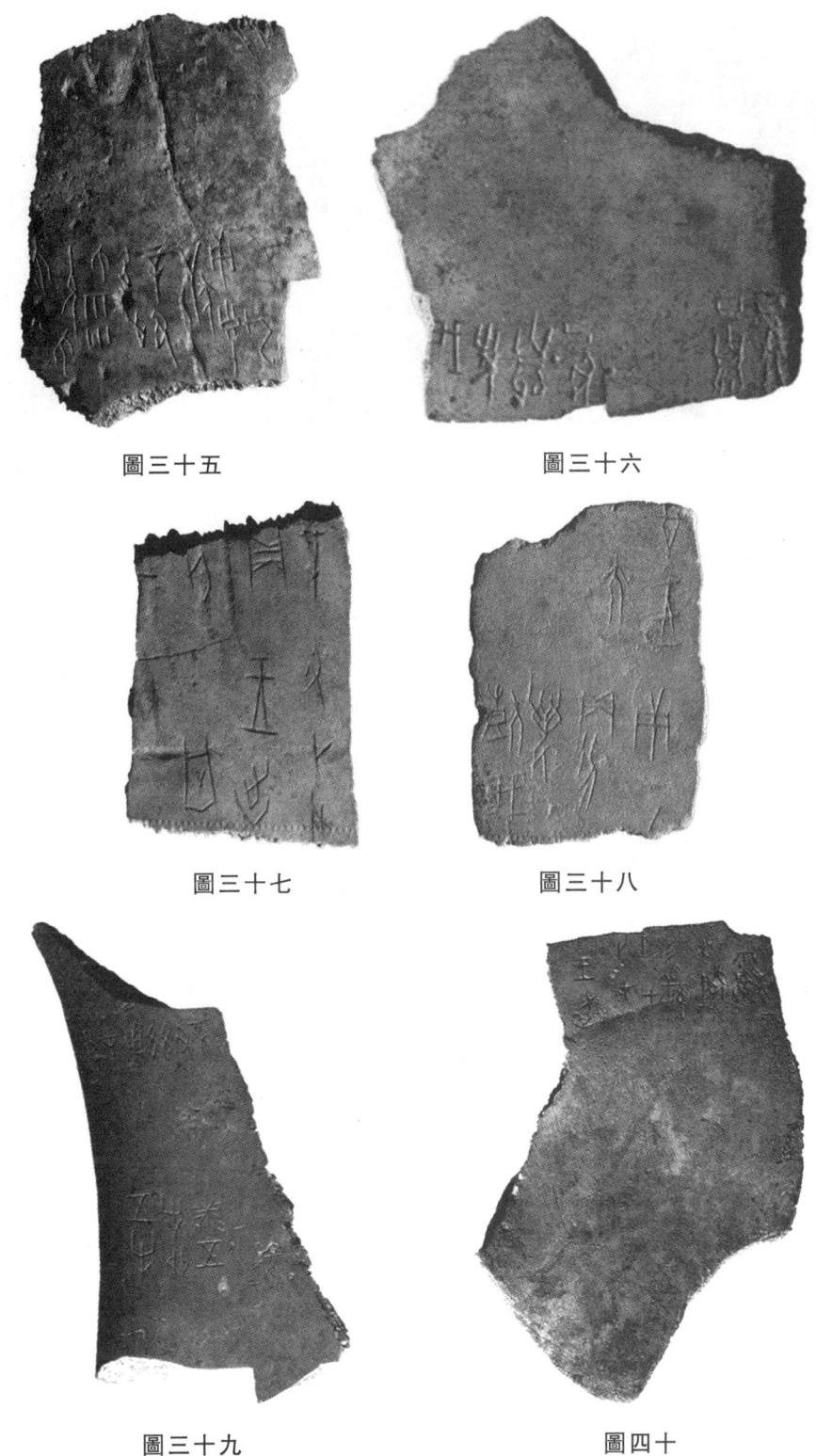

圖三十五　　　　　圖三十六

圖三十七　　　　　圖三十八

圖三十九　　　　　圖四十

圖四十一　　　　　　圖四十二　　　　　　圖四十三

《漢語大詞典》書證缺無簡帛補①

張顯成②

提　要：《漢語大詞典》是當今收詞最豐質量最好的漢語大型語文辭書，該詞典對未找到書證的字詞，一般是不收入的，但個別特別重要的字詞，也會酌收。實際上這些未找到書證的字詞，在大量簡帛文獻問世的今天，有不少是可尋覓到書證的，本文僅列48個《漢語大詞典》未列書證的字詞的用例，以說明簡帛文獻對於辭書編纂的重大意義，這48個字詞如下：半徑；卋；尒；佥；匋；兄嫂；平旦；奉；奉書；弌；弎；句；吹；後父；外王母；廖；它；宗；枕巾；某；栖；㭘；威；相邦；發書；篤；裹；萬；翁；素履；綪；綸；繫；繆；繰；車鈎；褖；狁；賴；鉏；隸臣妾；隸妾；隸臣；靳；鞫；頭足；頯；顔。

關鍵詞：《漢語大詞典》；書證；補缺；簡帛

有一些字詞（或字詞的某一意義），往往見載於古代字典、詞典或韻書，但卻不見其用例，甚至很早就見載於《爾雅》《說文》《方言》《釋名》《玉篇》等早期辭書，而後人在疏證它們的時候並沒有找到其用例，故人們對這些字詞及意義的客觀存在問題，就不免產生困惑，這自然也成為漢語歷史詞彙學和漢字史研究的一個難題。就辭書而言，如果某字詞或某字詞的某義孤零零地擺在那裏而沒有書證（文獻用例），這顯然是

---

①基金項目：國家社科基金項目（項目批準號：11XZS001）。
②張顯成，西南大學漢語言文獻研究所、出土文獻綜合研究中心　教授　重慶　400715。

很使人憾然的,王力先生在《理想的字典》中曾說:"這樣沒有例證,就不知道它們始見於何書(字典舉例,向來以始見之書為限……),也就不知道它們是什麼時代的產品。這是極艱難的工作,但是,字典如果做不到這一點,決不能達到最高的理想。"① 僅就見載於早期辭書而又未找到其用例的字詞而言,未找到其用例的原因大致有二:一是傳下來的早期文獻有限,而使這些字詞的用例淹沒——這是文獻方面的原因。二是我們對先秦兩漢的文獻全面研究還不夠,還未抉發實際上是存在的用例,正如趙振鐸先生所說:"有些義項並不是僅有辭書用例,而是人們對資料的發掘不夠。"②——這是語言研究者方面的原因。

《漢語大詞典》是當今收詞最豐質量最好的漢語大型語文辭書,該詞典對未找到書證的字詞,一般是不收入的,但個別特別重要的字詞也會酌收。這自然會給使用者帶來不可避免的遺憾。實際上,這些未找到書證的字詞,在大量簡帛文獻問世的今天,有不少是可尋覓到其書證的,以下僅列 48 個《漢語大詞典》書證缺無的字詞,用簡帛文獻補其書證以說明。下文按《漢語大詞典》原文順序逐列各條目,每條之目的內容爲:《漢語大詞典》的卷序、頁碼、條目名、釋義。條目下是該條的有關論述。

(卷 1/P712)**半徑**:連接圓心和圓周上任意一點的直線,或連接球心和球面上任意一點的直線。

《漢語大詞典・丶部》"半徑":"連接圓心和圓周上任意一點的直線,或連接球心和球面上任意一點的直線。"無書證。其實,嶽麓書院藏秦簡中早已有其例,可提供書證,並且這是目前見到的該詞的最早書證。如:

《嶽麓書院藏秦簡(貳)》65 正:"周田述(術)曰:'周乘周,十二成一;

---

① 見《龍蟲並雕齋文集》,中華書局,1980,頁 371。
② 《字典論稿・字典的舉例》,見《辭書研究》1991 年 3 期,頁 61。趙先生的《字典論稿》一文,曾在《辭書研究》1990 年 1 期~1991 年 4 期連載,後先生的《辭書學綱要》(四川辭書出版社,1998 年版),則是《字典論稿》的進一步完善。

其一述（術）曰，半周半徑，田即定，徑乘周，四成一；半徑乘周，二成一。"

（卷1/P849）卋：同"卅"。

《漢語大詞典·丶部》"卋"："同'卅'。"無書證。"卅"即"數詞。四十。"秦簡多有其例，可提供書證。如：

《睡虎地秦墓竹簡·秦律十八種·金布律》91："中褐一，用枲十四斤，直（值）卋六錢。"

《睡虎地秦墓竹簡·秦律十八種·金布律》94－95："春冬人五十五錢，夏卋四錢；其小者冬卅四錢，夏卋三錢。"

（卷1/P1117）尒：同"爾"。

《漢語大詞典·人部》"尒"："同'爾'。"無書證。《上海博物館藏戰國楚竹書》可提供書證。如：

《上海博物館藏戰國楚竹書（九）·邦人不稱》13："吾敚（豈）敢以尒嬰（亂）邦。"

《上海博物館藏戰國楚竹書（三）·周易》24："初九：豫（舍）尒霝（靈）龜，觀我（微）頤，凶。"

（卷1/P1307）侌："陰"的古字。中國古代哲學認爲宇宙中貫通物質和人事的兩個對立面之一。跟"陽"相對。

《漢語大詞典·人部》"侌"[yīn]："'陰'的古字。清·王念孫《讀書雜志·管子二》'含愁'：'正文"含"字，當是"侌"字之誤，侌，古"陰"字也。'"無書證。簡帛不乏其用例，可提供書證，如：

《上海博物館藏戰國楚竹書（六）·天子建州乙本》4："文侌而武易（陽），信文得吏，信武得田。"

《上海博物館藏戰國楚竹書（七）·凡物流形甲本》2："侌易（陽）之（凥），（奚）得而固？"凥，居。固，穩固，固定。

其他簡帛文獻也有用例，如：

《郭店楚墓竹簡·太一生水》5："侌昜（陽）者，神明之所生也。"

《清華大學藏戰國竹簡（壹）·保訓》5—6："測侌昜（陽）之勿（物），咸川（順）不（逆）。"

（卷2/P188）匋：同"陶"。

《漢語大詞典·勹部》"匋¹[táo]"："同'陶'。瓦器。《集韻·平豪》：'匋，通作"陶"。'"無書證。《上海博物館藏戰國楚竹書》可補其書證。《上海博物館藏戰國楚竹書》不乏其例。例如：

《上海博物館藏戰國楚竹書（二）·容成氏》13："昔〔者〕 （舜）靜（耕）於鬲（歷）丘，匋於河賓（濱），魚（漁）於雷澤。"簡文意爲：從前，舜在鬲丘這個地方耕種，在河邊燒製陶器，在雷澤打魚。

其他簡帛文獻也有用例，如下：

《郭店楚墓竹簡·窮達以時》2—3："舜（耕）於鬲（歷）山，匋（拍）於河 ，立而爲天子。"

（卷2/P223）兄嫂：哥哥和嫂子。

《漢語大詞典·兒部》"兄嫂"："哥哥和嫂子。"無書證。今可據漢簡用例補其書證。如：

《敦煌漢簡》2393B："將何怨？已無能謝，兄嫂供養三親，萬幸。"

傳世文獻用例也很多，如：

《漢書·東方朔傳》："朔初來，上書曰：'臣朔少失父母，長養兄嫂，年十三學，三冬文史足用。十五學擊劍。十六學《詩》《書》，誦二十二萬言。'"

《後漢書·循吏傳·第五訪》："少孤貧，常備傭耕以養兄嫂。有閒暇，則以學文。"

《北史·韋孝寬傳》："又早喪父母，事兄嫂甚謹，所得俸祿，不入私房。親族有孤遺者，必加振贍。"

唐·韓愈《祭十二郎文》:"吾少孤,及長,不省所怙,惟兄嫂是依。中年,兄歿南方,吾與汝俱幼,從嫂歸葬河陽。"

(卷 2/P924)**平旦**:古代十二時之一。相當於後來的寅時。

《漢語大詞典·干部》"平旦":"③古代十二時之一。相當於後來的寅時。"無書證。其實,秦簡中早已有其例,可提供書證,並且這是目前見到的該詞的最早書證。兹舉文獻用例如下:

《天水放馬灘秦簡·日書乙種》142-143:"平旦,生女;日出,生男;夙食,女;莫食,男;日中,女;日過中,男;日則(昃),女;日下則(昃),男;日未入,女;日入,男;昏(昏),女;夜莫,男;夜未中,女;夜中,男;夜過中,女;雞鳴,男。"

《周家臺秦簡·病方及其它》367:"平旦晉,日出俊,食時錢,日中弌(一),餔時浚兒,夕市時發□,日入雞,雞。"

(卷 2/P1508)**奉**:通"捧"。

《漢語大詞典·大部》"奉2[pěng]":"通'捧'"。無書證,今據簡帛文獻材料可補,如:

《湖北江陵鳳凰山 8 號漢墓·遣策》52:"大婢綠奉巾。"綠,奴婢名。奉,通"捧",恭敬地捧着,拿着。

《湖北江陵鳳凰山 8 號漢墓·遣策》53:"大婢紫奉巾。"紫,奴婢名。

(卷 2/P1511)**奉書**:致書,給人寫信。

《漢語大詞典·大部》"奉書":"②猶言致書,給人寫信。"無書證。今可據漢簡材料補其書證,如:

《肩水金關漢簡》73EJT24:20B:"爲今元不一二①,謹因往人奉書,叩頭再拜白。"

---

①"不一二":原簡作"不一√二",√爲分隔符,指"一""二"是兩個字,不能讀爲一字。"不一二"指時間倉促,不能一一細說。

《肩水金關漢簡》73EJT30：28A："願稚萬以遣使，天寒已至，須而以補，願斗食，遣之，錢少不足，請知數推奏，叩頭幸甚。謹持使奉書。宣再拜。"

《敦煌漢簡》110："臣厶稽首再拜，謹□□前奉書。臣厶稽首再拜。"

《居延漢簡》10.16AB："謹因使奉書，伏地再拜幼孫少婦足下。"

《居延漢簡》264.39："☑日迫奉書不及，以失期，毋狀，當坐，罪當☑"

傳世文獻亦有用例，如：

《後漢書·朱暉傳》："穆時年五十，乃奉書稱弟子。及康歿，喪之如師。其尊德重道，爲當時所服。"

《搜神記》卷四："班曰：'輒當奉書，不知緣何得達？'答曰：'今適河中流，便扣舟呼青衣，當自有取書者。'"

韓愈《與于襄陽書》："七月三日，將仕郎、守國子四門博士韓愈，謹奉書尚書閣下。"

（卷2/P1582）弌："一"的古字。

《漢語大詞典·弋部》"弌"："'一'的古字。"無書證。今據《上海博物館藏戰國楚竹書》可補其書證。例如：

《上海博物館藏戰國楚竹書（三）·亙先》2："出生虛宵（靜），爲弌若洂（寂），夢=（夢夢）宵（靜）同，而未或明、未或有茲（滋）生。"

其他簡帛文獻也有用例，如下：

《郭店楚墓竹簡·六德》38－39："或（又）以智（知）其弌壴（矣）。"

《郭店楚墓竹簡·窮達以時》14："惠（德）行弌也。"

（卷2/P1582）弍："二"的古字。

《漢語大詞典·弋部》"弍"："'二'的古字。"無書證。今據《上海博物館藏戰國楚竹書》可補其書證。例如：

《上海博物館藏戰國楚竹書（三）·彭祖》8："狗（耇）老弍拜旨（稽）首曰：'朕孳不（敏），既得昏（聞）道，（恐）弗能守。'"稽首，古時一種跪拜禮，叩頭至地，是九拜中最恭敬者。不敏，謙詞。猶如不才。聞道，領會某種道理。

（卷3/P52）**句**：同"鉤"。

《漢語大詞典·口部》"句¹[gōu]"："③同'鉤'"。無書證。今據簡帛材料可補，如：

《望山2號楚墓·遣策》50："一玉句。"玉句，即玉鉤。

（卷3/P243）**呎**：吐氣；也指發出吐氣聲。

《漢語大詞典·口部》"呎"："①呼氣。《集韻·平戈》：'呎，吐氣也。'"無書證。《漢語大字典·口部》"呎"："①吐氣；吐氣聲。《玉篇·口部》：'呎，呼氣。'《篇海類編·身體類·口部》：'呎，吐氣聲。'"無書證。今簡帛中不乏其用例，以下僅舉馬王堆漢墓帛書例：

（1）《馬王堆漢墓帛書·五十二病方》91：（治蚖咬方：）呎：'譇〈嗟〉！年蠆〈蠚〉殺人，今茲有（又）復之。'"此方與下方並爲祝由方。

（2）《馬王堆漢墓帛書·五十二病方》96："賁（噴）呎：'伏食，父居北在，母居南止，同產三夫，爲人不德。'已。不已，青傅之。"噴呎，同義連用，均指噴吐氣息。青，銅礦石的一種，可治蛇毒。

（3）《馬王堆漢墓帛書·天下至道談》50："五言〈音〉：一曰候（喉）息，二曰湍（喘）息，三曰纍哀，四曰疢（呎），五曰齘。"五音，指房中女性發出的生理性反應的五種聲音。齘，牙齒摩切發出聲音。

（4）《馬王堆漢墓帛書·養生方》203："（女性房中之音：）"一曰疢（呎），二曰瘱（齘）。"

案：《玉篇·口部》："呎，呼氣。"《集韻·平戈》："呎，吐氣也。"吐氣則有聲，故又指"發出吐氣聲"，《篇海類編·身體類·口部》："呎，吐氣聲。"以上前兩例爲"吐氣"，後兩例爲"發出吐氣聲"。

（卷3/P958）**後父**：繼父。

《漢語大詞典·彳部》"後父":"繼父。"無書證。秦簡文獻中早已有其例,可提供書證,並且這是目前見到的該詞的最早書證。例如:

《睡虎地秦墓竹簡·爲吏之道》18 伍－19 伍:"自今以來,叚(賈)門逆吕(旅),贅壻後父,勿令爲户,勿鼠(予)田宇。"整理者注:"後父,應指招贅於有子寡婦的男子,實際上是贅壻的一種。"

《睡虎地秦墓竹簡·爲吏之道》22 伍－24 伍:"廿(二十)五年閏再十二月丙午朔辛亥,告將軍:叚(賈)門逆(旅),贅壻後父,或(率)民不作,不治室屋,寡人弗欲。"

(卷 3/P1149) **外王母**:外祖母。

《漢語大詞典·夕部》"外王母":"外祖母。《爾雅·釋親》:'母之妣爲外王母。'"無書證。今據《長沙走馬樓三國吳簡》可補,如:

《長沙走馬樓三國吳簡·竹簡〔肆〕》4550:"都市椽潘矜叩頭死罪白,被曹敕推求私學,南陽張游發遣詣屯,言案文書,輒推問游外王母大女戴。"

(卷 3/P1270) **廖**:姓。

《漢語大詞典·广部》"廖[1][liào]":"②姓。"無書證。今可據三國吳簡補,如:

《長沙走馬樓三國吳簡·竹簡〔貳〕》64:"男子廖瞻、關邸閣李嵩,付倉吏黃諱、史番慮。"廖瞻,姓名,姓廖名瞻。

(卷 3/P1290) **它**:"蛇"的古字。

《漢語大詞典·宀部》"它[2][shé]":"'蛇'的古字。"無書證。今據《上海博物館藏戰國楚竹書》可補其書證,如:

《上海博物館藏戰國楚竹書(二)·容成氏》20:"西方之羿(旗)以月,南方之羿(旗)以它。"簡文意爲:西方之旗以月,南方之旗以蛇。

其他簡帛文獻也有用例,如下:

《郭店楚墓竹簡·老子甲》33—34:"蟲(虺)䖠蟲它弗蠚(螫)。"

《清華大學藏戰國竹簡(叁)·赤鵠之集湯之屋》14:"敚(撤)屋,殺二黃它與一白兔。"

(卷 3/P1347)**宗**:姓。

《漢語大詞典·宀部》"宗[zōng]":"姓。"無書證。今據三國吳簡可補,如:

《長沙走馬樓三國吳簡·竹簡〔肆〕》2287:"嘉禾元年十一月十日胐莨丘宗樂付三州倉吏谷漢受。"宗樂,姓名,姓宗名樂。

(卷 4/P881)**枕巾**:鋪在枕頭上的織品,現多為毛巾一類針織品。

《漢語大詞典·木部》"枕巾":"鋪在枕頭上的織品,現多為毛巾一類針織品。"無書證。今據出土簡帛可補漢時書證,如:

《馬王堆一號漢墓·遣策》253:"素乘雲繡枕巾一,繢周掾(緣)。"

(卷 4/P889)**某**:"梅"的古字。

《漢語大詞典·木部》"某²[méi]":"'梅'的古字。"首例例證是辭書《說文》,辭書釋義不應視作書證,今簡帛文獻可補其書證,如:

《信陽楚墓·遣策》2—021:"一𠙽(瓶)某(梅)䣼(醬)。"

《包山楚墓·遣策》225:"簪(蜜)某(梅)一垪(缶)。"

(卷 4/P1036)**桮**:同"杯"。

《漢語大詞典·木部》"桮":"①同'杯'"。無書證。今據簡帛材料可補書證:

《湖北江陵鳳凰山 167 號漢墓·遣策》19:"醬桮(杯)卅枚。"

《湖北江陵鳳凰山 167 號漢墓·遣策》28:"墨桮(杯)廿枚。"

《湖北雲夢大墳頭 1 號漢墓·遣策》1.7.6:"醬桮(杯)十。"

（卷 4/P1056）桼：通"七"。數目字。

《漢語大詞典·木部》"桼"："④通'七'。參見'桼政。'"無書證。漢簡中所見以"桼"為"七"的用例眾多，可補其書證。如：

《敦煌漢簡》318A："二月晦，受米桼（七）石，麥八石。"

《敦煌漢簡》319："五日，出米三斗，出粟一石，出麥桼（七）斗，食馬。"

（卷 5/P218）威：丈夫的母親。

《漢語大詞典·戈部》"威"："⑪指丈夫的母親。參見'威姑'。""威姑"條曰："丈夫的母親。《說文·女部》'威'字下引《漢律》：'婦告威姑。'《廣雅·釋親》：'姑謂之威。'王念孫疏證：'威姑，即《爾雅》所謂君姑也。君與威，古聲相近。'"實際上"威"還是無書證。秦漢簡牘文獻中有其例，今可據以補之。例如：

《嶽麓書院藏秦簡（貳）·數》127 正："有婦三人，長者一日織五十尺，中者二日織五十尺，少者三日織五十尺，今威有攻（功）五十尺。問各受幾可（何）？"

《張家山漢墓竹簡（247 號墓）·二年律令·告律》133："子告父母，婦告威公，奴婢告主、主父母妻子，勿聽而棄告者市。"威公，丈夫的母親和丈夫的父親。

（卷 7/P1139）相邦：相國。

《漢語大詞典·目部》"相₂邦"："相國。王國維《觀堂集林·匈奴相邦印跋》：'考六國執政者，均稱相邦。秦有相邦呂不韋，魏有相邦建信侯，今觀此印，知匈奴亦然矣。史家作相國者，蓋避漢高帝諱改。'"王國維說解不算嚴格意義上的書證，因此該詞條無書證，當補。其實，秦惠文王時代的兵器戈（公元前 334 年）中已有其例，並且這是目前所見的最早用例，同時該詞也見於後期的秦戈和秦簡當中。例如：

《四年相邦樛游戈》："（秦惠文王）四年，相邦樛斿之造，櫟陽工上造間。"王輝曰:"樛斿同時兼有相邦的官職和大良造庶長的爵位。"①

《五年相邦呂不韋戈》:"(秦王政)五年,相邦呂不韋造,詔事圖,丞戴,工寅。詔事。屬邦。"②詔事:鑄造官的署名。屬邦:使用和保管的單位,即管理少數民族的機構。

《睡虎地秦墓竹簡·爲吏之道》16 伍－18 伍:"廿(二十)五年閏再十二月丙午朔辛亥,告相邦:民或棄邑居壄(野),入人孤寡,徼人婦女,非邦之故也。"

(卷 8/P558)**發書**:發送書信。

《漢語大詞典·癶部》"發書":"③發送書信。"無書證。傳世文獻中早已有其例,可提供書證。例如:

《史記·廉頗藺相如列傳》:"王授璧,相如因持璧卻立,倚柱,怒髮上衝冠,謂秦王曰:'大王欲得璧,使人發書至趙王,趙王悉召羣臣議,皆曰'秦貪,負其彊,以空言求璧,償城恐不可得。'議不欲予秦璧。"

(卷 8/P1221)**篤**:馬行頓遲。

《漢語大詞典·竹部》"篤":"①馬行頓遲。《說文·馬部》:'篤,馬行頓遲也。'段玉裁注:'頓,如頓首,以頭觸地也,馬行箸實而遲緩也。'章炳麟《訄書·訂文》:'馬之重遲,物之重厚,其重同,其重之情異,則別以篤、竺。'"《說文》《訄書》不算嚴格意義上的書證,因此該詞條實無書證,當補。秦簡文獻中早已有其例,可提供書證,並且這是目前見到的最早書證,如:

《睡虎地秦墓竹簡·秦律雜抄》29－30:"膚(臚)吏乘馬篤、靬(胔),及不會膚(臚)期,貲各一盾。馬勞課殿,貲廄嗇夫一甲,令、丞、佐、史各一盾。馬勞課殿,貲皁嗇夫一盾。"

---

①轉引自王輝《秦出土文獻編年》,新文豐出版公司 2000 年版,第 57 頁。
②轉引自王輝《秦出土文獻編年》,新文豐出版公司 2000 年版,第 101 頁。

（卷9/P80）裠：同"裙"。

《漢語大詞典·衣部》"裠"："同'裙'"。無書證。今據簡帛材料可補，如：

《湖北江陵鳳凰山8號漢墓·遣策》22："故縑裠（裙）一。"

《湖北江陵鳳凰山8號漢墓·遣策》23："布襌裠（裙）一。"

《湖北江陵鳳凰山8號漢墓·遣策》24："新素裠（裙）一。"

（卷9/P460）萬：姓。

《漢語大詞典·艸部》"萬"："⑥姓。"無書證。今據三國吳簡材料可補，如：

《長沙走馬樓三國吳簡·竹簡〔壹〕》2844："入故吏謝進所備生口大女萬汝錢七百六十八，子五百，嘉禾二年七月十四日大女謝汝付主庫吏殷連受。"萬汝，姓名，姓萬名汝。

（卷9/P643）翁：姓。

《漢語大詞典·羽部》"翁"："⑪姓。"無書證。今可據三國吳簡補其書證，如：

《長沙走馬樓三國吳簡·竹簡〔壹〕》8671："東陽里戶人公乘翁確年卅，筭一，給軍吏。"翁確，姓名，姓翁名確。

（卷9/P743）素履：居喪時所穿的鞋子。

《漢語大詞典·糸部》"素履"："②居喪時所穿的鞋子。"無書證。今據簡帛材料可補，如：

《馬王堆漢墓一號漢墓·遣策》259："素履一兩。"

《湖北江陵鳳凰山168號漢墓·遣策》56："素履二兩，在棺中。"

（卷9/P876）綪：紅色繒。

《漢語大詞典·糸部》"綪^1[qiàn]"："紅色繒。"首例例證是辭書《說

文》,辭書不算書證。今據漢代遣策可補其書證,如:

《馬王堆一號漢墓·遣策》288:"滑辟(箆)席一,綪掾(緣)。"

(卷 9/P903)綸:見"綸巾"。

《漢語大詞典·糸部》"綸²[guān]":"見'綸巾'。"無書證。今據漢代遣策可為其補書證,如:

《尹灣 2 號漢墓·遣策》1.6.9:"白綸三。"白綸,即白色絲帶做的頭巾。

《尹灣 2 號漢墓·遣策》1.6.10:"黃綸一。"黃綸,即黃色絲帶做的頭巾。

(卷 9/P929)絜:同"紺"。

《漢語大詞典·糸部》"絜":"同'紺'。"無書證。嶽麓書院藏秦簡中正有其例,如:

《嶽麓書院藏秦簡(壹)·爲吏治官及黔首》15 壹:"履絜(紺)䪅支(屐)。"

(卷 9/P1012)繆:麻十束。

《漢語大詞典·糸部》"繆¹[móu]":"①麻十束。"《大詞典》僅以許慎《說文》為證,《說文》為辭書,不算書證。今漢簡中正有"繆"之用例,可補《大詞典》書證。例如:

《居延新簡》EPT57.44:"其三繆,付厩嗇夫章,治馬羈絆。一繆,治書繩。"

(卷 9/P1032)繰:深青帶紅色之帛。

《漢語大詞典·糸部》"繰¹[zǎo]":"①深青帶紅色之帛。"首例例證是辭書《說文》,辭書不算書證。今據戰國遣策用例可補其書證。例如:

《仰天湖楚簡·遣策》33:"一鑑,又(有)繰縞。"繰縞,指用繰和縞

（白縞）兩種料子縫製成的袋子（一面為紅色的繰，一面是白色的縞），用以裝鏡。

（卷 9/P1193）**車鉤**：連接車輛兩端的掛鉤，有連結、牽引及緩衝的作用。

《漢語大詞典·車部》"車鉤"："火車車皮或機車兩端的掛鉤，有連結、牽引及緩衝的作用。"無書證。漢簡用例可補其書證，如：

《肩水金關漢簡》73EJT7：19："出錢二百卌，買練一丈。出錢五十四，繩四百五十枚。出錢六百，買尊布一匹。出錢卌四，買車鉤一具，鍵卅枚。出錢百六十九，緣六尺半。"

肩水金關漢簡所見器具"車鉤"當為連接牽引方（馬或牛）與受力方（即後面所帶車廂）的掛鉤，簡文中同時出現有"鍵"。《說文·金部》："鍵，車轄。"與"車鉤"同為車上之配件，指車軸兩端的銷釘，使車輪不脫離車軸。可見"車鉤"一物古已有之，不限於現代的火車機車。因此《漢語大詞典》"車鉤"條釋義當改為"連接車輛兩端的掛鉤，有連結、牽引及緩衝的作用"為宜。

（卷 9/衣部）**裸**：衣服。

《漢語大詞典·衣部》"裸"："衣服。"無書證。今據簡帛材料可補。例如：

《江西南昌東吳高榮墓·遣策》1.1.10："故練單裸一枚。"此句意為：舊的絲製單衣一件。

《江西南昌東吳高榮墓·遣策》1.2.1："故絹單裸一枚。"

（卷 10/P13）**豘**：同"豚"。

《漢語大詞典·豕部》"豘"："同'豚'。"無書證。今據簡帛材料可補，如：

《江西南昌東湖區永外正街一號晉墓·遣策》1.2.8："故玉豘二頭。"

《漢語大詞典》書證缺無簡帛補·121·

(卷10/P278)**賴**:姓。

《漢語大詞典·貝部》"賴":"⑱姓。"無書證,今據三國吳簡可補,如:

《長沙走馬樓三國吳簡·竹簡〔貳〕》6528:"男子賴階。"賴階,姓名,姓賴名階。

(卷11/P1229)**鉏**:姓。

《漢語大詞典·金部》"鉏⁴[xú]":"②姓。"無書證。《長沙走馬樓三國吳簡》中見人名"鉏恪"、"鉏霸",可補書證,如:

《長沙走馬樓三國吳簡·竹簡〔壹〕》8262:"入模鄉二年布一匹三丈九尺,嘉禾二年十一月廿六日餘州丘大男鉏恪付庫吏殷連受。"鉏恪,姓鉏名恪。

《長沙走馬樓三國吳簡·竹簡〔貳〕》8928:"入模鄉麂皮六枚,嘉禾二年三月廿日掾鉏霸付庫吏殷連受。"鉏霸,姓鉏名霸。

(卷12/P176)**隸臣妾**:秦漢處罰男女罪人的兩種刑名。

《漢語大詞典·隸部》"隸臣妾":"漢代處罰男女罪人的兩種刑名。《漢書·刑法志》:'罪人已決,完成爲城旦舂,滿三歲爲鬼薪白粲。鬼薪白粲一歲,爲隸臣妾。隸臣妾一歲,免爲庶人。'顏師古注:'男子爲隸臣,女子爲隸妝。鬼薪白粲滿一歲爲隸臣,隸臣一歲免爲庶人。隸妾亦然。'"①

《漢語大詞典》釋義不確,應當訂正。"隸臣妾"並非僅是"漢代處罰男女罪人的兩種刑名",它也是秦代處罰男女罪人的兩種刑名。漢承秦制,早在秦代就有完善的刑罰制度,當時的刑名有多種,其中就包括"隸臣""隸妾""鬼薪"等。

"隸"本指奴隸,《左傳·襄公二十三年》:"初,斐豹隸也。著於丹

---

① 因下文"隸妾"和"隸臣"兩條均涉及"隸臣妾",故儘管《漢語大詞典》"隸臣妾"條不算書證缺無,也列於此。

書。"杜預注:"蓋犯罪没爲官奴,以丹書其罪。"後用來指身份低賤的刑徒。"隸臣妾"是兩個刑名的合稱,根據性别的不同,區分爲"隸臣""隸妾"。上引《漢書·刑法志》:"隸臣妾一歲,免爲庶人。"顏師古注:"男子爲隸臣,女子爲隸妾。"

同時,《漢語大詞典》該詞條下無書證,"隸臣妾"在秦漢簡中俯拾皆是,《漢語大詞典》可據以修訂釋義並補充書證。例如:

《睡虎地秦墓竹簡·秦律十八種·倉律》49:"隸臣妾其從事公,隸臣月禾二石,隸妾一石半;其不從事,勿稟。"

《睡虎地秦墓竹簡·秦律十八種·倉律》53:"小隸臣妾以八月傅爲大隸臣妾,以十月益食。"

《睡虎地秦墓竹簡·秦律十八種·倉律》59:"免隸臣妾、隸臣妾垣及爲它事與垣等者,食男子旦半夕參,女子參。"

《睡虎地秦墓竹簡·秦律十八種·金布律》95:"隸臣妾之老及小不能自衣者,如舂衣。"

《里耶秦簡》J1(16)5正面:"今洞庭兵輸内史及巴、南郡、蒼梧,輸甲兵當傳者多。節(即)傳之,必先悉行乘城卒、隸臣妾、城旦舂、鬼薪、白粲、居貲贖責(債)、司寇、隱官、踐更縣者。"

《張家山漢墓竹簡(247號墓)·二年律令·賊律》16:"毁封,以它完封印印之,耐爲隸臣妾。"

《張家山漢墓竹簡(247號墓)·二年律令·賊律》31:"鬭毆變人,耐爲隸臣妾。"

《張家山漢墓竹簡(247號墓)·二年律令·賊律》41:"毆兄、姊及親父母之同産,耐爲隸臣妾。"

(卷12/P176)隸妾:秦漢處罰女犯的一種刑名。

《漢語大詞典·隸部》"隸妾":"漢代處罰女犯的一種刑名。詳'隸臣妾。'"

《漢語大詞典》釋義不確,應當訂正。"隸妾"並非僅是"漢代處罰女犯的一種刑名",它也是秦代處罰女犯的一種刑名,釋義當修訂爲:"秦漢處罰女犯的一種刑名。"詳見上文"隸臣妾"條論述。同時,《漢語大詞典》該詞條下無書證("隸臣妾"條下所引的《漢書》之顏師古注不能算嚴格意義上的書證),"隸妾"在秦簡中多有其例,《漢語大詞典》可據以修訂釋義並補充書證。例如:

《睡虎地秦墓竹簡·秦律十八種·倉律》49:"隸臣妾其從事公,隸臣月禾二石,隸妾一石半;其不從事,勿稟。"

《睡虎地秦墓竹簡·秦律十八種·倉律》51—52:"隸臣、城旦高不盈六尺五寸,隸妾、舂高不盈六尺二寸,皆爲小;高五尺二寸,皆作之。"

《睡虎地秦墓竹簡·秦律十八種·倉律》54:"更隸妾節(即)有急事,總冗,以律稟食;不急勿總。"

《睡虎地秦墓竹簡·秦律十八種·工人程》110:"隸妾及女子用箴(針)爲緡綉它物,女子一人當男子一人。"

《里耶秦簡》J1(8)157背:"正月丁酉旦食時,隸妾冉以來。"

《里耶秦簡》J1(8)651背:"正月庚辰旦,隸妾咎以來。"

(卷12/P176)**隸臣**:秦漢處罰男犯的一種刑名。

《漢語大詞典·隸部》"隸臣":"漢代的一種刑名。參見'隸臣妾'。"

《漢語大詞典》釋義不確,應當訂正。"隸臣"並非僅是"漢代的一種刑名",它也是秦代的一種刑名,同時釋義"漢代的一種刑名"太過籠統,當修訂爲:"秦漢處罰男犯的一種刑名。"詳見上文"隸臣妾"詞條論述。同時,《漢語大詞典》該詞條下無書證("隸臣妾"條下所引的《漢書》之顏師古注不能算嚴格意義上的書證),"隸臣"在秦簡中多有其例,《漢語大詞典》可據以修訂釋義並補充書證。例如:

《睡虎地秦墓竹簡·秦律十八種·倉律》49:"隸臣妾其從事公,隸臣月禾二石,隸妾一石半;其不從事,勿稟。小城旦、隸臣作者,月禾一石半石;未能作者,月禾一石。"

《睡虎地秦墓竹簡·秦律十八種·倉律》51:"隸臣田者,以二月月禀二石半石,到九月盡而止其半石。"

《睡虎地秦墓竹簡·秦律十八種·工人程》108:"隸臣、下吏、城旦與工從事者冬作,爲矢程,賦之三日而當夏二日。"

《睡虎地秦墓竹簡·秦律十八種·均工》113:"隸臣有巧可以爲工者,勿以爲人僕、養。"

《嶽麓書院藏秦簡(叁)·譊、妘刑殺人等案》141 正:"九月丙辰,隸臣哀詣隸臣喜,告盜殺人。問,喜辤(辭)如告。"

《里耶秦簡》J1(8)686+973:"廿(二十)九年八月乙酉,庫守悍作徒薄(簿):受司空城旦四人、丈城旦一人、舂五人、受倉隸臣一人。凡十一人。"

《里耶秦簡》J1(8)986:"遷陵隸臣員不備十五人。"

《里耶秦簡》J1(8)1886:"卅(三十)年九月丙子旦食時,隸臣羅以來。"

《里耶秦簡》J1(8)2247:"卅(三十)二年八月乙巳朔壬戌,貳春鄉守福、佐敢、禀人杕出,以禀隸臣周十月、六月廿(二十)六日食。"

(卷 12/P187)**靳**:姓。

《漢語大詞典·革部》"靳":"⑨姓。"無書證。今據三國吳簡可補,如:

《長沙走馬樓三國吳簡·竹簡〔壹〕》9207:"宜陽里户人公乘靳佑,年廿四,真吏。"靳佑,姓名,姓靳名佑。

(卷 12/P198)**鞠**:通"麴"。酵母。

《漢語大詞典·革部》"鞠²[qū]":"通'麴'。酵母"。無書證。今據簡帛材料可補,如:

《湖北江陵鳳凰山 167 號漢墓·遣策》67:"鞠(麴)答一枚。"

《張家山 247 號漢墓·遣策》28:"鞠(麴)一落(答),澡巾一。"

(卷 12/P300)**頭足**：頭和腳。比喻根據。

《漢語大詞典·頁部》"頭足"："①頭和腳。比喻根據。"該詞條本義即"頭和腳"義項，無書證。秦簡中早已有其例，可提供書證。例如：

《睡虎地秦墓竹簡·封診式》68—70："即令甲、女載丙死（屍）詣廷。診必先謹審視其跡，當獨抵死（屍）所，即視索終，終所黨（倘）有通跡，乃視舌出不出，頭足去終所及地各幾可（何），遺矢（屎）弱（溺）不殹（也）？"

(卷 12/P322)**頯**：顴骨。

《漢語大詞典·頁部》"頯"："①顴骨。《說文·頁部》：'頯，權也。'段玉裁注：'權者，今之顴字……《易·夬》：'九三，壯於頄。'王云：'面權也。'翟云：'面頯，頰間骨也。'鄭作頯。頯，夾面也。王與許說同。'楊樹達《積微居小學述林·字義同緣於語源同續證（八）》：'按頯頄同字，權義亦同顴。'"段玉裁注及楊樹達說解不算嚴格意義上的書證，因此該詞條實無書證，當補。秦簡中早已有其例，如：

《睡虎地秦墓竹簡·法律答問》74："人奴妾治（笞）子，子以肤死，黥顏頯，畀主。"

《睡虎地秦墓竹簡·法律答問》88："或鬥，齧人頯若顏，其大方一寸，深半寸，可（何）論？比疻痏。"

《睡虎地秦墓竹簡·法律答問》174："女子爲隸臣妻，有子焉，今隸臣死，女子北其子，以爲非隸臣子殹（也），問女子論可（何）殹（也）？或黥顏頯爲隸妾，或曰完，完之當殹（也）。"

(卷 12/P336)**顔**：姓。

《漢語大詞典·頁部》"顔¹[yán]"："⑫姓。"無書證。今據三國吳簡可補其書證，如：

《長沙走馬樓三國吳簡·竹簡〔叁〕》1619："出嘉禾二年叛士限米十四斛一斗□升，被縣嘉禾二年正月廿一日書付大男顏階運詣州中倉。"顏階，姓名，姓顏名階。

以上所舉補《漢語大詞典》書證缺無例凡 48 條,這僅是筆者所掌握這類材料的很少部分,自然說明簡帛文獻對於大型語文辭編纂具有十分重大的意義。當然,這 48 條中有少部分是書證很容易尋找到的,如"後父"、"枕巾"、"頭足"等,未列出書證的原因,自然是該條的編寫者未能認真查找文獻用例的緣故。

其實,由於辭書性質的原因,《漢語大字典》書證缺無的現象更為嚴重,因為《漢語大字典》的體例是,凡古代辭書收列的文字及其義項,均收入。如果我們能有效地利用地下出土文獻材料來修訂《漢語大詞典》和《漢語大字典》,則兩部辭書中書證缺無的現象就會大大減少。希望這兩部辭書的修訂者能高度重視地下出土材料,特別是《漢語大字典》,該辭書出版的修訂本(第二版)在出土材料的利用上非常欠缺,尤其是對簡帛文獻的利用很不足,希望下一次修訂能改變這種局面。

清華簡《金縢》與傳世本語法比較研究①

呂廟軍②

提要：清華簡《金縢》是近年發現的清華簡當中重要的一篇出土文獻，對於解決歷史學、文獻學、語法學等諸多方面的難題提供了十分重要線索和依據。傳世本《尚書·金縢》與簡本是非常具有可比性的出土文獻與傳世文獻，兩者在文本文獻上存在不少相近之處，同時，也存在很多重要的異文（包括字詞語用等方面）。通過簡本與傳世本在字詞異同、虛詞與實詞、句類與句型、語用特點等語法現象具體分析，嘗試對簡本與傳世本文本的製作時代、地域、性質、特徵、源流、早晚、版本等問題有所揭示，並討論了兩者的共時性和歷時性的問題，指明兩者在古漢語語法上的差異，以及在解決某些學術疑難問題方面給我們提供的思路和啟示。

關鍵詞：清華簡《金縢》；傳世本《金縢》；異文；句法；語用

引言

2008年，清華簡甫一面世即受到了學術界的廣泛關注。2010年

---

① 本文寫作得到國家社科基金項目資助，"清華簡與文武周公史事研究"，項目編號：14BZS099。
② 呂廟軍，邯鄲學院文史學院　副教授　邯鄲　056005。

《清華大學藏戰國竹簡(壹)》(上、冊)第一輯的出版,使學界得以目睹戰國時期流傳的《尚書·金縢》(原題《周武王有疾周公所自以代王之志》,以下簡稱清華簡或簡本《金縢》)。時隔五年,學界對清華簡《金縢》的研究成果已經不少。其中,據本人目力所及見於報刊的主要有《清華簡九篇綜述》①、《清華簡〈金縢〉補釋》②、《清華簡〈金縢〉校讀》③、《從清華簡〈金縢〉看傳世本〈金縢〉的文本問題》④、《〈金縢〉初探》⑤、《清華〈金縢〉書文本性質考述》⑥、《從清華簡〈金縢〉兼論相關問題》⑦、《從清華簡〈金縢〉看《尚書》的傳流及周公歷史記載的演變》⑧、《〈尚書·金縢〉篇芻議》⑨、《清華簡〈金縢〉性質與成篇辨正》⑩等。這些文章從文字校釋、文本內容、傳流版本等方面都對簡本與傳世本《金縢》進行了非常有益的探討。這裏,我們將從古漢語語法學的角度對之進行比較研究,應該說也是一件十分有趣的工作。今不揣譾陋,試就清華簡《金縢》與傳世本字詞、句類句型及語用的對比分析,希望能於此兩種文本的製作時代、性質、源流、版本等問題有新的認識。

　　清華簡整理者在簡本《金縢》題解"說明"中業已指出,一方面,全篇簡文與傳世本《尚書·金縢》大致相合;另一方面,本篇簡文內容與傳世本《金縢》篇也有一些重要的不同⑪。其中,學者多關注於簡本與傳世本

---

　①李學勤《清華簡九篇綜述》,《文物》2010年第5期。
　②廖名春《清華簡〈金縢〉補釋》,《清華大學學報》(哲學社會科學版)2011年第4期。
　③黄懷信《清華簡〈金縢〉校讀》,《古籍整理研究學刊》2011年第3期。
　④劉國忠《從清華簡〈金縢〉看傳世本〈金縢〉的文本問題》,《清華大學學報》(哲學社會科學版)2011年第4期。
　⑤李銳《〈金縢〉初探》,《史學史研究》2011年第2期。
　⑥馮時《清華〈金縢〉書文本性質考述》,《清華簡研究》第一輯,中西書局,2012年。
　⑦朱鳳瀚《從清華簡〈金縢〉兼論相關問題》,《簡帛·經典·古史》,上海古籍出版社,2013年。
　⑧楊振紅《從清華簡〈金縢〉看〈尚書〉的傳流及周公歷史記載的演變》,《中國史研究》2012年第3期。
　⑨羅新慧《〈尚書·金縢〉篇芻議》,《史學史研究》2014年第2期。
　⑩程浩《清華簡〈金縢〉性質與成篇辨正》,《上海交通大學學報》(哲學社會科學版)2013年第4期。
　⑪李學勤主編《清華大學藏戰國竹簡(壹)》(下冊),中西書局,2010年,頁157。

《金縢》武王克殷是三年還是二年、周公居東是三年還是二年以及簡本缺失周公占卜內容的記載上。然而,從兩種版本的用字、用詞及句法等方面來看,簡本與傳世本確實存在不少異文之處,對其開展研究或許有助於進一步認識這兩種版本的早晚、源流、性質諸問題。因此,本文將分別從《金縢》簡本與傳世本的字詞用法異同、句類句型的異同、語用分析等三方面逐一考察分析。

一、《金縢》簡本與傳世本用字、用詞異同比較分析

不少學者通過對《金縢》兩種版本研究發現,簡本與傳世本內容既有許多相同之處,也有不少相異之點。在我們看來,除了要重視兩種版本的相同之外,尤其不能忽略這兩種版本的文本用字、用詞細微差異之處。在這一問題上,學術界已做了不少有意義的工作。字、詞是構成古籍文本的基本語言單位。不同文本採用字、詞的不同,反映了文本作者或抄手所生活時代的特點、不同地域及其對歷史文化理解水準。通過兩種文本字、詞使用的差異,從一定程度上能夠反映此兩種版本的時代特徵及其文本性質。

簡本與傳世本《金縢》主要古今字、異體字、通假字使用情況見下表1:

(一)主要古今字、異體字、通假字使用情況

古今字是指在語言文字歷史發展過程中字音、字義相同而字形不同的文字使用現象。異體字是指在古文中讀音、意義相同但形體不同的文字現象。漢代經學大師鄭玄最早提出"古今字"的概念[①]。通假字

[①] 如鄭玄在注《覲禮》"伯父寔來,余一人嘉之"時說:"余、予,古今字。凡言古今字者,主謂同音,而古用彼今用此異字。若《禮經》古文用'余一人',《禮記》用'予一人'。余、予本異字異義,非謂予、余本即一字也。"

就是用讀音相同或相近的字代替本字,屬於古書常見用字現象之一。這裏我們所說的通假字指狹義的通假字,而非廣義的概念。因此,在部分内容論述中我們儘量嚴格區分異體字、古今字、通假字的概念①,以便更科學地研究文本的語言特徵。

表 1　簡本與傳世本古今字、通假字、異體字對比②

字類\\類別	古今	通假	古今	通假	古今	通假	通假	古今	通假	通假	通假	通假	異體	異體	通假	古今	異體
簡本	廷	才	内	威	戚(今)	親	又	章	巧	工	備	佞	遺	箸	羣	由	余	悳
傳世本	庭	材	納	畏	慼(古)	新	有	彰	考	功	丕	仁	貽	書	群	猶	予	德

在表 1 中,簡本"廷"與傳世本"庭"爲古今字,先有"廷",後加義符爲"庭",廷同庭(見賈說 170—171 頁)。

簡本"才"與傳世本"材"爲古今字,先有才,後有材,"材"後加木字旁義符形成。但賈說:"材與才同音通假,通才,才能、才氣、才華"(見賈說 253)。賈說指出材與才爲通假,甚是。這和才與材爲古今字並不矛盾。

簡本"内"爲古字,傳世本"納"爲今字,内同納(見賈說 125 頁);簡本"章"與簡本"彰"爲古今字,章同彰(賈說 217 頁)。

簡本"戚"是今字,傳世本"慼"是古字,戚同慼(見賈說 132 頁),是簡本中出現用今字戚,傳世本中用古字慼的特殊情况。出現這種現象的原因可能有兩個原因,一者是傳世本在傳流過程中傳寫者未對此字加以改動,保留了原貌;一者是賈說將戚與慼看作古今字是錯誤的。經過分析,我們認爲前者的推斷較爲合理。無論如何,簡本這一用例值得

---

① 清華簡整理小組在凡例中將古今字、異體字、通假字一概以括弧標出,並未做明確區分。請參見清華簡壹至伍輯整理報告釋文及凡例說明。

② 本表古今字和通假字之區分主要根據賈延柱編著《常用古今字通假字字典》(遼寧人民出版社 1988 年版),文中引用該書簡稱"賈說"。另本表對清華簡與傳世本《金縢》中出現古今字、異體字、通假字的統計係不完全統計,因爲文本情况異常複雜,能力不及,僅擇主要的字詞進行分析對比,以抛磚引玉。

重視。

簡本"威"與傳世本"畏"通假,威和畏上古同屬影紐微部,同音通假(見賈說 412 頁);簡本"親"與傳世本"新",親通新,親讀為新,親,上古屬清紐真部,新,上古屬心紐真部,二字為叠韻通假(見賈說 375 頁);簡本"又"同傳世本"有",同音通假(見賈說 452 頁);簡本"巧"與傳世本"考"古字通,"《禮記·表記》'辭欲考',鄭注:'考,巧也。'是考、巧古通之證。"①

簡本"由"與傳世本"猶"通假,由和猶上古同屬喻紐幽部,同音通假(見賈說 451 頁);簡本"遺"與傳世本"貽"通假,同音通假,遺與貽都有"遺留"義。

簡本"余"與傳世本"予"為古今字,作為第一人稱代詞,"余"早在甲骨文中即出現,在西周金文中尤其多見;"予"最早見於戰國時期古籍中,作為人稱代詞晚於"余",也就是說"余"字用法在前,"予"則在後,所以從時間早晚上來說,余屬於古字,予屬於今字。簡本余字使用兩次,予字不見;傳世本見予字使用 4 例,卻無余字用例。

另外,簡本與傳世本還出現了異體字如,書與箸、群與羣、德與惪等。

從表 1 分析可知:第一,簡本與傳世本均存在古今字、異體字、通假字用例現象;第二,簡本基本上使用古字較多,而傳世本使用今字則較為常見,而較少古字;第三,簡本使用古字,傳世本使用今字,說明了簡本較多保留了古書的文本面貌,傳世本在歷史傳流過程中不可避免地受到了人為改寫,這正是簡本《金縢》文本重要史料價值所在之處;第四,從簡本與傳世本的字詞比對中,可以局部揭示兩種書籍的文本和版本的性質、流傳、時代等問題。

(二)主要虛詞用例分析

古文虛詞包括輔詞和助詞兩個部分,具體來說包括代詞、副詞、介

---

① 楊筠如《尚書覈詁》,陝西人民出版社,2005 年,頁 229。

詞、連詞、助詞、嘆詞等，其中簡本與傳世本《金縢》出現虛詞主要有其、則、斯、乃、之、亦、焉、於、惟、以、所等十一種，其中"也"僅見於簡本中，不見於傳世本。從兩種版本中發現，絕大多數虛詞均互見於文本中，只是其出現的頻次有所不同，這大概由於版本流變、抄手改寫及增刪、時代不同等原因造成。但是"也"的有無，卻是我們判斷兩者製作時代早晚的一個重要依據和參考。

我們結合表 2 可以看出，其中有的虛詞如則、亦、焉出現頻次相等，有的虛詞如其、之、於、惟、以、所等出現頻次基本接近，有的虛詞如"乃"出現頻次相差較大。這可能與簡本的抄寫者的語言使用習慣或時代、地域特徵有關。

表 2　簡本與傳世本中虛詞出現頻率比較

虛詞 / 類別	其	能	是	則	斯	乃	也	之	亦	焉	惟	以	所	於
簡本	4	2	2	2	4	10	3	6(7)	2	1	3	6	2	4
傳本	6	4	3	2	2	15	0	8	2	1	4	8	1	5

根據上面統計表對簡本與傳世本主要詞類的出現頻率統計，我們可以清楚發現簡本《金縢》中出現 3 次語氣助詞"也"，而這種情況在傳世本《金縢》中不曾看到。其他詞如"其"、"之"、"亦"、"焉"等在簡本和傳世本中以不同頻率或相同頻率出現。對於兩種文本中均見的語料現象，可以不作具體研究，不必解釋其出現頻率為何不同，因為這對於分析兩種文本的性質和製作早晚不具有典型意義。更值得注意的是，對於簡本與傳世本《金縢》來說，兩者在產生或流傳過程中究竟發生了哪些文本、思想內容的變化。《金縢》屬於今古文《尚書》之《周書》重要篇什。據當代學者錢宗武研究，認為"《今文尚書》沒有'也'，文言文中另外兩個常見的句末語氣助詞'矣'和'乎'使用頻率也極低。……金、甲文沒有'也'字，《詩經》開始出現'也'字，《左傳》、《國語》、《國策》以及諸

子散文中'也'的使用頻率不斷增加。"①我們對傳世本《金縢》的統計印證了錢宗武先生的說法,傳世本《金縢》無"也"句末語氣助詞現象說明,這種文本或版本也許要產生得早一些或者較少經過後人的改動;簡本《金縢》中出現"也"助詞現象,則告訴我們它屬於一種較晚的版本,且經過了後人的改動。基於此,我們判斷簡本《金縢》製作時間晚於傳世本《金縢》的結論大致不誤。當然,兩者的早晚問題,還需要其他方面的語料加以證實,以產生更強的說服力。其實,清華簡《金縢》中出現"也"字不是孤例,在清華簡《繫年》中也出現了不少這樣的例子。如在清華簡《繫年》第九章有"君幼,未可奉承也"、"乃命左行蔑與隨會召襄公之弟雍也於秦"、"焉將置此子也"②等等。"也"作為語氣助詞,其具有句讀標識功能,"古人作文一般不表用句讀。古書中有許多同義語言材料,往往早一點兒的典籍不用'也'標識句末,易生歧解;晚一點的引用或譯寫則添加'也',以明句界,用如句讀。"③

就清華簡《金縢》來說,我們的理解是,簡本並不是珍藏於地下的母本(原始本),它同樣經過了文本的改動。它在埋入地下之前經過了抄寫者的改動即寫(抄)書、引書時的添加與刪減,這種現象均可在兩種文本的比對中看到。因此,"今文《尚書》沒有'者'、'也',證實《尚書》時代口語中沒有'者'、'也'。'者'、'也'的產生是為了文言書面語的表達更加明白確切。"④"金、甲文無'也',《尚書》無'也',《詩經》裏出現'也'。向熹先生《詩經詞典》統計用於句末的'也',《風》54次,《雅》8次。用於句中的'也',《風》21次,《雅》4次,《頌》1次。《詩經》的成書年代大約在西元前六世紀。可知'也'在春秋戰國時期已經出現,並伴隨《左傳》、《國語》、《國策》以及諸子散文的出現,漸次增多。到了漢代,諸如《史記》、《漢書》這樣大部頭的著作已經問世,書面語的資訊容量日益龐大,

---

① 錢宗武《今文尚書語法研究》,商務印書館,2004年,頁18。
② 李學勤主編《清華大學藏戰國竹簡(貳)》,中西書局,2011年,頁158。
③ 錢宗武《今文尚書語法研究》,商務印書館,2004年,頁18、19。
④ 錢宗武《今文尚書語法研究》,商務印書館,2004年,頁20。

書面語的表達也日漸複雜,沒有明顯的句子標識,要讀通那些長篇巨制亦絕非易事。句末'也'開始大量出現,其他句末語氣詞如'乎'也開始出現。有的是寫書時加的,有的是抄書時加的。"①所見簡本《金縢》"也"字 3 例:"爾元孫發也,遘害虐疾,爾毋乃有備子之責在上,惟爾元孫發也,不若旦也。"上述句式連用三處"也"字,既有句中兩例,也有句末一例。這種用法在閱讀過程中甚為明顯。根據清華簡的年代下限戰國中期偏晚的科學測定,結合《詩經》出現'也'字用例情况,初步可以判斷簡本《金縢》抄寫年代介於兩者之間。我們推測很有可能係抄寫這批竹簡的人根據一種更早的本子進行了句讀的添加和內容的稍微改動(如簡本無周公占卜的內容),以改寫成便於時人閱讀的樣式。當然,對於簡本相對傳世本缺失的內容,也可能是抄書者的粗心遺漏所致。總而言之,簡本《金縢》與傳世本總體上差別不大,但在一些細節上的差異必須引起足夠的重視,惟其如此,才可能揭示簡本和傳世本在源流上及製作年代及性質上的變化,以更好地認識不同時代下的《尚書》版本問題。

下面主要探討虛詞中否定副詞的用例及特點。請參考表 3 簡本與傳世本中否定副詞出現頻率統計,我們知道,簡本與傳世本中否定副詞是考察文本時代特徵的一個主要方面,兩種文本中都出現了否定副詞勿、毋、弗、未、不等用例,而否定副詞罔、無只出現在傳世本中。簡本中為何不出現這兩個字的用例?或者簡本以何字代替了它們?這是一個值得說明的問題。

傳世本中否定副詞罔、無的具體用例在文本中是這樣的:
　　四方之民,罔不祗畏。
　　體,王其罔害。
　　無墜天之降之寶命。
　　我無以告我先王

以上四則用例,正好都出現在簡本缺少的周公占卜命龜的內容中,傳世本在此比簡本多出了 75 字(不包括簡本記載的類似內容)。因此,

---

① 錢宗武《〈尚書〉無'也'字說》,《古漢語研究》1994 年第 2 期。

兩種文本中不同的否定副詞用例也許不成為問題了,因為簡本明顯經過了抄寫者的有意壓縮、改寫,黃懷信先生已指出了這一問題①。

從兩種文本中,還可以發現簡本有否定副詞"毋"的用例,而在傳世本中不見。簡本中這一用例是以反問句式出現的:"爾毋乃有備子之責在上?"在傳世本中的說法則是假設的語氣來表達的:"若爾三王,是有丕子之責於天,以旦代某之身。"可見,簡本的抄寫者在傳抄中很可能進行了改寫,不單在個別字、詞上,而且在句式上,都做了不少的再創作。我們之所以使用"創作"這個詞,因為它比改動或改竄等說法似乎更加符合當時的書籍傳流的特點。生活於春秋末期的孔子是主張對文獻"述而不作"的,然而主張歸主張,他也不是嚴格按照這個原則執行的,實際上孔子不僅"述",而且"作",這在學術界已是共識。春秋時期正是這樣一個"禮樂崩壞"大變革動盪的時代,當時的思想家、知識份子(士人)、門客等群體正是思想解放、活躍的主體,他們哪能身處變局對古代書籍不作一些個人思想的詮釋,以應付變革的政治局勢。因此,簡本在春秋末期經過抄寫者的一些改動也是一件再正常不過的事情了。我們今人也不可據此懷疑古人作偽書的不切歷史實際的片面看法。

表3 簡本與傳世本中否定副詞出現頻率統計

否定副詞 版本	罔	無	勿	毋	弗	未	不
簡本	0	0	2	1	1	3	3
傳世本	2	2	2	0	3	2	5

(三)主要實詞用例分析

虛詞在分析研究書籍文本和版本工作上具有不少明顯的優點和真實性,其重要性是不言而喻的。我們在上文中對虛詞的分析並不代表

---

① 黃懷信《清華簡〈金縢〉校讀》,《古籍整理研究學刊》2011年第3期。

虛詞具有這種優先性或唯一性。虛詞和實詞共同構成文本的整體。在一篇文章或一本書籍中，設想只有虛詞或只有實詞，要表達作者的思想和主旨都是不可想象的。這對於古書同樣如此。當然，虛詞在研究古書文本上的作用似乎更為可行一些，因為虛詞是一個封閉的系統，也就是說它的數量是有限的；而實詞是一個開放性的系統，相對虛詞來說，它的數量是巨大的、無限的。總之，我們在研究古書文本和版本時在重視虛詞作用的同時，也不可忽略實詞的作用。

下面主要結合表 4 簡本與傳世本中人稱代詞出現頻率統計，對簡本和傳世本《金縢》進行一些分析。在表 4 中我們看到我、爾、其三個人稱代詞均存在用例。但是更重要的是人稱代詞吾、余、予三個詞在簡本或傳世本中或存或無。

表 4　簡本與傳世本中人稱代詞出現頻率統計

類別＼人稱代詞	我	吾	爾	余	予	朕	其
簡本	8	1	5	2	0	0	4
傳世本	13	0	6	0	4	1	6

簡本是："未可以慼吾先王"，傳世本："未可以戚我先王"。簡本"吾"在傳世本中對應"我"，這是兩種文本的用詞不同處。雖然"吾"、"我"在意思表達上表面上沒有區別，但這兩個第一人稱代詞的用法習慣和時間早晚還是有差異的。這一點對於判斷文本的早晚或其時代特徵比較有意義。

瑞典漢學家高本漢採用統計學的方法對《論語》、《孟子》、《左傳》的第一人稱代詞"吾"和"我"進行了較早的研究，他的某些看法還可以為我們在思考這兩個代詞的區別和聯繫時提供一定參考。他發現，人稱代詞"吾"在《論語》中有 113 次，其中 95 次作主語，15 次作所有格，3 次作賓語。在這三種情況下，"吾"都在動詞前面，這個位置通常都是主語的位置。人稱代詞"我"出現 46 次，其中 16 次作主語，4 次作所有格，

26次作賓語。高本漢指出,"吾"字主要出現在主語和所有格的位置,而"我"字出現在主語和賓語的位置,很少出現在所有格位置。《孟子》中出現的"吾"作主語76次,作所有格47次,而無一次出現作賓語的情況。"我"作主語出現68次,作所有格、賓格分別出現14次、53次。《左傳》中出現"吾"作主語369次,作所有格223次,作賓語僅4次。其中,"吾"在作賓語的4次中,都處於否定動詞前。"我"作主語出現231次,作所有格出現126次,作賓語出現257次。通過對三種文本的統計分析,高本漢指出,"吾"字主要當作主語和所有格使用,而"我"在不同程度上已進入主語的領域。這就是高本漢的關於人稱代詞的變格區別理論。然而其理論在更早的先秦著作《尚書》和《詩經》中難以得到驗證①。

對於"吾"、"我"的區分,黃盛璋認為"我"有格位的限制,但沒有數的限制;"余"自金文以後就沒有格位的限制,但有數的限制,"朕"有格位限制,也只表示單數②。賈則復先生認為殷周時期,"余"主要作主語,"我"兼作主語、賓語和定語,"朕"只用作主語和定語,"吾"基本上不作賓語③。周法高先生指出,在列國時代"吾"常用於主位和賓位,"我"常用於賓位,這種分別在《論語》裏非常顯著。據此,聯繫到我們的問題,簡本中的"吾"顯然是作為所有格出現的,這種用法與高本漢所依據的三種文本一致。同時,說明簡本中這種用法不是孤例。可見先秦時期"吾"與"我"均已出現,但隨著歷史與時代的變化,乃至現代"我"完全取代了"吾"的使用。兩種文本使用"我"較為普遍,簡本用"吾",傳世本均用"我",後來的抄書者有可能將"吾"改作"我",以達到更符合他所生活時代和地域的用法。由此可知,兩者的語法功能和習慣確實是有所差異的。

從表4中還可以發現,第一人稱代詞"余"、"予"用法明顯不同,簡

---

① 馬悅然《我的老師高本漢——一位學者的肖像》,吉林出版集團有限公司,2009年,頁218—219。

② 黃盛璋《古漢語的人身代詞研究》,《中國語文》1963年第6期。

③ 賈則復《對"朕"、"余(予)"、"吾"、"我"的初步研究(上、下)》,《陝西師範大學學報》,1982年第1、2期。

本中出現兩次"余"用例,傳世本中則無;簡本中無"予"用例,而在傳世本中出現四例。正如有學者指出,"余"作為第一人稱使用,在商代甲骨文中就已出現,周代"在一些青銅器銘文中,也還因襲了殷人的制度,周王仍然自稱為'余一人'或'我一人'"①。"予"作為第一人稱代詞使用則稍晚,而且它往往在"予一人"中使用。"余一人"、"予一人"、"我一人"往往是商王或周王專用的稱號②,有的國王以"一人"自稱。簡本中的"余一人"與傳世本中的"予一人"均為王者自稱,兩者意思相近,但用字的不同,反映出兩種文本在流傳中發生的細微變化,體現了抄書者對簡書文本的改動,尤其反映了兩種文本製作的時代性和地域性特點。

另外,簡本中沒有出現"朕"的用法,而傳世本中僅見一例:"惟朕小子其新逆,我國家禮亦宜之。"簡本中為:"惟余沖人其親逆公,我邦家禮亦宜之。"簡本"余沖人"與傳世本"朕小子"相對應,雖然兩詞均為成王謙稱用語,但兩者用詞存在差異是十分明顯的。洪波先生對"余"、"我"、"朕"研究認為,這三個人稱代詞具有謙敬功能的不同:"余(予)"是謙稱形式,表示謙卑的意義;"朕"是尊稱形式,表示尊稱的意義;"我"是通稱形式,不具備謙稱尊崇的意義③。然李明曉先生據上博簡指出,"朕"用作謙稱的意義,"從語義或語用的角度去考察它們的區別,亦很困難"④。傳世本中"朕小子"也顯然謙稱用語,可謂李明曉先生說法又一例證。簡本中的"吾先王"、"我邦家禮"在"吾"、"我"作所有格上用例也不同。再者,傳世本中明顯有避諱的用法,這可能反映了這種文本的製作時代。如傳世本中"惟爾元孫某"、"以旦代某之身"雖然是史官冊祝之言,但"某"的使用還是暴露了其生活歷史時代的秘密。在簡本中周公並不避諱直稱武王的名字"爾元孫發也"、"惟爾元孫發也"。

表 5　簡本與傳世本中主要用字用詞異同比較

---

① 胡厚宣《重論"余一人"問題》,載《古文字研究》第 6 輯,中華書局,1981 年,頁 15。
② 胡厚宣《釋"余一人"》,《歷史研究》1957 年第 1 期。
③ 洪波《上古漢語第一人稱代詞"余(予)"、"我"、"朕"的分別》,《語言研究》1996 年第 1 期。
④ 李明曉《戰國楚簡語法研究》,武漢大學出版社,2010 年,頁 19。

詞性類別	代	名	動	形	動	名	動	名	名	形	動	名	名	形	副	連	副	名	動	名	名
簡本	吾	發	害	禍	遺	邦	逆	匱	遲	陟	拔	雕鴞	皇天	親	則	則	斯	殷	宅	弟	大有年
傳世本	我	某	厲	罪	貽	國	迎	書	疾	喪	偃	鴟鴞	天	新	其	乃	盡	商	居	兄弟	大熟

(三)異同及成因分析

簡本與傳世本《金縢》在虛詞和實詞使用上存有不少差異,從這些差異中可以窺見有關兩種文本在流傳過程中傳抄改動的痕跡以及不少的歷史資訊。簡言之,兩種文本異同的原因可以歸納為如下幾個方面:

簡本和傳世本《金縢》在虛詞和實詞使用上具有較多的相似性,也存在一些重要的差異。

在虛詞用法上,比較典型的是簡本有助詞"也"用例,而傳世本則無。在實詞用法上,值得注意的是簡本存在第一人稱代詞"吾"用例,而傳世本對應處則作"我";又簡本一概用"余一人"王者自稱,傳世本則作"予一人";再者簡本直稱武王"元孫發",傳世本則諱稱"元孫某"等等頗耐人尋味。

兩種文本存在以上差異的原因,一是兩者製作時代的不同使然;二是簡本在戰國中期之前抄寫,其中保留了不少這個時代以前的用詞習慣;傳世本的母本雖然也很早,但經過了秦漢時期乃至後人的解讀或改動;三是傳世本在長時間流傳中,其中也有未經解讀和改動的古字,如在古今字、異體字、通假字部分保留的"戚"這一古字。

二、《金縢》簡本與傳世本句類和句型異同比較分析

簡本與傳世本《金縢》在句式和句型上存在有不少的差異,這表現在構成句子的用字用詞上,也表現在句式的長短上。為了更清楚地瞭解其情況,列舉如下:

(一)簡本與傳世本主要句式比較

清華簡:武王既克殷三年　　清華簡:周公立焉
傳世本:既克商二年　　　　傳世本:北面周公立焉
清華簡:秉璧植珪　　　　　清華簡:王不豫有遲
傳世本:植璧秉珪　　　　　傳世本:王有疾弗豫
清華簡:史乃冊祝先王曰　　清華簡:爾元孫發也　　清華簡:遘害虐疾
傳世本:史乃冊祝曰　　　　傳世本:惟爾元孫某　　傳世本:遘厲虐疾
清華簡:二公告周公曰　　　清華簡:爾毋乃有備子之責在上
傳世本:二公曰　　　　　　傳世本:若爾三王是有丕子之責於天
清華簡:未可以戚吾先王　　清華簡:惟爾元孫發也,不若旦也
傳世本:未可以戚我先王　　傳世本:乃元孫不若旦
清華簡:是佞若巧能　　　　清華簡:周公乃為三壇同墠
傳世本:予仁若考能　　　　傳世本:公乃自以為功為三壇同墠
清華簡:為一壇於南方
清華簡:邦人□□□□弁,大夫綵,以啟金縢之匱
傳世本:為壇於南方　　　　傳世本:王與大夫盡弁,以啟金縢之書
清華簡:周公乃納其所為功自以代王之說於金縢之匱
傳世本:乃納冊於金縢之匱中

通過以上句式的排比比較,可以發現簡本與傳世本內容大都有相對應的句子,句子的長短詳略並不完全相同,尤其是個別用字或用詞對

於解決傳世本或簡本遺留的歷史難題（如文本的時代性和地域性），提供了重要的歷史資訊和線索。

(二)關於簡本與傳世本的文本邏輯的前後照應

從簡本與傳世本文本結構和邏輯來看，文本的內容表述前後有無照應處，也能夠給我們認識這兩種文本的性質和特點提供一些新的認識。如簡本：

前文：周公乃納其所爲功自以代王之說於金縢之匱，乃命執事人曰："勿敢言。"

後文：王問執事人，曰："信。噫，公命我勿敢言。"

按簡本兩見"勿敢言"，然傳世本僅一見，且在後文。

簡本：是歲也，秋大熟，未獲。……歲大有年①，秋則大獲。

傳世本：秋，大熟，未獲。……歲則大熟

按簡本明確指出時間"是歲"，說明周公宅東與成王迎接周公之事發生在當年。

傳世本如下：

前：公曰："體，王其罔害；予小子新命於三王，惟永終是圖。兹攸俟，能念予一人。"

後：王翼日乃瘳

傳世本也有文本邏輯前後照應的句子，如其中有：

前：二公曰："我其爲王穆卜。"

後：王執書以泣，曰："其勿穆卜。……"

傳世本兩見"穆卜"，一是二公之言，一是成王命令。而簡本中在前文僅一見。又：

前：植璧秉珪，乃告太王、王季、文王。

後："若爾三王"、"予小子新命於三王"

傳世本中先有"太王、王季、文王"，後文簡略成"三王"。在簡本中

---

① 清華簡《金縢》："歲大有年，秋則大獲。"《穀梁傳·宣公十六年》："五穀大熟，爲大有年。"

只見"先王"用法,不見"三王"。

(三)關於簡本與傳世本的文本重複冗贅句式

簡本與傳世本在語言表達上具有明顯的特點,簡本語言的表達,主要指其句子成分較為重複、甚至有冗贅之感,遠不如傳世本語言簡潔順暢。請看以下幾例。

簡本:武王既克殷三年,王不豫有遲。

傳世本:既克商二年,王有疾,弗豫。

簡本表達句式似乎有些囉嗦,"武王"在"既克殷三年"在西周原始文獻中罕見。其中,改編痕跡較為明顯。

簡本:周公曰:"未可以戚吾先王。"周公乃為三壇同墠

傳世本:周公曰:"未可以戚我先王。"公乃自以為功

按簡本"周公"兩見,本來句子主語明確,不需要再重複。傳世本則較為簡單明瞭。

簡本:史乃冊祝告先王曰

傳世本:史乃冊祝先王曰

簡本比傳世本多一"告"字,"祝"即有"告"意,重複字詞較為明顯,傳世本較為簡潔。簡本與傳世本語言使用的差異,可能與文本製作者的生活時代和地域性有關,當然也不可排除與抄書者的知識素養及文化水準有關。

(四)關於簡本與傳世本的句式表達方式

除了簡本與傳世本在句子長短上及內容詳略上存在不少差異外,句子的表達類型也有個別的不同,值得注意。

簡本:爾元孫發也,遘害虐疾,爾毋乃有備子之責在上?惟爾元孫發也,不若旦也,是佞若巧能,多才多藝,能事鬼神。

傳世本:惟爾元孫某,遘厲虐疾;若爾三王,是有丕子之責於天,以旦代某之身。予仁若考能,多材多藝,能事鬼神;乃元孫不若旦多材多藝,不能事鬼神。

簡本的意思表達用一反問句,傳世本則是假設句,兩者句型不同。

簡本：爾之許我，我則晉璧與珪。爾不我許，我乃以璧與珪歸。

傳世本：爾之許我，我其以璧與珪，歸俟爾命，爾不許我，我乃屏璧與珪。

簡本與傳世本乍看似乎相同，但其具體又實則不同。簡本"爾不我許"系倒裝句式。

簡本：秉璧植珪

傳世本：植璧秉珪

兩者均為動賓聯合片語，但動詞有顛倒。

簡本：邦人□□□□弁，大夫綵，以啟金縢之匱。

傳世本：邦人大恐，王與大夫盡弁，以啟金縢之書

簡本是啟金縢之"匱"，而傳世本是"書"，其中意味悠長。

簡本：王得周公之所自以為功以代武王之說

傳世本：乃得周公所自以為功代武王之說

簡本比傳世本多主語"周公"以及助詞"之"、"以"，稍顯繁複。

簡本與傳世本句子表達方式及細微用字用詞的不同，很難使人相信兩者是出於同一種母本，其間可能經過了不斷的傳流、修改，屬於不同的版本流傳系統。

(五) 關於簡本與傳世本內容有無區別

簡本與傳世本不僅在句式方面有別，而且簡本中有一些傳世本不見的內容，也有傳世本中有的內容，而簡本中則沒有。兩者進行對讀理解，十分必要。其詳如下：

簡本有"成王猶幼在位"而傳世本無；傳世本有"四方之民，罔不祗畏。嗚呼！無墜天之降寶命，我先王亦永有依歸。今我即命於元龜"而簡本無；傳世本有"乃卜三龜，一習吉。啟籥見書，乃並是吉。公曰：'體，王其罔害；予小子新命於三王，惟永終是圖。茲攸俟，能念予一人。'"而簡本無；傳世本有"王翼日乃瘳"，而簡本無。

當然還有一些句式和內容簡略不同，亦一並列舉如下：

簡本：王乃出逆公至郊

傳世本：王出郊
簡本：於後，周公乃遺王詩曰《雕鴞》，王亦未逆公
傳世本：於後，公乃為詩以貽王，名之曰："《鴟鴞》"；王亦未敢誚公。
傳世本：歲則大熟。
簡本：天疾風以雷，禾斯偃，大木斯拔。
傳世本：天大雷電以風，禾盡偃，大木斯拔
可見，簡本對其參照內容有所擴寫、改寫、壓縮等。

(六)關於句類和句型問題的比較

句類主要有陳述句、疑問句、反問句、祈使句、感歎句等幾種，這在簡本與傳世本中都可以找到。其中兩種文本中陳述句最多，其次祈使句、感歎句、疑問句均有所體現。由於上文句子對讀中有不少陳述句的用例情況，下面主要分析兩種文本中所見其他句類。

對於反問句，簡本："爾毋乃有備子之責在上？"傳世本則作假設句"若爾三王是有丕子之責於天"

對於祈使句，簡本有"勿敢言！"傳世本有"其勿穆卜！"

對於感歎句，傳世本有"信，噫！公命我勿敢言。"簡本完全相同

對於感歎句又是祈使句，"嗚呼！無墜天之降寶命，我先王亦永有依歸。"簡本在此未有載錄。

句型主要有敘述句、描寫句、判斷句等，在簡本和傳世本均有體現。其中敘述句最多，我們在此主要分析描寫句和判斷句。

簡本與傳世本《金縢》雖則屬於書類性質檔案文獻，但許多重要歷史內容和政治思想觀念的表達通常是通過文學故事的形式來展現的。其中就不乏有人物之間的對話以及對事物的描述和看法。因此，兩種文本中的判斷句（對人和事物的看法）是比較多的。然而，其中也有一些描寫句，增強了故事情節的形象力和文學性。如在簡本與傳世本中關於天象情況的描述句：

簡本：是歲也，秋大熟，未獲。天疾風以雷，禾斯偃，大木斯拔。
傳世本：秋，大熟，未獲，天大雷電以風，禾盡偃，大木斯拔。

又，簡本：王乃出逆公至郊。是夕，天反風，禾斯起，凡大木之所拔，二公命邦人盡複築之。歲大有年，秋則大獲。

傳世本：王出郊，天乃雨，反風，禾則盡起。二公命邦人，凡大木所偃，盡起而築之，歲則大熟。

以上描述句簡本和傳世本均有不同呈現，對年歲、季節、莊稼收成、天象風雨雷電、禾苗、大樹的描述可謂惟妙惟肖，反映了文本作者的嫺熟寫作技巧和功力，但在簡本與傳世本中，個別字詞使用等細微不同則另當別論。另外，兩種文本中還出現了被動句如：

傳本：乃命於帝廷；今我即命於元龜；予小子新命於三王

簡本：命於帝廷

很明顯，以上出現的"命"均為"受命"之意，在此都表示被動的意義。因此，簡本與傳世本中描述句是非常吸引人眼球的。

至於判斷句，我們亦可在其中發現，如傳世本中："乃元孫不若旦多材多藝，不能事鬼神"、"乃並是吉"、"王翼日乃瘳"等。簡本中沒有後兩個判斷句，但有"惟爾元孫發也，不若旦也"類似傳世本的說法。簡本和傳世本都有的典型判斷句要數"公將不利於孺子"了。當然簡本載錄的"成王猶幼在位"不見傳世本，是一個重要的異文，這就從出土文獻中直接證明成王在位，年齡確實不大的說法。

三、《金縢》簡本與傳世本語用比較分析

（一）兩者所涉主要時間詞、方位詞、序數詞及計數短語、聯合短語、同位短語、連體短語分析

簡本與傳世本在使用時間詞、方位詞、序數詞及計數短語上甚為明顯，也很重要。其詳細情況請見表6及表7的統計結果。我們可以發現兩種文本在使用這些詞上，既有相同的內容，也不乏差異之處。而兩者

相異的地方尤其值得我們進行具體分析。如在時間副詞使用上,表示將來或過去事情的"將"與"昔"完全相同,但在另一些時間副詞上則不同,或存在模糊與清楚、偏好與習慣之分別,如簡本用"既克殷",傳世本用"既克商","殷"與"商"當存有細微差別;又如簡本用"就後",傳世本對應處用"既",簡本用"於後",傳世本用"翼日"在時間上確實有模糊與清楚之別。值得注意的是,簡本用了兩個非常清楚的時間副詞,似乎解決了傳世本在周公東征後是否在世的問題,在簡本作者看來,是否迎接周公東征回歸都城這一事件發生的時間是十分清楚的,不僅用了"是歲",而且用了"是夕",周公與成王叔侄之間的事蹟或故事情節有明確的時間鏈。然而,這在傳世本中,對於上述兩個時間鏈條是缺失的,簡本給我們研究相關歷史問題提供了重要線索,這使我們進一步思考周公與成王之間由猜忌到釋疑是否經過了傳世本所講的好幾年的時間?簡本給我們的資訊,反過來,使我們質疑簡本為何恰好解決了兩千年來未解決的問題,我們不能放棄這方面的思考。

表 6　簡本與傳世本中時間副詞使用異同比較

時間副詞 版本類別								
簡本	既克殷	就後	今	於後	是歲	是夕	將	昔
傳世本	既克商	既	今	翼日	0	0	將	昔

再來看表 7 對簡本與傳世本方位詞和數詞的頻率統計,我們發現數詞一、二、三、四在兩種文本中均有出現,但"二"在傳世本中遠多於簡本的頻率,是其兩倍。另方位詞的使用,"南"、"東"兩種文本具見,傳世本多用一方位詞"北",簡本不見,對於表示方向的"反",都是表示風的方向逆轉之意。計數短語在兩者中也可發現,如"溥有四方"之"四方"這是很常見的用法,又"既克殷三年"與"既克商二年"、"宅東三年"與"居東二年",簡本與傳世本在記載上截然不同,這可以為我們研究周初歷史懸案提供有價值的線索。同時,在簡本與傳世本中多次出現"二

公",學者多認為是指太公與召公,乃至古籍中習稱的三公當於此記載有關,二公加上周公即為周初三公,三公之稱號當產生在簡本與傳世本流傳之後,後來成為朝廷的重要官僚,這應是後來的事情。

表7　簡本與傳世本中數詞出現頻率統計

數詞 版本	一	二	三	四
簡本	1	3	3	1
傳世本	2	6	4	1

最後對幾種出現的常見短語進行分析。聯合短語在兩種文本中出現較多,比較典型的是周公自稱"仁若(而)考"、"佞若(而)巧"、"多材多藝"、"植璧秉珪"、"秉璧植珪"至於連體短語使用情況我們僅發現一例,即傳世本中有一例:"植璧秉珪,乃告太王、王季、文王。"太王、王季、文王是按照時間早晚排列,是有序的連體短語,不能改換位置。太王、王季、文王正是傳世本中的"三王",簡本中的"先王",簡本在這一稱呼上似乎未像傳世本那麼用法豐富。

對於同位短語,簡本與傳世本均保留著,一是"未可戚吾先王",一是"未可戚我先王"。吾先王、我先王均為同位語短語。再者,兩種文本中出現的"爾元孫某"、"若爾三王"、"爾元孫發"、"我邦家禮"與"我國家禮"也是很典型的同位短語。

傳世本兩見"邦人",一是"邦人大恐",一是"命邦人";"國"字僅見"我國家禮",與簡本用例不同。簡本"邦"字四見,除了傳世本兩"邦人"外,還有"流言於邦"、"我邦家禮"兩處。是簡本無"國"字用例,傳世本有一處"國"字用例,而簡本與傳世本"邦"字互見,只是使用頻率及偏好不同。

經過以上分析可以看出,簡本與傳世本在語用上相似處甚多,但其中又有個別細微差別,這也許是暗示我們這兩種文本是有一定聯繫的,但又不全像是彼此抄襲的。在戰國中期之前的那一段時間流傳中,《金

《滕》的母本究竟是什麼樣子,已經很難以弄明白了,今日得益於簡本與傳世本的互讀也許對我們有所啟發。

(二)兩者所涉語序變異、話語重複、羨餘成分、語義變化

下面逐一對簡本與傳世本的語序變異、話語重複、羨餘成分、語義變化基本情況列舉如下：

關於語序變異

簡本：爾毋乃有備子之責在上,惟爾元孫發也,不若旦也,是佞若巧能,多才多藝,能事鬼神。

傳世本：若爾三王,是有丕子之責於天,以旦代某之身。予仁若考能,多材多藝,能事鬼神；乃元孫不若旦多材多藝,不能事鬼神。

簡本：爾之許我,我則晉璧與珪。爾不我許,我乃以璧與珪歸。

傳世本：爾之許我,我其以璧與珪,歸俟爾命,爾不許我,我乃屏璧與珪。

簡本：周公乃納其所為功自以代王之說於金縢之匱（簡本篇題：周武王有疾周公所自以代王之志）

傳本：公歸,乃納冊於金縢之匱中

關於話語重複

簡本：1. 武王既克殷三年,王不豫有遲。
　　　2. 二公告周公曰："我其為王穆卜。"
　　　3. 史乃冊祝告先王曰；
　　　4. 王得周公之所自以為功以代武王之說。
　　　5. 歲大有年,秋則大獲。

傳本：1. 既克商二年,王有疾,弗豫。
　　　2. 二公曰："我其為王穆卜。"
　　　3. 史乃冊祝曰
　　　4. 乃得周公所自以為功代武王之說。
　　　5. 歲則大熟

關於羨餘成分

"羡餘"是指語言形式超過了索緒爾"線條型理論"的一種語形相對於語義有所剩餘的語言現象①。羡餘現象是語言的内部機制之一,在古籍中以單音詞為主,雖然較少涉及羡餘問題,但我們經過細緻分析,依然可以對《金縢》簡本和傳世本的羡餘現象做一些嘗試性研究。稱謂詞同義複用造成的羡餘現象。在兩種文本中,稱謂詞同義複用造成的羡餘是單音詞加雙音詞的組合形式。其主要包括人稱代詞加稱謂詞的羡餘。人稱代詞具有明顯的指向性,複指其後面的稱謂詞,稱謂詞相對前面的人稱代詞羡餘。如在簡本和傳世本中主要有:

簡本:吾先王;爾元孫發(2);爾子孫;余沖人(2);我邦家禮

傳世本:我先王(2);爾元孫某;爾三王;爾子孫;予小子;予一人;予沖人;朕小子;我國家禮

從以上幾則句例來看,簡本話語包括字詞重複現象較為嚴重,而傳本的語言表達則較為簡潔凝練。從傳本的"既克商二年,王有疾,弗豫"前面驚奇出現"武王"作主語的句子,這在先秦古籍及金文中甚為罕見。這種多餘成分顯然與後面"王"重複,簡文作者似乎在此畫蛇添足。正是由於這個原因,難怪有學者在校釋該文時指出:"克殷者即'王弗豫'之王,'既克殷'前不必有'武王',今本長,簡書'武王'二字當是後人所增。"②

最後,我們在上文分析基礎上,進行總結,重新申論關於簡本與傳世本《金縢》語法研究的幾點認識:

(1)簡本與傳世本均存在古今字、異體字、通假字用例現象。簡本基本上使用古字較多,而傳世本使用今字則較為常見,少用古字;簡本使用古字,傳世本使用今字,說明了簡本較多保留了古書的文本面貌,傳世本在歷史傳流過程中不可避免地受到了人為改寫。

(2)簡本與傳世本在語言表達各具特色。簡本語言的表達,在句子成分上較為重複、甚至有冗贅之感。簡本話語包括字詞重複現象較為

---

①楊明義《漢語連謂結構中的羡餘現象初探》,《漢語學習》1998年第4期,第22—24頁。
②黃懷信《清華簡〈金縢〉校讀》,《古籍整理研究學刊》2011年第3期。

嚴重，而傳本的語言表達則較為簡潔凝練。在簡本與傳世本中多次出現"二公"，學者多認為是指太公與召公，乃至古籍中習稱的"三公"當於此記載有關，二公加上周公即為周初三公，三公之稱號當產生在簡本與傳世本流傳之後。簡本並不是珍藏於地下的母本（原始本），它同樣經過了文本的改動。它在埋入地下之前經過了抄寫者的改動即寫（抄）書、引書時的添加與刪減。簡本在實詞和虛詞用法上諸多差異，說明簡本《金縢》是流傳於南方楚國地域的版本之一。

（3）簡本《金縢》中出現 3 次語氣助詞"也"，而這種情況在傳世本《金縢》中不曾看到。根據清華簡的年代下限戰國中期偏晚的科學測定，結合《詩經》出現'也'字用例情況，初步可以判斷簡本《金縢》抄寫年代介於兩者之間即春秋末期。諸多跡象表明，很有可能係抄寫這批竹簡的人（楚國書手）根據一種更早的本子進行了句讀的添加和內容的稍微改動（如簡本無周公占卜的內容），以改寫成便於時人閱讀的樣式。

（4）傳世本中明顯有避諱的用法，可能反映了這種文本的製作時代。在簡本中周公並不避諱直稱武王的名字。楚國人抄寫簡文未顧忌避諱用法，反映當時尚無此種用法習慣。

（5）在虛詞用法上，比較典型的是簡本有助詞"也"用例，而傳世本則無。在實詞用法上，值得注意的是簡本存在第一人稱代詞"吾"用例，而傳世本對應處則作"我"；又簡本一概用"余一人"王者自稱，傳世本則作"予一人"；簡本直稱武王"元孫發"，傳世本則諱稱"元孫某"。簡本的製作年代當在春秋末期之前。

（6）簡本與傳世本內容大都有相對應的句子，句子的長短詳略並不完全相同，尤其是個別用字或用詞。除簡本與傳世本在句子長短上及內容詳略上存在不少差異外，句子的表達類型也有個別的不同。可見，簡本和傳世本屬於兩種不同的文字寫作風格，反映了不同地域的語言文化特點。

（7）簡本中有一些傳世本不見的內容，也有傳世本中有的內容，而簡本中則沒有。如果排除漏抄的可能，這一點反映了簡本抄寫者的思想觀念取向與傳世本的意旨有所不同。

（8）簡本與傳世本《金縢》雖則屬於書類性質檔案文獻,但許多重要歷史內容和政治思想觀念的表述通常是通過文學故事的形式來展現的。

（9）簡本與傳世本在語用上相似處甚多,但其中又有個別細微差別,這也許暗示我們這兩種文本是有一定聯繫的,但又不全像是對傳世本的抄寫,而更像是改編。總之,簡本的製作時代要晚於傳世本。兩者存在版本上的源流關係。只是語言風格和思想傾向有所變化。簡本與傳世本有並存於世的可能,如春秋時期至戰國晚期這段時間,也有在不同地域分別流傳的可能。這兩種版本可能在不同的地域如魯國、楚國分別流傳。傳世本的流傳世間較長,期間經過不斷變化。而簡本隨墓主人埋入地下,則從此僅傳世本流行於世。

（10）兩種文本存在以上差異的原因,一是兩者製作時代的不同使然;二是兩者的抄寫者來自於不同的文化地域;三是雖然簡本在戰國中期之前抄寫的,但其中沿襲了不少這個時代之前的用詞習慣,傳世本的母本雖然也很早,但一直經過了秦漢時期乃至後人的不斷解讀或改動;四是傳世本在長時間流傳中,其中也有未經解讀和改動的內容。

當然,本文對清華簡《金縢》與傳世本的語法的研究由於個人精力及學力的原因,還是初步的。因此,其中論述可能有不少是粗淺的甚至謬誤的。我們之所以開展簡本與傳世本《金縢》的比讀研究,試圖為今後深入對清華簡《程寤》、《皇門》等出土文獻與傳世本《尚書》或《逸周書》書類性質傳世文獻的比較研究奠定一個基礎,並為學界高水準的研究成果湧現拋磚引玉,以盡綿薄之力。

附錄

簡本與傳世本《金縢》（阮刻本《十三經注疏》,中華書局影音本）

傳世本　既克商二年,王有疾,弗豫。二公曰:"我其為王穆卜。"周公曰:"未可以戚我先王。"公乃自以為功,為三壇同墠。為壇於南方,北面周公立焉；植璧秉珪，乃告太王、王季、文王。史乃冊祝曰："惟爾元孫某，遘厲虐疾；若爾三王，是有丕子之責於天，以旦代某之身。予仁若考能，多材多藝，能事鬼神；乃元孫不若旦多材多藝，不能事鬼神。乃命於帝庭，敷祐四方，用能定爾子孫於下地；四方之民，罔不祇畏。嗚呼！無墜天之降寶命，我先王亦永有依歸。今我即命於元龜，爾之許我，我其以璧與珪，歸俟爾命，爾不許我，我乃屏璧與珪。"乃卜三龜，一習吉。啟籥見書，乃並是吉。公曰："體，王其罔害；予小子新命於三王，惟永終是圖。茲攸俟，能念予一人。"公歸，乃納冊於金縢之匱中。王翼日乃瘳。

武王既喪，管叔及其群弟乃流言於國，曰："公將不利於孺子。"周公乃告二公曰："我之弗辟，我無以告我先王。"周公居東二年，則罪人斯得。於後，公乃為詩以貽王，名之曰："《鴟鴞》"；王亦未敢誚公。

秋，大熟，未獲，天大雷電以風，禾盡偃，大木斯拔；邦人大恐，王與大夫盡弁，以啟金縢之書，乃得周公所自以為功代武王之說。二公及王乃問諸史與百執事。對曰："信。噫！公命我勿敢言。"王執書以泣，曰："其勿穆卜。昔公勤勞王家，惟予沖人弗及知；今天動威，以彰周公之德；惟朕小子其新逆，我國家禮亦宜之。"

王出郊，天乃雨，反風，禾則盡起。二公命邦人，凡大木所偃，盡起而築之，歲則大熟。

（傳世本合計字數 476 個）

簡本　武王既克殷三年，王不豫有遲。二公告周公曰："我其為王穆卜。"周公曰："未可以慼吾先王。"周公乃為三壇同墠，為一壇於南方，周公立焉，秉璧植珪。史乃冊祝告先王曰："爾元孫發也，遘害虐疾，爾毋乃有備子之責在上，惟爾元孫發也，不若旦也，是佞若巧能，多才多藝，能事鬼神。命於帝廷，溥有四方，以定爾子孫於下地。爾之許我，我則晉璧與珪。爾不我許，我乃以璧與珪歸。"周公乃納其所為功自以代王之說於金縢之匱，乃命執事人曰："勿敢言。"

就後武王陟，成王猶幼在位，管叔及其群兄弟乃流言於邦曰："公將不利於孺子。"周公乃告二公曰:"我之□□□□①亡以復見於先王。"周公宅東三年,禍人乃斯得,於後周公乃遺王詩曰《雕鴞》,王亦未逆公。

是歲也,秋大熟,未獲。天疾風以雷,禾斯偃,大木斯拔。邦人□□□□弁,大夫綵,以啟金縢之匱。王得周公之所自以為功以代武王之說。王問執事人,曰:"信。噫,公命我勿敢言。"王布書以泣,曰:"昔公勤勞王家,惟余沖人亦弗及知,今皇天動威,以章公德,惟余沖人其親逆公,我邦家禮亦宜之。"

王乃出逆公至郊。是夕,天反風,禾斯起,凡大木之所拔,二公命邦人盡復築之。歲大有年,秋則大獲。

(包括原簡字跡磨滅、殘泐 8 字,共 396 字)

---

① 此殘缺四字據傳世本《尚書·金縢》補為"弗辟,我乃(則)",參見黃懷信《清華簡〈金縢〉校讀》,《古籍整理研究學刊》2011 年第 3 期。

肩水金關漢簡校讀兩則

胡永鵬①

提　要：肩水金關漢簡的部分釋文存在誤釋、缺釋的情況，另有少數簡牘尚可綴合。文章據原簡圖版、簡文文例等，對簡73EJT10∶210的釋文進行校訂，定該簡年代爲甘露四年。同時，將73EJT24∶597、73EJT24∶599兩殘簡綴合。

關鍵詞：肩水金關；漢簡；校讀

1973年所發掘的肩水金關漢簡的陸續公佈②，爲研究漢代西北邊塞地區的政治、軍事等制度提供了新的材料。其中部分簡牘的內容可與居延漢簡、居延新簡等簡文相聯繫。在此，對簡73EJT10∶210的釋文加以校訂，並對其進行斷代。同時，根據字跡、內容等信息，綴合殘簡73EJT24∶597、73EJT24∶599。

一

□□四年九月己巳朔己巳佐壽敢言之遣守尉史彊上計大守府案所

---

①胡永鵬，吉林大學古籍研究所博士生　吉林長春　130012。
②甘肅簡牘保護研究中心、甘肅省文物考古研究所、甘肅省博物館、中國文化遺產研究院古文獻研究室、中國社會科學院簡帛研究中心編《肩水金關漢簡（壹）》，中西書局，2011年；甘肅簡牘保護研究中心等編《肩水金關漢簡（貳）》，中西書局，2012年；甘肅簡牘博物館等編《肩水金關漢簡（叁）》，中西書局，2013年。

占用馬一匹

　　□謁移過所河津關毋苛留止如律令敢言之

　　□□巳居延令守丞江移過所如律令　／掾安世佐壽□ 73EJT10∶210A

　　□□□令延印

　　□月甲午尉史彊以來　　73EJT10∶210B

釋文中第一個"己"當釋"乙"。該簡上端剝蝕較爲嚴重，但"乙"的字形尚完整，彩色與紅外綫圖版分別作▆、▆。而同簡中"己"字彩色與紅外綫圖版作▆、▆。二字字形並不相同。與本簡中"乙"字寫法相近者如▆（73EJT10∶120A）、▆（73EJT23∶803）等。其中，簡73EJT23∶803中的"乙"亦被誤釋爲"己"。西北漢簡所見的"乙"主要有如下諸形：

▆（255.22+5.18①）　　▆（33.10）　　　▆（EPT27.2②）

▆（73EJT10∶120A）　　▆③　　（73EJT29.115B）　　▆（284.8A）

▆（73EJT3∶109）　　▆（73EJT1∶3）

"己"字則主要作▆（146.44）、▆（73EJT9∶104）等形④，二字的區別較爲明顯。檢《二十史朔閏表》，西漢武帝晚期至東漢光武帝初期，與本簡所載年數及月朔相合者僅有甘露。研究者據原釋文考證該簡的年號爲五鳳⑤，非是。

釋文中的"守"疑當釋"弘"，爲居延令之名。該字圖版作▆，殘損極爲嚴重，不易辨識。"守"字作▆（10.32）、▆（EPW.23）、▆（73EJT3∶31）

---

①此類簡號見中國社會科學院考古研究所編《居延漢簡甲乙編》，中華書局，1980年。以下不再注明。

②此類簡號見甘肅省文物考古研究所等編《居延新簡——甲渠候官》，中華書局，1994年。以下不再注明。

③《肩水金關漢簡（叁）》將該字誤釋作"己"。

④個別字形作▆（EPF22.413A）。

⑤羅見今、關守義《〈肩水金關漢簡（壹）〉紀年簡考釋》，《敦煌研究》2013年第5期；黃艷萍《〈肩水金關漢簡（壹）〉紀年簡校考》，《敦煌研究》2014年第2期。

等形。"弘"字作▨(73EJT6∶81A)、▨(73EJT9∶152A)等形。弘與簡文中的"丞江"共見於五鳳四年簡 73EJT9∶104。居延令弘又見於五鳳四年簡 73EJT23∶772A、73EJT31∶66,甘露二年簡 EPT51.198,甘露二年或三年簡 73EJT6∶81A,甘露四年簡 73EJT9∶111 以及無年號簡 218.1、EPT53.296A 等①。簡 73EJT10∶313A 表明,甘露二年十二月時居延令出缺,由千人屬代理其職。由此可推知,弘至少曾在五鳳四年(前54年)至甘露四年(前50年)之間擔任居延令。其間不知何故曾離職。不過,本簡年代仍在其任職時限内。故將"守"改釋爲"弘",大概沒有什麼問題。此外,釋文中"壽"字之後缺釋的字疑爲衍文。簡背釋文中所謂的"甲"字圖版作▨,應釋作"庚"。

除上舉諸簡之外,甘露四年簡 73EJT9∶62A 亦與居延令弘有關。該簡背面有金關的官吏在收到此文書時所做的記録"居令延印"②。據此可知,正面的簡文中當有"居延令"等字。原釋文第三行缺釋之字中有兩字的圖版分别作▨、▨。前者當釋"令",同簡中該字作▨,可相比較;後者應釋"弘",可參看上揭字形。此外,另有部分文字可據紅外綫圖版及文例補出。釋文可作:"甘露四年四月戊寅朔丁酉□□敢言……自言欲爲家私市張掖酒泉郡中與子男猛持牛車一兩……毋官獄征事當得取傳寫移縣道河津關毋苛留止如律令敢言之……令弘□□赦(?)之移過所如律令/掾安世佐親。"從時間方面考慮,該簡年代亦在弘的任期之内。

已刊佈的西北漢簡中尚見多位居延令、丞。隨着金關漢簡的陸續公佈,這方面的資料可能會更加豐富。從現有材料來看,當居延令出缺時,可由都尉屬官千人、騎千人等武職暫時兼任其職。當丞出缺時,可由縣右尉、左尉或都尉府的城倉丞暫時代理其職;丞不在辦公地時(也可能是出缺),可由都尉府的庫嗇夫臨時行其事。掌治民政的居延縣

---

① 參看拙文《肩水金關漢簡校讀札記》,《漢字文化》2015年第3期,頁27—28。
② 藤田勝久《漢代簡牘的文書處理與"發"》,黎明釗編《漢帝國的制度與社會秩序》,牛津大學出版社(香港),2012年,頁216—218。

令、丞可由都尉府屬官代理其職或行其事,這種人事安排方式應與居延縣處於邊郡的軍事要地有關。同時,可能是居延都尉治民的一種體現[①]。系統地整理西北漢簡中與居延縣長吏相關的文書,對於深入探討這一問題具有重要的參考價值。

二

　　☐☐永＝無極天下幸＝甚＝臣豐奴☐　　73EJT24∶597
　　☐☐天覆地載☐　　73EJT24∶599

以上兩簡出自同一探方,寬度基本一致,字跡相同,內容相屬,故可綴合。殘斷處及原釋文所謂的"載"(當釋"戴",二字通用[②])筆畫皆可銜接(參見附圖一、二)。簡 73EJT24∶599 中缺釋之字紅外綫圖版作 ,左上部略殘,中間的筆畫因原簡有一條木絲縱向剝離而稍有缺損。據字形似可釋作"戊",寫法相同且字形完整者如下:

　　 (157.17)　 (EPT48.133)　 (EPF22.42)　 (73EJT31∶54A)

另據史籍中的相關辭例,簡 73EJT24∶597 中的"奴"似爲"駑"字之殘。拼合後的簡文可重新釋讀作:"☐戊,天覆地戴,永永無極,天下幸甚幸甚。臣豐駑☐"

簡文中的"臣"及稱頌之語表明其爲臣下"豐"進呈皇帝的章奏,內容似爲詔書的請詔部分。《漢書》所載名爲"豐"的朝臣有三位:一爲諸葛豐,元帝時任司隸校尉、城門校尉等職,後免爲庶人,"終於家"(事載《諸葛豐傳》);一爲耿豐,哀帝元壽元年(前2)由陳留太守遷少府,"二年

　　[①] 據簡 EPT51.40 等可知,西漢中晚期居延都尉已掌治民事。參見李均明、劉軍《居延漢簡居延都尉與甲渠候人物志》,《文史》1992年第36輯。

　　[②] 此點蒙馮勝君老師提示,謹致謝忱。

爲復土將軍"(事載《百官公卿表》);一爲甄豐,歷西漢成、哀、平三世以王莽居攝秉政時期,官至大司空、太阿、右拂,封廣陽侯。新莽始建國元年(公元 9 年)徙更始將軍,封廣新公。次年因子甄尋僞造符命觸怒王莽而自殺(事載《王莽傳》等)。三者之中,諸葛豐曾上書元帝請辭,奏書有"臣豐駑怯"、"陛下天覆地載,物無不容"之語。但由於未獲元帝批準,該奏疏無法形成詔書。況且請辭之奏章傳至邊郡的可能性較小。《漢書》中關於耿豐的記載較爲簡略,故其事跡難以稽考。甄豐爲西漢末期、新莽初期的重要人物,史書所載較前兩者爲詳。甄豐之名亦屢見於西北漢簡(EPS4T1.11、敦煌漢簡 1108A①、懸泉漢簡Ⅰ90DXT0116S：14②)。由於簡文殘缺較甚,且無其他證據,尚難判定簡文中的"豐"爲何者。故存疑待考。

附圖一：彩色圖版

附圖二：紅外綫圖版

附記：小文蒙張顯成、徐富昌、申超、周艷濤等先生指正,謹致謝忱。

---

① 甘肅省文物考古研究所編《敦煌漢簡》,中華書局,1991 年,圖版 104。
② 胡平生、張德芳《敦煌懸泉漢簡釋粹》,上海古籍出版社,2001 年,頁 146。

嶽麓秦簡"毋奪田時令"再探

歐揚

提　要：通過對嶽麓秦簡"毋奪田時令"的分析，認為在秦王政即位前，曾在"故徼"之外設置若干郡，這些郡並不屬於"新地"，其民亦稱"故民"。補充了關於"材官"的出土文獻辭例。根據"毋奪田時令"內容對睡虎地秦簡《田律》"雨為澍"提出新解。

關鍵詞：嶽麓秦簡；秦令；中縣道；秦郡；試射

拙文《嶽麓秦簡"毋奪田時令"探析》將嶽麓秦簡《秦律令》中的一條秦令稱為"毋奪田時令"，並披露令文如下：

0325：·郡及關外黔首有欲入見親、市中縣【道】，【毋】禁錮者殹，許之。入之，十二月復，到其縣，毋後田。田時，縣毋□

0317：入殹。┗而澍不同，┗是吏不以田為事殹。或者以澍種時繇黔首而不顧其時，┗及令所謂春秋

0318：試射者，皆必以春秋閒時殹，今縣或以黔首急耕、┗種、治苗

---

①本文的寫作得到教育部哲學社會科學研究重大攻關項目"嶽麓秦簡與秦代法律制度研究"的資助，項目編號：11JZD013

②歐揚，湖南大學　長沙　410082。

③歐揚：《嶽麓秦簡"毋奪田時令"探析》，《湖南大學學報（社會科學版）》，2015年5月第29卷第3期。下文簡稱其為《探析》。

時,已乃試之,└而亦日春秋試射之

J59:令殹,此非明吏所以用黔首殹。丞相其以制明告郡縣,└及毋令吏

J58:以苛繇奪黔首春夏時,令皆明焉。以為恒。不從令者,貲丞、令、令史、尉、尉史、士□

0717:吏、發弩各二甲。①

《探析》對此令的解讀存在若干問題,諸多前輩不吝賜教,筆者以此文來訂正《探析》存在的錯誤。

一、編連方案的確認

《探析》認為"簡 J59 與其它 5 枚簡的書體不同",為"毋奪田時令"編連方案的最大疑點,若干前輩學者已經提出了對編連方案的疑問。

歐陽強先生認為抄寫簡 J59 的書手就是抄寫其它 5 枚簡的書手,通過對比"以"字等相同字,可見兩者的筆勢與風格吻合,之所以初看書體有差異,主要是因為兩者筆畫的粗細存在差異,這一點很可能是因為筆尖已禿等原因而換筆導致的②。

如果歐陽強先生的觀點能夠成立,那麼簡 J59 與其它 5 枚簡的竹簡形制一致且書手為一人,簡文內容又可以連讀,那麼目前的編連方案就可以確定了③。

---

①陳松長主編:《嶽麓書院藏秦簡(肆)》,上海辭書出版社 2015 年,第 216－218 頁。
②感謝湖南文藝出版社歐陽強先生 2015 年 9 月中旬的當面賜教。
③感謝華東政法大學王捷老師 2015 年 9 月中旬的當面賜教,他指出,形制、書手、內容幾個因素都支持目前的編連方案,極大增加了編連的可信度。

二、"故徼"與"新地"之間的諸郡

《探析》對令文所見"中縣道"等概念的解讀,歸納如下:

	地域	縣道	黔首
"故徼"之內(對應"關中")	內史	"中縣道"	"故黔首"
	隴西郡	"隴西縣道"	
	上郡、北地郡	"郡縣道"	
	漢中郡、蜀郡、巴郡		
"新地"(對應"關外")	"荊新地"所置諸郡		"新黔首"
	新地其它郡		

此表的最大問題在於,"故徼"之內(或稱"關中")和"新地"之間,還存在一個特定的"第三區域"。第一,"故徼"之內的地域,也就是廣義的"關中"概念,是秦惠文王吞併巴、蜀、漢中之後形成的,除了"中縣道"還包括隴西、上、北地、巴、蜀、漢中六郡(下文簡稱為"故徼內六郡")。第二,"新地"是秦王政時期兼併六國的戰爭中新佔據的區域。第三,所謂"第三區域"是秦昭襄王至秦王政即位前,秦國奪自六國而設郡的地域。秦人對這三個區域有清晰的劃分,體現在出土的秦簡牘內容裡。

首先,需要證明"第三區域"的存在。

睡虎地4號秦墓6號木牘有兩處見"新地":

> 聞新地城多空不實者,且令故民有為不如令者實……新地多盜,衷(中)唯毋方行新地,急急急。①

"聞新地城多空不實者,且令故民有為不如令者實。"我們認為此處

---

① 釋文據陳偉主編:《秦簡牘合集(壹)》,武漢大學出版社,2014年,第637頁。

牘文直接抄引秦王政頒佈的一道王命，意為"秦王政聽聞新地的城多有人少空虛不實的情況，命令故民有不如令行為的去充實新地"。這道王命可稱"實新地諸城之命"。楊芬指出"令故民有為不如令者實"可能是秦推行的措施，然而未能說明從"聞"開始的內容直接抄引自王命①。

第一，此王命的時代是統一之前，而不是統一後的制書或詔書，因為其內容有"故民"，而不是統一後改稱的"故黔首"②。嶽麓簡0519有"昭襄王命曰"③，保存了王命的稱謂與格式，我們推定木牘文所引的也是一道王命。《史記·秦始皇本紀》："命為制，令為詔"。王命在統一之後改稱皇帝制書。

第二，其內容有王命的特徵，"聞"意為君王聽聞，"且令"的王命特徵明顯。"不如令"是秦律令術語。

"聞"見里耶秦簡牘："□□御史：聞代人多坐從以穀，其御史往行，□其名□所坐以穀□"④這一王命或制詔的起首也是"聞"字。"聞"是王命、制詔中具有特定功能的語詞，是此類文書的格式語。"聞"字之後接的內容，大致是君王聽聞現實中的一些情況，描述這些情況，並對此現象進行褒貶，指出需要頒行律令等予以規制，因此發佈王命、制書。

第三，"新地城多空不實者"，"城"字在戰國乃至秦代漢初時常用於指縣，《漢書·高五王傳》："齊悼惠王肥……高祖六年立，食七十餘城。"《漢書·高帝紀下》："六年……以膠東、膠西、臨淄、濟北、博陽、城陽郡七十三縣立子肥為齊王。"這一組辭例可證明在漢初，"城"仍然可以指縣，只是在出現"郡"時，一般是"郡縣"並稱。因此"新地城"是指新地的

---

① 楊芬：《出土秦漢書信彙校集注》，武漢大學博士學位論文2010年，第22頁。
② 關於"故黔首"和"新黔首"等稱謂，參見于振波：《秦律令中的"新黔首"與"新地吏"》，《中國史研究》2009年第3期。楊芬認為"故民"指楚地故民，參見楊芬：《出土秦漢書信彙校集注》，武漢大學博士學位論文2010年，第22頁。
③ 參見陳松長：《嶽麓秦簡中的兩條秦二世時期令文》，《文物》2015年第9期。釋文見陳松長主編：《嶽麓書院藏秦簡（肆）》，上海辭書出版社2015年，第209頁。
④ 陳偉主編：《里耶秦簡牘校釋（第一卷）》，武漢大學出版社，2012年1月，第173—174頁。感謝李洪財師兄賜其未刊稿《從人考》，文中對里耶秦簡牘所見的該辭例進行了考釋和分析。

諸縣。"城"字的另一種可能是指城塞防禦設施,然而此處以故民實城的語法搭配並不支持這種可能,因為城塞是以士卒來守衛的,動詞是"守"、"乘"而不是"實",《二年律令·賊律》:"以城邑亭障反,降諸侯,及守乘城亭障"。又里耶秦簡牘等多見"乘城卒"。而故民所實之"城"更有可能指縣,參見《史記·秦始皇本紀》:"徙謫,實之初縣。"同樣是以有罪之人實縣,"初縣"是指新征服地區所設縣,木牘文"新地城"與"初縣"存在相似之處,都是新得之地,都需要人口充實。

作為私人信件的牘文對"實新地諸城之命"的引用是一種特殊的現象,該引用行為具有特殊的功能與意義,值得注意的是牘文的語境是作者的長期從軍征戰。下文對"衷(中)"提出了加署"急急急"的警告,要求他不要遵從前引的秦王"實新地諸城之命",不要"方行新地",即不要前往新地,因為"新地多盜"。此處需要解釋若干疑點。

對"新地多盜",黃盛璋認為:"雲夢秦簡中有關於盜的刑律最多,也足以證明農民階級反抗地主階級的統治已經成為當時社會的普遍矛盾。"①黃認為"盜"是反抗地主階級的農民,具有啟發意義。也許黃的意思是"盜"不僅指"關於盜的刑律"所規制的盜竊類犯罪分子,也指反抗地主的農民武裝。但是,我們認為此處的"盜"是指新地反秦武裝,成員包括一部分故楚國地主階級。秦人習慣以"盜"或"反盜"蔑稱反秦武裝,《史記·秦始皇本紀》:"少府章邯曰:盜已至,眾彊,今發近縣不及矣。……二世益遣長史司馬欣、董翳佐章邯擊盜,殺陳勝城父,破項梁定陶,滅魏咎臨濟。楚地盜名將已死。"此處"楚地盜名將"多為地主階級人物。因此,"新地多盜"是描繪新地抗秦武裝,身在秦軍的木牘文作者深知"盜"尚未被殲,新地局勢動蕩。

"衷(中)唯毋方行新地",對此句的"唯",楊芬認為"表示希望"②,雖然大致可以講通,但還需要進一步解說。

"唯毋"或寫作"唯無",是秦漢時代較為常見的雙音節詞,兩字是不

---

① 轉引自楊芬:《出土秦漢書信彙校集注》,武漢大學博士學位論文 2010 年,第 22 頁。
② 楊芬:《出土秦漢書信彙校集注》,武漢大學博士學位論文 2010 年,第 22 頁。

可分割的,見於《漢書·張良傳》等文獻,"唯毋"在其用作表禁止否定的否定副詞時,所在的句子就是祈使句。"唯毋"用於表禁止否定常見於秦漢律令和公文書,如:

……報,唯毋留,如律令。(居延新簡 EPT51.463)
……辭所,唯亟報,毋留,如律令。(居延漢簡 72.11)①

這兩個辭例屬於同一類格式語,大意為:"須立即回復,不要導致文書滯留。"前者用"唯毋",後者用"毋",可見這兩個詞用作禁止否定時的功能是一樣的。

將方解釋為時間副詞"正在"②,我們不敢苟同。本句是祈使句,如果要使用時間副詞,更精確的說法應該是表"現今",而不是表"正在","現今不要出行"可通,而"不要正在出行"是不符合常理的。其實一般的祈使句並不需要加時間副詞,我們認為方通旁,旁行意為出行,《漢書·地理志上》:"昔在黃帝,作舟車以濟不通,旁行天下。"顏注:"旁行,謂四出而行之。"

對本文來說,這一材料值得注意的是,牘文要求居於南郡的"衷(中)"不要前往新地,可見南郡不是新地。南郡屬於本文所謂的"第三區域"。"實新地諸城之命"令"故民"前往實新地諸縣,牘文作者接下來的警告說明南郡的"衷(中)"屬於"故民"。《探析》一文認為"故黔首"指"故徼"之內的黔首,和新地黔首"新黔首"相對,這一觀點是錯誤的。本文所謂"第三區域"的黔首也屬於"故黔首"。

其次,"第三區域"包含哪些地區需要確定大致的範圍。本文認為"第三區域"可大致對應秦律所見的"十二郡"中設置於函谷關以東的諸郡。

睡虎地秦簡《秦律十八種》:

---

① 兩處辭例轉引自田佳鷺:《西北屯戍漢簡副詞連用考察》,《簡帛語言文字研究》第七輯,巴蜀書社,2015年,第 272、273 頁。
② 此觀點見謝小麗:《基於認知語言學的秦簡時間副詞研究》,《簡帛語言文字研究》第七輯,巴蜀書社,2015年,第 239 頁。

縣、都官、十二郡免除吏及佐、𠏌官屬，以十二月朔日免除，盡三月而止之。其有死亡及故有夬（缺）者，為補之，毋須時。置吏律①

這一條並舉"縣、都官、十二郡"，這裡劃分三種官署，此處"縣"與"十二郡"並列，可見沒有統屬關係，此"縣"即是"毋奪田時令"所見由中央直轄的"中縣"。

"十二郡"出現於《置吏律》中，可見"十二郡"是律令中對特定地區的固定稱謂。律文是相對穩定的，對基本內容的修訂不會特別頻繁，可見"十二郡"這個郡數維持了一段不是很短的時期。考察"十二郡"的年代和成因，以往學界討論該問題，多聚焦在考證秦初置第十二個郡的年份，該年份學界有多種說法②。本文認為"十二郡"的年代下限在秦王政即位時，而秦王政發動的統一六國的戰爭所兼併的土地，統稱為新地。"十二郡"並不是在秦初置第十二個郡之後自然成為律令的固定稱謂的，設郡數字有增也有可能有減，"十二郡"的形成年代和秦初置第十二個郡的年份不一定吻合。

《史記·秦始皇本紀》：

政代立為秦王。當是之時，秦地已並巴、蜀、漢中，越宛有郢，置南郡矣；北收上郡以東，有河東、太原、上黨郡；東至滎陽，滅二周，置三川郡。

引文大致描繪了秦王政初即位時的疆域，然而並未窮舉當時的秦郡。第一，"故徼"內六郡列舉了巴、蜀、漢中和上郡四郡，卻沒有提到已經設置的北地郡和隴西郡，見《史記·匈奴列傳》："秦昭王時……遂起兵伐殘義渠。於是秦有隴西、北地、上郡，築長城以拒胡。"第二，"故徼"之外，是以"宛"來指代昭襄王時期設置的南陽郡，宛縣是南陽郡治所所

---

①嶽麓書院魏明碩士指點，同一律文亦見嶽麓秦簡的簡1227，簡J43："置吏律曰：縣、都官、郡免除吏及佐、𠏌官屬，以十二月朔日免除，盡三月而止之。其有死亡及故有缺者，為補之，毋須時。"魏明指出嶽麓秦簡"郡"前沒有"十二"，可能是時代較睡虎地秦簡晚的關係。釋文見陳松長主編《嶽麓書院藏秦簡（肆）》，上海辭書出版社，2015年，第141頁。

②參見陳偉主編：《秦簡牘合集（壹上）》，武漢大學出版社2014年，第135頁。

在縣，以治所所在縣指代郡，是本段引文所見的現象。南陽郡設置年代見《史記·秦本紀》："（昭襄王）三十五年……初置南陽郡。"第三，"故徼"之外，完全是故楚地的郡，引文提到南郡，卻沒有提到秦封泥所見的"巫黔郡"或傳世文獻所見"黔中郡"，見《史記·秦本紀》："（昭襄王）三十年……蜀守若伐楚，取巫郡及江南，為黔中郡。"第四，有一些存疑的郡。如河內在長平之戰時至少部分屬秦，但傳世文獻沒有明言秦昭襄王設河內郡。《史記·白起列傳》："王自之河內，賜民爵各一級，發年十五以上悉詣長平。"

這樣，結合引文提到的"故徼"之內四郡，加北地、隴西二郡，"故徼"之內一共六郡。"故徼"之外，引文提到了"宛"（指南陽郡）、南郡、河東郡、太原郡、上黨郡、三川郡。加上巫黔郡（黔中郡），粗略計算已有十三郡。也就是說，莊襄王末年，秦的設郡數字已經突破了十二，然而郡的設置有增有廢，其中巫黔郡（黔中郡）等地，秦楚有數次拉鋸戰，因此暫時不能給出準確的設郡年表。

前文推定秦莊襄王時期形成"十二郡"，並在接下來一段不短的時期內穩定下來。這一點可以和秦莊襄王以及秦王政即位之初的相國呂不韋形成聯繫。第一，十二這個數字具有意義，秦的設郡數目確實在不斷增加，但"十二郡"進入律令，並不是偶然。因為十二這個數字具有一定的意義。《春秋左傳·哀公七年》："周之王也，制禮上物不過十二，以為天之大數也。"秦人對十二這個數字也很重視，秦公簋等金文將秦的先公稱為"十又二公"。第二，呂不韋和十二這個數字具有緊密的聯繫，《史記·呂不韋列傳》："呂不韋乃使其客人人著所聞，集論以為八覽、六論、十二紀，二十餘萬言。"《呂氏春秋》的結構是以"十二紀"為基礎的。第三，秦所佔地域進行統籌規劃，其中對郡有增設，也可能存在廢置郡以及合併郡的情況，"十二郡"體系的規劃者很可能是掌握秦國政權的呂不韋。第四，"十二郡"大致是"故徼內六郡"和函谷關外六郡，這種以故徼為界的郡數對稱，很可能是刻意規劃的結果。

可提供參照的是秦統一之初的三十六郡，這個數字同樣是故意為之，是秦始皇對統一之後的地域進行統籌規劃的結果，這三十六郡統籌規劃的濫觴應該就是呂不韋的十二郡規劃。另外,秦的統一打破了十二郡體系,而統一之後秦開拓胡越又打破了三十六郡體系,十二郡體系和三十六郡體系都因為秦的擴張而放棄。有一個值得考慮的問題,即秦始皇放棄三十六郡體系之後,新的規劃在三十六郡的基礎上增加的郡數是以六為倍數,還是以十二為倍數。

可以肯定,秦王政即位時,秦"故徼"之外的郡有上文所言的南陽郡、南郡、河東郡、太原郡、上黨郡、三川郡、巫黔郡等。這些郡不屬"故徼"之內的"關中"地區,也並非是秦王政時期統一戰爭時兼併的"新地"。屬前文所謂的"第三區域"。

根據以上討論,對本節起首的簡表,修正如下:

	地域	縣道	黔首
"故徼"之內(對應"關中")	內史	"中縣道"	"故黔首"(統一前稱"故民")
	隴西郡	"隴西縣道"	
	上郡、北地郡	"郡縣道"	
	漢中郡、蜀郡、巴郡		
秦王政即位前設置的"故徼"之外諸郡	南陽郡、南郡、河東郡、太原郡、上黨郡、三川郡、巫黔郡等		
"新地"(秦王政時期兼併的地域)	"荊新地"所置諸郡		"新黔首"
	新地其它郡		

三、材官秦簡辭例補充

《探析》分析了傳世文獻中的"材官蹶張"和"材官引強":

文獻見材官蹶張,整理者注所引《史記·張丞相列傳》,裴駰

《集解》引如淳曰:"材官之多力,能腳踏強弩張之,故曰蹶張。律有蹶張士。"《史記·絳侯周勃世家》見"材官引強",《集解》:"駰案,漢書音義曰:能引強弓官,如今挽強司馬也。"以上兩類材官的名目都和弓弩射擊有關,我們認為並非偶然,材官以弓弩為武器,就有必要參加射術的演練和考核。

其實睡虎地秦簡《秦律雜抄》就有相關的內容:

輕車、趀張、引強、中卒所載傅〈傳〉到軍,縣勿奪。奪中卒傅,令、尉貲各二甲。

整理者注:"趀(音坼)張,用腳踏張的硬弩,《說文》:'漢令曰:趀張百人。'古書也寫作蹶張,《漢書·申屠嘉傳》注:'弩,以手張者曰擘張,以足蹋者曰蹶張。'引強,開張強弓,《史記·絳侯世家》:'常為材官引彊(強)。'"整理者將"趀張"和"引強"分別對應傳世文獻所見的"材官蹶張"和"材官引強"。

其實《秦律雜抄》此處的"輕車"在傳世文獻中常與"材官"並舉,見《漢書·霍光傳》:"發材官輕車北軍五校士軍陳至茂陵,以送其葬。"《後漢書·光武帝紀下》:"今國有眾軍,並多精勇,宜且罷輕車、騎士、材官、樓船士及軍假吏。"注:"《漢官儀》曰:高祖命天下郡國選能引關蹶張,材力武猛者,以為輕車、騎士、材官、樓船,常以立秋後講肄課試,各有員數。平地用車騎,山阻用材官,水泉用樓船。"

所以《秦律雜抄》此條列舉的是輕車、材官趀張、材官引強以及中卒。被徵發為材官的黔首必須參加春秋試射。

四、睡虎地秦簡《田律》"雨為澍"釋義補正

嶽麓秦簡所見秦"毋奪田時令"有"澍種時",指播種穀物的田時,"澍種時"簡稱"種時"見嶽麓簡0318:

  今縣或以黔首急耕、種、治苗時已乃試之。

播種作業稱"澍",見嶽麓簡0317:

  而澍不同,是吏不以田為事殹。①

其他出土文獻有關於"澍"的内容。

播種稱"澍"見睡虎地秦簡《日書甲種》一二四正三:

  未不可以澍(樹)木,木長,澍(樹)者死。

整理者讀"澍"為"樹"。《原本玉篇殘卷·水部》:"澍,時雨,所以樹生萬物者也。"段玉裁《說文解字注》認為:"樹、澍以疊韻為訓。"澍、樹音通,都可用作種植之義。《呂氏春秋·任地》:"而樹麻與菽",高誘注:"樹,種也。"

農夫播種穀物稱"澍",雨水催生草木也稱"澍"。睡虎地秦簡《秦律十八種·田律》第一簡:

  雨為澍〈澍〉,及誘(秀)粟,輒以書言澍〈澍〉稼、誘(秀)粟及貇(墾)田暘毋(無)稼者頃數。稼已生後而雨,亦輒言雨少多,所利頃數。

本文認為簡文大意是:"雨為潤澤稼及催使粟生長,立即以文書上言雨潤澤稼田頃數、雨催生粟出頃數以及雨淋到的已墾而無稼的田頃數。稼已生而後下雨,也立即上言雨量多少及其所施利的田頃數。"

首先,律文要求上言降雨促使農作物生長的情況,還規定即使稼生以後的降水也要立即上言,律文所有内容都涉及降雨,將"誘粟"理解為無關降水的農作物生長情況,是不妥的。

其次,"澍"是動詞。整理者注:"澍,及時的雨。"則"雨為澍"的意思是"雨為及時雨",語法不通且表達繁冗。其實,"雨為澍"主語是雨,澍是潤澤之而使之生長的意思。例見《淮南子·泰族訓》:

  春雨之灌萬物也,渾然而流,沛然而施,無地而不澍,無物而不生。

---

① 相關嶽麓秦簡的秦令文内容,見歐揚:《嶽麓秦簡"毋奪田時令"探析》,《湖南大學學報(社會科學版)》,2015年5月第29卷第3期。

可與律文對讀。

再次,"誘粟"之"誘"也是動詞。整理者認為"誘"通"秀",是名詞,引《爾雅·釋草》:"不榮而實者謂之秀。"日本中央大學秦簡講讀會認為:"誘,釋文讀秀,但本譯文仍作誘(使發芽)。"①本文支持此說。律文"雨為澍及誘粟","誘粟"承上省略主語"雨",而律文"輒以書言澍稼、誘粟","澍稼"和"誘粟"同為動賓結構。《禮記·樂記》:"知誘於外",鄭玄注:"誘,猶道也,引也。""誘粟"即指雨導引粟生長。《睡虎地秦簡法律文書集釋》列舉若干學說,其按語贊同睡虎地秦簡整理者觀點,認為"澍"和"誘"是名詞②。

綜上,《秦律十八種·田律》此條規定了上言降水影響農田情況的文書的必要內容,做簡表如下。

	降雨類別	上言的內容
一	稼未生而雨	雨澍〈澍〉稼者頃數
		雨誘(秀)粟者頃數
		雨淋的郎(墾)田暘毋(無)稼者頃數
二	稼已生後而雨	雨少多,所利頃數
三	早〈旱〉及暴風雨、水潦、螽蟲、羣它物傷稼者	自然災害傷稼頃數

"澍種時"之"澍種"是同義複詞,義為播種。此同義複詞可倒裝為"種樹"。如前所述,澍、樹疊韻,而種同種。例見《馬王堆漢墓帛書·經法·論》:

---

① (日)中央大學秦簡講讀會,《〈睡虎地秦墓竹簡〉譯注初稿》,《論究》第 10 卷第 1 期,1978,第 88 頁。轉引自中國政法大學中國法制史基礎史料研讀會,《睡虎地秦簡法律文書集釋(二):〈秦律十八種〉(〈田律〉〈廄苑律〉)》,載於中國政法大學法律古籍整理研究所編,《中國古代法律文獻研究》(第七輯),社會科學文獻出版社,2013 年版,第 84 頁。

② 中國政法大學中國法制史基礎史料研讀會,《睡虎地秦簡法律文書集釋(二):〈秦律十八種〉(〈田律〉〈廄苑律〉)》,載於中國政法大學法律古籍整理研究所編,《中國古代法律文獻研究》(第七輯),社會科學文獻出版社,2013 年版,第 84 頁。

動靜不時,穜(種)樹失地之宜。

尹灣漢墓《集簿》一號木牘背面第六行:

春種樹六十五萬【六千】七百九十四畝多前四萬六千三百廿畝。

王子今教授分析了將《集簿》"春種樹"解釋為春季種植樹木的觀點,指出這與牘文原意不合,漢代人所謂"種樹"是說農作物的種植[①]。以上兩則出土文獻的例證可以和嶽麓簡"澍穜時"互相參照。傳世文獻"種樹"見《史記·周本紀》:"好種樹麻、菽,麻、菽美。"又見《漢書·文帝紀》:"歲勸民種樹",顏注:"樹,謂藝殖也。"

另外,前引嶽麓秦簡所見令文"黔首急耕、穜、治苗時","治苗時"又見睡虎地秦簡《秦律十八種·司空律》第一四四簡:

居貲贖責者歸田農,種時、治苗時各二旬。司空

整理小組譯文將"治苗時"解釋為"管理禾苗的時節"。

《周禮·夏官·大司馬》:

遂以苗田,如蒐之灋,車弊獻禽以享礿。

鄭玄注:

夏田為苗,擇取不孕任者,若治苗,去不秀實者。

鄭注說明了"治苗"是指去除不結子實的農作物的勞作,值得參考。

---

① 王子今:《尹灣〈集簿〉"春種樹"解》,《歷史研究》2001年第1期。

《二年律令》語詞考釋三則

周海鋒

提　要：筆者據嶽麓秦簡《亡律》相關材料將《二年律令·亡律》"軵"字改釋爲"總共、合計"，並論證張家山漢墓竹簡小組將其釋爲"推"欠妥。《二年律令·徭律》四一一號簡文中的"益"當爲"翳"之借字。"翳"指遮蓋物或車蓋之類的東西，或寫作"蘙"，二字爲一對古今字。《二年律令·雜律》"強與人奸者，府（腐）以爲宮隸臣"中出現"宮隸臣"一詞，張家山漢簡整理小組將其釋爲"曾受宮刑之隸臣"。注釋顯然與前文之"府（腐）"重複，腐即處以宮刑。因此，竊以爲此處之"宮"與"內"意思相當。宮中服役之隸臣，未必都曾遭受宮刑。故筆者認爲"宮隸臣"，當釋爲"宮中之隸臣"爲妥。

關鍵詞：二年律令；軵；益；宮隸臣

張家山漢墓竹簡《二年律令》是一批極爲寶貴的出土材料，自刊佈至今，已有許多學者對其進行了廣泛深入的研究，取得了不少可喜的成果。前人之成果爲後續研究提供了極好的借鑒作用，但由於研究方法有異同、所見材料有多寡，對某些問題的看法不甚一致，筆者單就《二年律令》文本中幾個語詞釋讀問題略陳陋見，冀同道不吝賜教。

---

[1] 項目基金：本文爲教育部哲學社會科學研究重大攻關項目"嶽麓秦簡與秦代法律制度研究"（批準號：11JZD013）階段性研究成果之一。
[2] 周海鋒，湖南大學嶽麓書院、出土文獻與中國古代文明研究協同創新中心　長沙 410082。

一、釋"軵"

"軵"見於《二年律令·亡律》中，律文曰："吏民亡，盈卒歲，耐；不盈卒歲，戲（繫）城旦舂；公士、公士妻以上作官府，皆償亡日。其自出殹（也），笞五十。給逋事，皆籍亡日，軵數盈卒歲而得，亦耐之。"

此條律文明白易懂，唯"軵"字不常見，張家山漢墓竹簡整理小組引高誘《淮南子·覽冥》之注，將軵釋為"推"，我們認為不太貼切。軵見於《淮南子·覽冥》："是故質壯輕足者為甲卒，千里之外，家老羸弱，悽愴於內，廝徒馬圉，軵車奉饟，道路遼遠，霜雪亟集，短褐不完，人羸車弊……"高誘注的確將"軵"解釋為"推也"。但從文意很明顯可以看出，推作動詞講，表示推車。軵字在古代常常作推車講，許慎《說文解字》："軵，反推車，令有所付也。"《逸周書·小開》："謀有共軵。"朱右曾《校釋》："軵，推也，言相推以致遠也。"由推又引申為輔助，《易乾坤鑿度》："坤大軵"，鄭玄注："軵者，輔也。"軵亦可作名詞解，《集韻·腫韻》："軵，輕車"，《集韻·遇韻》："軵，車廂外立木，承重較之材。"

很明顯，軵在傳世文獻中的任何一種解釋都不能移用到律文中。律文中的軵當有其特殊的不見於傳世文獻的用法。但由於文獻乏徵，此前不能給出確切的解釋。筆者在整理嶽麓書院藏秦簡時見到以下材料：

2016 隸臣妾免為學子、炊（吹）人，已免而亡，得，及自出，盈三月以為隸臣妾，不 2008 盈三月，笞五十，籍亡日，後復亡，軵盈三月，亦復以為隸臣妾，皆復炊（吹）謳。

2035 臣妾亡不盈三月以下而得，及自出，笞五十，籍亡不盈三月者日數，後復亡，軵數盈 2033 三月以上，得，及自出，亦耐以為隸臣妾，皆復付其官。

以上簡文,2016號與2008號同屬一則律文;2035號與2033為另一組。"斯"在兩則律文中的用法也與《二年律令·亡律》中相同,均與登記逃亡者日數有關。通過比較,"斯"作總共、合計解比較合適。"斯盈三月"即逃亡的總日數為三月。"斯數盈卒歲而得"即逃亡的總日數滿一年後被拘捕。

二、釋"益"

《二年律令·徭律》:"發傳送,縣官車牛不足,令大夫以下有眥(貲)者,以貲共出車牛及益,令其毋(無)眥(貲)者與共出牛食、約、載具。"簡文中的"益"字,整理小組解釋成"疑意為助",鄔文玲先生對以上簡文重新斷句,並將益釋為副詞,表"增加、追加"①。

筆者認為,要對此條簡文做出貼切的解釋,首先要考訂"眥"、"益"、"共"等字的用法。

眥與貲通假,史籍常互用。《史記·張釋之馮唐列傳》:"以眥為騎郎",《漢書·張釋之傳》眥作貲。《史記·司馬相如列傳》:"以貲為郎",《漢書·司馬相如傳》貲作眥。《漢書·佞幸傳》:"及賂遺眥一萬萬",顏師古注:"眥讀與貲同"②。《玉篇》:"貲,財也,貨也。""共"同"供",表供給,典籍常見,此不贅解。

此處"益"位於"及"後面,眾所周知,"及"作為連詞常見於出土簡牘材料之中,連接前後的成分詞性一致、意思相對或相近。"及"前為"車牛",其後必為一名詞,且與車牛相關。益作名詞時,常作利益、好處解,顯然與簡文不符。典籍中"益"與"翳"可通假,如《尚書·舜典》中所載"益",《史記·秦本紀》寫作"柏翳"。又《漢書·地理志》:"秦之先曰柏

---

① 鄔文玲:《張家山漢簡〈二年律令〉釋文補遺》,《簡帛研究二〇〇四》,2005年10月。
② 高亨纂著,董治安整理:《古字通假會典》,齊魯書社1989年版,第584頁。

益",顏師古注:"柏益一號伯翳,蓋翳益聲相近故也。"《後漢書·蔡邕傳》:"昔伯翳綜聲於鳥語",李賢注:"伯翳即秦之先伯益也,能與鳥語,見《史記》。"翳用作動詞時表遮蔽、掩蓋,如《漢書·王莽傳》:"後常翳雲母屏面,非親近莫得見也。"用作名詞時指遮蓋物,如《管子·小匡》:"甲不解壘,兵不解翳,毀無弓,服無矢,寢武事,行文道,以朝天子。"

若將簡文中的益釋為翳之假借字,則文意豁通,合符情理。翳指遮蓋物或車蓋之類的東西。

從睡虎地秦簡可知,牛車亦有車蓋,如《秦律十八種·司空律》載:"官府叚(假)公車牛者□□□叚(假)人所。或私用公車牛,及叚(假)人食牛不善,牛貲(訾);不攻間車,……及不芥(介)車,車蕃(藩)蓋強折列(裂),其主車牛者及吏、官長皆有罪。"

又《秦律十八種·金布律》有一條律文:"凡糞其不可買(賣)而可以為薪及蓋蘙〈翳〉者,用之;毋(無)用,乃燔之。"整理者認為"蘙"字為"翳"之訛字,從字義上理解,可從。然"翳"乃"蘙"之古字,且傳世秦漢典籍中多用"翳"而未見"蘙",所以戰國秦漢時是否有"蘙"字還有待作進一步考察。

綜上所論,我們將此條簡文重新斷句標點如下:"發傳送,縣官車牛不足,令大夫以下有貲(訾)者,以貲共出車牛及益;令其毋貲(訾)者與共出牛食、約載具。""約"在簡文中作動詞用,指"套車",此用法見《戰國策·趙策》:"於是長安君約車百乘,質於齊。"因為乏資者或許無能力供應載具,只能出力幹些套車牽牛之類的活。

三、釋"宮隸臣"

《二年律令·雜律》中出現"宮隸臣"一詞,張家山漢簡整理小組將其釋為"曾受宮刑之隸臣"。蔣非非先生認為秦時處以宮刑之刑徒稱為

"宫隸",即"宫隸臣"之略稱,但是沒有進行任何考證①。上述關於"宫隸臣"性質的斷定值得商榷。筆者認為"宫隸臣",當釋為"宫中之隸臣"為妥。為便於探究,先將簡文抄錄於此:

强與人姦者,府(腐)以為宫隸臣。

將"宫隸臣"釋為"曾受宫刑之隸臣",顯然與前文之"府(腐)"重複,腐即處以宫刑。因此,竊以為此處之"宫"與"内"意思相當。宫中服役之隸臣,未必都曾遭受宫刑。先看來自《睡虎地秦墓竹簡·法律答問》中的數則材料:

可(何)謂"宫均人"? 宫中主循者殹(也)。

可(何)謂"宫更人"? 宫隸有刑,是謂"宫更人"。

可(何)謂"宫狡士"、"外狡士"? 皆主王犬者殹(也)。

"宫均人"、"宫更人"、"宫狡士"三者必有其相同之處,其相同之處不在其均遭受宫刑,而在於其均在宫中服役。若冠以宫便認定其被腐,則特意用"宫隸有刑"來解釋"宫更人"就顯得多餘。又"外狡士"與"宫狡士"相對成文,易曉宫即内也。此外,"宫隸有刑"乃泛指,並不能肯定其特指宫刑。

綜上,"强與人姦者府(腐)以為宫隸臣"一句的句讀宜改為"强與人姦者,府(腐),以為宫隸臣。"即先將强姦犯處以腐刑,然後遣入宫為隸臣。

---

① 蔣非非:《〈史記〉中"隱宫徒刑"應為"隱官、徒刑"及"隱官"原意辨》,《出土文獻研究》(第六輯),上海古籍出版社 2004 年版,第 138 頁。

文王受命與稱王補議
——由清華簡《保訓》談起

祝永新①

提　要：周文王生前受天命稱王與否，是研究商周文獻與歷史難以繞過的問題，歷代以來聚訟已久。事實上，所謂"受命"，並非指文王接受天命而稱王。而是指其中年時嗣爵周侯，晚年時受殷命任諸侯之長，得專征伐。周武王在孟津會盟之後方説自己"知天命"、並"追封三王"、"改正朔"。周文王的性格沉潛慎微，雖不滿殷政，仍堅守"不稱王"的臣節觀念。商紂王則在末期仍認爲文王並未叛殷，並且"天命在己"。此三人的言行是證明文王未曾受天命稱王的重要佐證。《尚書》與《史記》中支持"文王稱王説"的兩處説法並不足信。在史料上，文王"受命稱王"缺乏明顯的詳述，部分文獻中所謂文王受命稱王的簡略語句當爲西周後人的美化，並不能證明此事的真實性。

關鍵詞：周文王；受命稱王；西周史；簡帛文獻

　　清華簡《保訓》篇首云"惟王五十年"，學者多以此爲周文王紀年，據此得出其生前已受命稱王的結論。但實際上，周文王生前是否受命，且稱王做了天子，是歷代研究者聚訟已久的一個難題，情況較爲複雜，今斟酌各家之説，付之再議，拙論見笑於時賢，祈請方家指正。

　　關於文王曾否受命稱王，前輩時賢已著述頗豐，綜合而論，看法主要有以下五種。

---

①祝永新，西南大學文獻研究所　博士生　重慶　400715。

第一種，文王受天命，並且稱王。

該觀點認爲文王生前受天命而稱王。這一說法的根據主要源於《詩》、《書》及西周時期的青銅器銘文。如《尚書·康誥》："天乃大命文王殪戎殷，誕受厥命，越厥邦厥民。"《詩·大雅·文王有聲》："文王受命，有此武功，既伐于崇，作邑于豐。"鄭玄注："受命，受天命而王，天下制立周邦。"①《大盂鼎》："不（丕）顯玟王受天有大令（命）。在珷王嗣玟乍（作）邦。"(2837)②

第二種，文王既受殷命，亦受天命，並且稱王。

該觀點認爲文王受命兩次，先受殷命征諸侯，後受天命稱王伐殷。持此說者主要是清代學者馬驌，其云："云受命者，一受殷命而征諸侯，一受天命而興周。"③清儒陳奐亦首肯此說，並將兩種受命合併爲一種，指殷天子保有天命，故受殷命亦是受天命，其云："文王受命於殷之天子，是即天之命矣。"④

第三種，文王受天命滅商，但未稱王。

黃懷信先生提出此觀點，他認爲文王受命於天，但非稱王之命，只是"受天滅商殺紂之大命"，受命和稱王並非同一件事⑤。

第四種，文王既未受天命，也未稱王，但未具體說明"受命"所指。

該觀點認爲文王既未接受天命，也未稱王。唐代學者梁肅，劉知幾，現代學者王輝先生均持此說。如梁肅云："仲尼稱武王之烈曰：'湯、武革命。'又曰：'武王未受命。'未有父受之而子復'革命'，父爲天子，子云'未受'。"⑥王輝先生云："'惟王五十年'只是戰國時人傳說的周文王

---

① 《毛詩注疏》，上海古籍出版社，2013年版。
② 中國社科院：《殷周金文集成》，中華書局，1984—1994年。後文所引金文凡於引文後加括號，並在括號內標注序號者，皆出自此書。
③ （清）馬驌：《繹史·文王受命》，齊魯書社2001年版，第236頁。
④ （清）陳奐：《詩毛氏傳疏》（下冊卷二十三），商務印書館1933年版，第76頁。
⑤ 黃懷信：《逸周書校補注譯》（修訂本），三秦出版社2006年版，第112頁。
⑥ （唐）梁肅：《西伯受命稱王議》，載周紹良主編《全唐文新編·梁肅》，吉林文史出版社2000年版，第6044頁。

紀年,文王生前並未受天命稱王。"①

第五種,文王僅受殷命擔任方伯,未稱王。

清華大學劉光勝先生持此觀點,他在《由清華簡談文王、周公的兩個問題》一文中說:"文王受天命是古人迷信天帝觀念所致,如果把'受命'解釋爲商紂冊封文王擔任周方伯,那麼鄭玄的解釋與《史記》《逸周書》的矛盾……就迎刃而解了。"②"文王玉環的時代爲西周早期……卻以此爲實錄,得出文王生前已稱王的結論,是不足取的。"③

上述觀點的分歧主要集中在三處,文王受命的次數,受命的內容以及稱王與否。我們總體認同王輝先生及劉光勝先生的觀點(即第四、五種觀點),立足於此並發揮古今各家之說,補充相應材料,基於新的視角對文王受命稱王的問題進行補議。具體看法是:首先,文王終其一生,都未曾稱王。而後,文王生前受命兩次,第一次是嗣爵周侯。第二次是受殷命爲諸侯之長,即方伯,享有代天伐罪的權力。

一

我們首先認爲:文王終其一生,都未曾稱王。這一點可以從文獻中周武王、周文王與商紂王三者的言行整合後可知。下面分別進行論析。

(一)武王自稱"未知天命"再到"知天命"

周武王作爲文王之子和歷史親歷者,其言行是推斷文王是否受天命稱王的重要參攷。從已知的比較明確的武王言行來看,文王生前並未受天命稱王,這些言行主要集中在文王逝世,武王滅商前後。

據《史記》,武王會盟津,諸侯皆曰:"紂可伐。"但這一提議卻遭武王

---

① 王輝:《清華楚簡〈保訓〉"惟王五十年"解》,《考古與文物》2009 年第 6 期,第 70 頁。
② 鄭玄認爲文王自中年起,稱王 50 年。《史記》《逸周書》認爲文王晚年稱王 7 到 9 年。
③ 劉光勝:《由清華簡談文王、周公的兩個問題》,《東嶽論叢》2010 年 5 月第 5 期,第 97 頁。

拒絕，他解釋道："尔未知天命。"①於是率眾返回鎬京。武王說"未知天命"，即是未知天命在誰。這一方面固然是對戰爭的勝負沒有把握，但另一方面，也證明了直到武王盟津觀兵，西周都未曾宣稱接受過天命。武王即位後，周商兩國力量差距已大幅縮小，但武王卻仍然不敢說天命在己，而是稱"未知天命"，那麼，文王在位時，商強周弱，力量差距尚且較大，文王如何敢宣稱受了天命並且大張旗鼓地稱王呢？事關家國存亡，父子卻口號矛盾，這難合情理。

武王何時明確自己"知天命"呢？是在他滅商歸來，舉行祭社大典時。《史記·周本紀》："（武王）曰：'膺更大命，革殷，受天明命。'"大意是我接受上天的明命，革除殷的天命，更迭朝代。在此，武王方正式宣稱自己接受天命，革殷換代，稱天子。這種言行說明他此時"已知天命"，對"天命"的態度與他在盟津會盟時說自己"未知天命"已是截然相反。可見，假若"受天明命"一事確實發生，就只能發生在武王盟津會盟之後，再到攻下朝歌這一段時間，而不是如西周後人所宣稱，發生在早已故去的文王時期。

（二）武王"追封三王"

如果文王未稱王，其王號又從何而來？我們認爲，文王的王號當爲武王克商後所追認。《禮記·大傳》："（武王）追王大王亶父、王季歷、文王昌，不以卑臨尊也。"指明文王的王號是武王克商後所追認，原因是不能"以卑臨尊"②。

還有兩種不同說法。一種認爲"三王"是周公追封的。另一種認爲"太王"和"王季"是文王稱王時追封的。

首先看第一種，這種說法的主要依據在《禮記·中庸》，其云："武王未受命，周公成文武之德，追王太王、王季，上祀先公以天子之禮。"此言

---

① 司馬遷：《史記》，中華書局1982年版，第108頁。
② 所謂"不以卑臨尊"，意爲武王已號天子，周之先君仍以商之侯爵臨於武王之上，於禮不合。故而追王，以求同尊。《禮記·大傳》："追王大王亶父、王季歷、文王昌，不以卑臨尊也。"鄭注："不用諸侯之號臨天子也。"

較不可信,首先,武王受命是歷來公認的事實,《尚書》《春秋左傳》《逸周書》《史記》及歷代史書的意見都是統一的,其次,根據"不以卑臨尊"的原則,對於先君的王號,周公之前的文王、武王恐怕都不會無動於衷,周人無論如何都不會等到周公時代才來追尊二王。《禮記·中庸》這段話,實際是爲了美化周公而寫的。

第二種看法是文王晚年稱王時追尊了"太王"與"王季",這種觀點立足於"詩人道西伯受命稱王",主要依據在《史記·周本紀》。其曰:"西伯蓋即位五十年。其囚羑里,蓋益易之八卦爲六十四卦,詩人道西伯,蓋受命之年稱王而斷虞芮之訟,後十年而崩,諡爲文王。改法度,制正朔矣。追尊古父爲太王,公季爲王季,蓋王瑞自太王興。"

這段話的觀點通篇都是立足於"文王晚年稱王",但對於其是否稱王,司馬遷並沒有明確表明自己的態度,而是說文王晚年稱王是"詩人道",不是自己的看法。司馬遷作《史記》,殷周之事多採於《詩》《書》①,這裡的詩人,極有可能是指《詩》之所言②,此說太史公難以證實卻又無法視而不見,故而雖然存疑,也只好錄爲"詩人道"。並且,短短一段話,司馬遷連用了四個"蓋"字,也足以體現他對這種說法的不自信,按楊樹達《詞詮》:"蓋,傳疑副詞,於所言之事無確信時用之。"③正因司馬遷對文王稱王之事存疑,故而未將這段話寫在對文王的正式記述中,而是在寫完"西伯崩"之後,於武王記事前補敘一筆。而從他通篇稱"西伯"而不稱"文王"來看,其真實態度恐怕也是隱隱趨向於文王晚年並未稱王。

再者,夏商周三代天子稱王立國,皆有時間、地點或事件描述。僅據《史記》,就有如下例子:夏禹立國做天子時,《夏本紀》於:"三年喪畢,禹辭辟舜之子商均於陽城。天下諸侯皆去商均而朝禹。禹於是遂即天子位,南面朝天下,國號曰夏后,姓姒氏。"商湯革夏命做天子,則《殷本

---

① 《史記·殷本紀》:"太史公曰:'余以頌次契之事,自成湯以來,採於《詩》《書》。'"
② 《詩·文王之什·文王有聲》:"文王受命,有此武功,既伐于崇,作邑于豐。"《詩·文王之什·大明》:"有命自天,命此文王。"至於《詩·文王之什·皇矣》所言,無非借上帝語記述文王伐九國之事,其所謂上帝教導文王立國征伐,類於神話,不可爲證。
③ 楊樹達:《詞詮》卷三《蓋》,中華書局 2004 年版,第 89 頁。

紀》云："（湯）還亳，作《湯誥》……湯乃改正朔，易服色，上白，朝會以晝。"周武王滅商稱王，《周本紀》則詳細記錄了他"除道，修社及商紂宫。""百官護衛告拜皇天上帝，言受天明命"等一系列活動。《史記》三代聖賢稱王皆有詳述，唯獨文王稱王僅僅言"詩人道，蓋稱王"而已，難免令人疑雲叢生。而周以後，亦未有關於文王稱王的詳細記錄問世，反倒是言文王未稱王的較多。可見，所謂據《史記》立足的文王晚年稱王說，也並未有明顯的立論基礎。那麽言其晚年追封太王、王季，自然也當存疑了。

事實上，後世學者對於太王等人的追封者，也大都從《禮記・大傳》之說，認爲是周武王而非周文王或周公。

《史記・周本紀》張守節正義："易緯云：'文王受命，改正朔，佈王號於天下。'鄭玄信而用之，言文王稱王，已改正朔佈王號矣。按：天無二日，土無二王，豈殷紂尚存而周稱王哉？若文王自稱王改正朔，則是功業成矣，武王何復得云大勳未集，欲卒父業也？《禮記・大傳》云：'牧之野武王成大事而退，追王太王亶父、王季歷、文王昌。'據此文乃是追王爲王，何得文王自稱王改正朔也？"

（北宋）章衡《編年通載・周》："武王追尊古公爲太王，西伯爲文王。"杜佑《通典・禮三十二・天子追尊祖考妣》中記述三國魏明帝時，司空陳群上書追尊號事，其言："司空陳群等議以爲：'周武追尊太王、王季、文王皆爲王，是時周天子以王爲號，追尊即同，故謂不以卑臨尊也。'"古時，臣子的上書屬於正式文件，有案可查。陳群貴爲司空，自然不會在給皇帝的上書中信口開河，並且，這個上書是經群議的，其中的說法顯然並非陳群個人意見。由此看來，直到三國時期，學界與官方都承認"太王"、"王季"等西周先君是周武王追尊的，並以古例今，進言天子，認爲是比較榮耀的一件事。

綜上所述，《中庸》之言去史實太遠，《史記》之言亦立足不穩，相較之下，我們還是從《禮記・大傳》的說法，認爲武王追封三王的記述是三種說法中較爲可信的一種。

(三)武王"改正朔"

除了"追封三王",武王"改正朔"也是證明文王未受命稱王的又一重要參攷。《禮記·大傳》:"牧之野,既事而退,遂柴於上帝,追王太王、王季、文王。改正朔,殊徽號。"

"改正朔"指帝王廢止舊朝曆法,並頒佈本朝新曆,漢以前帝王易姓受命,必改正朔。夏、殷、周、秦、漢無不如是。《禮記·大傳》:"改正朔,易服色。"孔穎達疏:"改正朔者,正,謂年始;朔,謂月初,言王者得政示從我始,改故用新,隨寅丑子所損也。周子、殷丑,夏寅,是改正也;周半夜、殷雞鳴、夏平旦,是易朔也。"《史記·曆書》:"王者易姓受命,必慎始初,改正朔,易服色,推本天元,順承厥意。"三國(蜀)雍闓《答嚴》:"今天下鼎立,正朔有三。"可見,漢及以前,制立新正朔是建立王朝時新天子必須的工作。

武王滅商後佈告天下,制立西周天子正朔。就證明了過去文王並沒有做這項工作,西周過去所奉的仍然是殷商正朔,至少在名義上仍然是殷商的一個諸侯國。既然文王時期沒有制立西周天子正朔,那麼可見文王在位時也並沒有稱王。否則,他是不得不制立新正朔的。

唐代學者梁肅同樣持此觀點,其在《西伯受命稱王議》中說:"《禮·大傳》稱:'牧之野,既事而退,遂柴於上帝,追王太王、王季、文王。改正朔,殊徽號。'若虞、芮之歲稱王,則不應復追王。王制既行,則不得復云改物。是皆反經者也。"梁肅直言,如若文王在斷虞、芮之訟那一年稱王①,則武王就不應再追尊其爲王,如若文王在過去建立周朝,制定了西周正朔,則武王就不可以再去更改。其言下之意便是,文王昔年並未稱王建立周王朝,否則武王滅商後"改正朔,殊徽號"等工作便是重複的了。

有意見認爲,是文王建立了周王朝正朔,但武王滅商後將其更改了。這種提法可信度不高。眾所周知,武王是出了名的大孝子,包括他

---

① 許多學者據《史記·周本紀》所載,認爲周文王在爲虞芮二君斷訟之年稱王。

在伐紂滅殷時,也是捧著文王木主去的,彰顯其繼承的是文王遺志[1]。西周是宗族制極爲牢固的國家,講究繼志述事,輕易不改先王法度。一朝正朔是國之大制,一般而言只有建立新王朝時才改制。武王至孝,以承文王之志爲本,又無極其特殊的情況,如果文王真的稱王制立了西周正朔,他怎麽會平白無故地去廢除呢?這難合情理,所以武王所廢除的,必然是殷商正朔,而非文王正朔。

(四)文王"沉潛慎微的性格特徵"與"臣節底線"

文王稱王並不符合其性格特徵。文王性格沉潛慎微。從"三公罹難"一事便可說明:九侯、鄂侯,西伯(即文王)同爲紂王三公。紂王殺九侯之女,又殺九侯,鄂侯據理力爭,其"爭强,辯之疾",結果被紂王製成肉乾。而"西伯聞之,竊嘆"[2]。鄂侯見兩條人命冤死,就强爭疾辯,結果死於非命。而文王眼見三條人命冤死,卻强自隱忍,只是"竊嘆",三公之中唯有西伯活了下來,可見他是很懂得韜光養晦的。

據《史記》《左傳》《孟子》所録,文王從羑里被釋放後,回到西周,"陰行善"[3],不敢招搖。試問如此謹小慎微,深明韜光養晦之道的一個人何以會在周弱商强的形勢下,突然孤注一擲,冒險稱王,引來兵災呢?所以,根據文王沉潛慎微的性格,在滅商並無把握的情況下,說他宣稱自己受天命而稱王,是不符合其性格特徵與行事風格的。

受臣節觀念的影響,儘管商紂無道,其有所不滿,但文王對商紂的態度仍然以稱臣爲主,而不稱王。《論語・泰伯》:"(文王)三分天下有其二,以服事殷。"這是孔子的話,他以此說明周德之盛。孔子生活在春秋,又讀過周史,他的話是比較可信的。除了孔子,一些先秦文獻裏也有對文王守臣節事紂的記述。如《左傳・襄公四年》:"文王率殷之叛國以事紂。"《逸周書・程典》:"文王合六州之侯,奉勤於商。"《吕氏春秋・順民》:"文王處岐事紂,冤侮雅遜。"這些先秦文獻都說明了這一問題。

---

[1] 事見《史記・周本紀》、《禮記・大傳》、段玉裁《古文尚書撰異・敬之》。
[2] 事見《史記・殷本紀》。
[3] 見《史記・周本紀》,《孟子・梁惠王章句下》趙岐注

文王的臣節觀念,從簡帛文獻中也能得到證明。上博簡《容成氏》44—49:"(紂)不聖(聽)元(其)邦之正(政)。於是虖(乎)九邦畔(叛)之:豐、鎬(鎬)、郍、䣙、於、鹿、耆、宗(崇)、舍(密)須是(氏)。文王聞之,曰:'唯(雖)君亡(無)道,臣敢勿事虖(乎)?唯(雖)父亡(無)道,子敢勿事虖(乎)?(孰)天子而可反?'受(紂)聞之,乃出文王於虘(夏)臺(臺)之下而聞(問)焉⋯⋯昔者文王之差(佐)受(紂)也,女(如)是狀(狀)也。"①對於九邦叛殷,文王的態度是:即使君王無道,做臣子的也不應反叛,並以兒子不能反叛父親作類比,可見其君臣父子的觀念是根深蒂固的。文王恪守臣節,其他諸侯叛殷尚且被他否定,何況是要他親自去充當反叛者。反叛尚不情願,又遑論以臣弒君,奪天命稱天子。所以,簡文雖在此尊稱姬昌爲文王,但這是後世習慣及行文需要,並非指姬昌真的已經稱王,這段簡文恰恰佐證了文王恪守臣節,佐事殷紂的事實,這個事實符合文王當時被視爲聖人的一貫形象。後世如曹操,亦守臣節而不篡漢稱帝,可見古人受君臣意識影響之巨,文王之舉並非孤例。

《清華簡·保訓》中"不及尔身受大命"一句也可佐證文王生前未受天命稱王。王輝先生認爲:"說文王未曾受大命稱王,在《保訓》本身似乎也有內證。簡10～11:'今女(汝)祗備(服)毋解(懈),其有所逌(由)矣。不及爾身受大命,敬才(哉),勿淫。'及與既通用。《尚書·咸有一德》:'惟尹躬暨湯。'《禮記·緇衣》引'暨'作'及'。既、及有終盡義。《廣雅·釋詁一》:'既,盡也。'《莊子·應帝王》:'吾與汝既其文,未既其實,而固得道與?'《大戴禮記·本命》:'是故汝及日乎閏門之内。'孔廣森補注:'及日,終日也。''不及爾身'即不終汝身、不終汝一生。《公羊傳·隱公八年》:'何以不氏?疾始滅也,故終其身不氏。'《史記·李將軍列傳》:'終廣之身,爲二千石四十餘年。'文王對武王發說:'不終汝一生就會受天命。'言外之意是說自己未受天命,希望寄託在兒子身上。可能文王也看清了當時的形勢,預言兒子會滅殷稱王,受天

---

① 馬承源:《上海博物館藏戰國楚竹書(二)》,上海古籍出版社2002年版。

命。這個願望不幾年後終於實現。"① 王輝先生此處的意見,我們是贊同的。

(五)殷紂不認爲西伯受命稱王

殷紂作爲文王的對手與君主,其言行對於推斷文王稱王與否也具有重要參攷價值。從殷紂對文王的態度來推測,在文王被囚羑里之前,他顯然並未稱王,否則以殷紂睚眥必報的性情,必然殺之,而不會僅僅囚禁,最終還將其釋放。釋放後,文王被殷紂封爲諸侯之長,代天伐罪②,可見在殷紂看來,文王仍然是忠心的臣子,故而能替自己行使征伐之權。其後,文王歸周,代天征伐五國,殷臣祖伊進諫紂王須提防西伯,紂王卻說:"我生不有命在天乎?"③《尚書·西伯戡黎》中也記載紂王說過這句話。西伯征伐諸侯,事在其逝世前六、七年内,已是晚年。紂王到此時尚且認爲西伯在輔佐王室,天命在自己,可見其時文王也沒有受天命稱王。清華簡《耆夜》公佈後,指出"戡黎"事在武王八年,即是紂王言"我生不有命在天乎"是在武王時代,那麽,直到武王即位,殷紂仍認爲西周尚在對自己效忠,如此反證周文王并未受命稱王。從殷紂的聞見與態度推斷,整個過程中文王是未曾稱王做天子的。

有意見認爲,文王晚年稱王但殷紂並未知曉,這種說法應可商榷。首先,文王若稱王代殷,此爲商周之際大事,各家史書必然記載,或詳述或略述當時情形,一如記録武王故事。但到目前爲止,尚未明見相關記録,描述其稱王受命之事大都只是在《詩經》、《尚書》及一些青銅銘文中簡單追述爲"受命"、"受天命"、"膺受大命"等等,如《詩經·大雅·文王有聲》:"文王受命,有此武功,既伐于崇,作邑于豐。"《尚書·文侯之命》:"惟時上帝集厥命於文王。"《乖伯歸夆簋》:"朕不(丕)顯且(祖),玟、珷膺(膺)受大命。"這些記述都簡單模糊,不似武王稱王時人證物證

---

① 王輝:《清華楚簡〈保訓〉"惟王五十年"解》,《考古與文物》2009 年第 6 期,第 65 頁。
② 事見《史記·周本紀》、《尚書·西伯戡黎》孔穎達正義。
③ 司馬遷:《史記》,中華書局 1982 年版,第 107 頁。

俱有記錄。考慮到如果文王晚年稱王，其距離武王稱王前後不會超過25年①，歷史證據是不會在短短25年間消失殆盡的，同是稱王，史料反差卻如此之大，不得不令人存疑。

而且，如若文王晚年稱王，對殷商而言，便是天有二日，國有二主，乃動搖天子基業之大逆。商紂性情乖戾，必當勢同水火而大舉西征。但史料卻未見殷商大舉伐周的戰役記載，商紂伐周的史料缺失與武王伐殷的史書詳述形成強烈反差，文述史載豈得如此厚此薄彼？這亦是一大疑點。

二

武王、文王與商紂三人既處於同時期，命運又緊密相連，整合他們的言行並相互印證，推斷出文王生前並未受天命稱王。但也有學者舉《史記》與《尚書》例證，以證明文王稱王，可實際上對這些證據的理解尚可商榷。

(一)《尚書》中"惟元祀"並非指文王元年之祀

《尚書》的證據，除了那些簡單記述"受命"的語句，有一定細節的證據在《尚書·酒誥》，其云："王若曰：'明大命於妹邦，乃穆考文王肇國在西土，厥誥毖庶邦庶士越少正、御事，朝夕曰：'祀茲酒。'惟天降命，肇我民，惟元祀。"這段話是周公借成王名義訓誡康叔的，證據在於"惟元祀"一句。有學者認爲"元祀"就是指文王稱王改元後第一年的祭祀，以此證明文王曾稱王並且改元。如王國維先生便說："天之降命如何？'肇我民，惟元祀'是也。元祀者，受命稱王配天改元之謂。"這是將"元祀"當做"紀年"來看了。但"元祀"就一定是紀年嗎？

---

① 各家言文王晚年稱王時間雖略有不同，但大體不超過11年而崩。後11年武王伐紂，總計言文王晚年稱王至武王伐紂不超過25年。

"元"在上古時期固然有"首,始"之義,但同時也有"大"的意思。《詩·小雅·六月》:"元戎十乘,以先啟行。"毛傳:"元,大也。"《廣韻·元韻》:"元,大也,始也,長也。"《史記·魯周公世家》:"今我其即命於元龜。"裴駰集解引馬融曰:"元龜,大龜也。"可見,"元祀"亦能解釋爲大祭。不一定是指第一年的祭祀,黄懷信先生針對此,曾說:"因爲上天賜命,才教給人們釀酒的方法,它本來就是爲了大祭。"①所以,從"元"的訓釋來看,"元祀"也有可能指"大祭",並非專指"首祭,始祭"。況且,於一段訓示之語中忽然加入一個紀年,也難以使人知其所指。

比對同類例證發現,"惟元祀"作爲"王"改元後的首紀年,其用詞與西周的記述習慣明顯不同。西周以"王祀"作爲"紀年"時,一般都明確說明主語,即祭祀者是"王"。如《何尊》末尾有"隹(惟)王五祀"(6014)②,《大盂鼎》末尾有"隹(惟)王廿又三祀",《曾侯鐘·方城范氏》末尾有:"惟王五十有六祀"③,甚至在商代也有這個習慣,如《乙酉父丁彝》末尾有:"惟王六祀"④,《兄癸卣》:"惟王九祀。"⑤傳世文獻裏,如《逸周書》中也多次見到"惟王二祀"、"惟王三祀"⑥等内容。

對比之下,《尚書》此處的"惟元祀"明顯缺少祭祀者"王",看起來並不符合商周時期以"祀"紀年的記述習慣,那麽其究竟是不是用於記錄紀年的,還是僅僅是記錄了一次盛大的祭典,這就要打一個大大的問號了。以這樣一個不確定的記述作爲證據,從而證明文王改元稱王,得出的結論自然也充滿了疑問,難以使人信服。

退一步說,假定《尚書》的"惟元祀"的確是記錄"紀年",也不能證明文王稱王,改朝換代。誠然,"改元"是新天子即位的標誌。但在商周時期,是不是改元就一定意味着改朝換代做新天子呢?事實上這也未必。

---

① 黄懷信:《尚書訓注》,齊魯書社2002年版,第272頁。
② 中國社科院:《殷周金文集成》,中華書局,1984年—1994年。
③ (宋)薛尚功:《歷代鐘鼎彝器款識法帖·卷六·周器款識》(文淵閣四庫本)
④ (宋)薛尚功:《歷代鐘鼎彝器款識法帖·商彝》卷二(文淵閣四庫本)
⑤ (宋)薛尚功:《歷代鐘鼎彝器款識法帖·商器款識·卣》卷三(文淵閣四庫本)
⑥ 見《逸周書·小開武篇》《逸周書·寶典篇》

根據《左傳》《史記》的記載，武王滅商後，周所分封的諸侯國，都採取兩套紀年。首先奉周王正朔，以示尊王，但同時，也都有各國自己的紀年，如魯、齊、宋、鄧等國皆是如此，這一點《左傳》《史記》能夠證明①。春秋時期距離文王時期較爲接近，禮制、習俗變化不大，應能反應西周早期的情況。

既然奉行兩套紀年，那麼《酒誥》所說的文王"元祀"，就不一定是廢殷正朔而制立西周元年，還有可能是指周作爲諸侯國而使用自己的紀年，如果是後一種情況，那麼在《尚書》的這個證據中，周文王顯然是沒有稱王的了。在存在兩種可能的前提下，即便《尚書》裏的"元祀"能夠指"紀年"，也不能單一地用來證明就是指廢殷正朔而建立周天子紀年，更不能借此進一步證明文王稱王。

(二)《史記》中文王受命稱王的證據足不穩

我們對於"詩人道西伯受命稱王"的看法，前已說明②，在此主要談"西伯蓋受命之君"。其事見《史記·周本紀》："虞、芮之人有獄不能決，乃如周。入界，耕者皆讓畔，民俗皆讓長。虞、芮之人未見西伯，皆慙，相謂曰'吾所爭，周人所恥，何往爲，祇取辱耳。遂還，俱讓而去。諸侯聞之曰'西伯蓋受命之君。'"

有學者將"西伯蓋受命之君"作爲司馬遷承認文王在斷虞芮之訟前後稱王的一個佐證，這一點值得商榷。因爲，司馬遷並未說該事件發生前後西伯受了天命，這話是諸侯們所議論的。這一議論表明了諸侯們的一個猜測，即："西伯或許有受命之君的樣子。"既然是猜議，那自然並未實現。司馬遷這麼寫，反而證明了他認爲文王此時並未稱王，因此諸侯們才會以一種猜測、並不肯定的態度說西伯是"蓋受命之君"。所以，

---

① 如《左傳》使用魯國紀年，同時記錄周王紀年。《史記》諸世家中亦採用各諸侯國自己的紀年。楊伯峻《春秋左傳注·隱公元年》："但東周彝器多爲列國諸侯或巨族所製，則有用本國之曆者，如郜公簋銘云：'唯郜正二月初吉乙丑。'標明'郜正'，以別於'王正'；鄧國器有'鄧八月'、'鄧九月'。"中華書局 1990 年版，第 6 頁。

② 請參閱前文"武王'追封三王'後半部分。

《史記》中"西伯蓋受命之君"一語並不能佐證司馬遷認爲文王已然稱王。

因缺乏文王稱王的詳述資料,並分析整合武王、文王及殷紂的言行,在沒有新材料出現的情況下,可以基本確定文王未曾受天命稱王,這是我們的第一個看法。

三

既然文王未曾受天命稱王,古文獻中多次記載的"文王受命"又是指什麽呢?對此,我們的第二個觀點是,文王一生受命兩次,一次是中年時期嗣爵周侯,成爲殷商諸侯。第二次是晚年受殷命任諸侯之長,得專征伐。

先來看文王中年時期的受命。一種意見認爲文王中年受天命稱王,建立周王朝達五十年之久。主要依據在《尚書·無逸》,其云:"文王受命惟中身,厥享國五十年。"《清華簡·保訓》問世後,開頭"惟王五十年"一句,也被認爲與《尚書》呼應,佐證了文王中年受天命稱王的事實。

但要注意,即便是在贊同文王稱王的文獻裏,其説法也相互矛盾。除了依據《尚書》《清華簡》產生的中年稱王説,言其制立周王朝五十年,尚有依據《史記》《禮記》《逸周書》《尚書》等產生的晚年稱王説[1],包含文王受命十年而崩、七年而崩、九年而崩等諸多説法,都認爲其晚年稱王,只在時間上略有差異。可見對於文王稱王的問題,其支持者也感覺到事實模糊不清,因而莫衷一是。

多年來,不少學者都對文王中年受天命,稱王五十年的説法提出了疑問,如丁山《文武周公疑年》:"有《紀年》與《度邑》二重論證,決定武王

---

[1]《史記·周本紀》:"蓋受命之年稱王而斷虞芮之訟,後十年而崩。"《禮記·樂記》孔穎達疏:"文王受命七年而崩。"《尚書·多方》孔穎達正義:"文王受命九年而崩。"

年只五十四,則文王之終,似不得過六十五歲"①,指出文王若稱王五十年,則其應於十五歲左右稱王,情理難通。又如陳夢家《西周年代考》:"然《大傳》:以受命之'六年伐崇則稱王'(《文王世子》正義引《殷傳》),稱王一年而崩。凡此均與《書‧無逸》'文王受命惟中身,厥享國五十年'之戰國傳說不合。"②陳先生在此指《尚書‧無逸》之說是戰國傳說,也可見他的態度。我們則以姜太公的年壽與殷紂的在位時間來判斷文王中年稱王的說法並不屬實。

首先來看姜太公入周遇文王時的大致年齡。歷史上對姜太公的入周情形主要有兩種意見:一種是姜太公垂釣於渭水,以俟文王。如《史記‧齊太公世家》:"呂尚蓋嘗窮困,年老矣,以漁釣奸周西伯。"張守節正義引《說苑》云:"呂望年七十釣於渭渚。"

另一種意見認為,姜太公是在文王被囚羑里時,經由散宜生、閎夭等周臣召到西周去的。《史記‧齊太公世家》:"周西伯拘羑里,散宜生、閎夭素知而招呂尚。呂尚亦曰'吾聞西伯賢,又善養老,盍往焉'。"孟子亦支持這一說法,《孟子‧離婁篇》云:"太公避紂,居東海之濱,聞文王作,興曰'盍歸乎來!吾聞西伯善養老者'。"陶淵明亦在《聖賢群輔錄》引《尚書大傳》云:"伯夷避紂,居北海之濱。太公避紂,居東海之濱,皆率其黨曰'盍歸乎!吾聞西伯昌善養老'。此二人者,蓋天下之大老也。"伯夷、叔齊二人年老,從而歸周養老。姜太公之語既然與伯夷相類,可見其歸周時年齡亦老。

以上兩種入周意見,都承認姜太公入周侍奉文王時,年歲已老,這一點基本得到歷代學者認同。如《楚辭‧九辯》"太公九十乃顯榮兮"。《荀子‧君道篇》"太公行年七十有二,文王舉而用之"。《韓詩外傳》"太公年七十二而用之者文王"。《說苑‧尊賢篇》"年七十而相周"。《漢書‧東方朔傳》"太公體仁行義,七十有二乃設用於文武"。《後漢書‧文苑‧

---

① 丁山:《文武周公疑年》,載於朱鳳瀚:《西周諸王年代研究》,貴州人民出版社1998年版,第53頁。
② 陳夢家:《西周年代考》,載《陳夢家著作集》,中華書局2006年版,第38頁。

高彪傳》"呂尚七十,氣冠三軍"。桓譚《新論》"太公七十餘乃升爲師"。

根據以上記載,姜太公入周時年齡至少在七十歲左右。《說文》:"老,考也。七十曰老。从人毛匕,言須髮變白也。"《禮·曲禮》:"七十曰老而傳。"《公羊傳·宣十一年》:"使帥一二耋老而綏焉。"鄭注曰:"六十稱耋,七十稱老。"

假設文王中年稱王屬實,則姜太公與其相遇時間不會晚於其稱王之時①。那麼文王稱王五十年而崩時,姜太公已然一百二十歲左右,再到武王十一年牧野之戰,姜太公便是一百三十歲左右,可在牧野之戰,姜太公卻還受命作爲前鋒,率虎賁、戎車衝殺紂師。《史記·周本紀》:"武王使師尚父與百夫致師,以大卒馳紂師。"裴駰集解引鄭玄曰:"致師者,致其必戰之志也。古者將戰,先使勇力之士犯敵焉。"張守節正義:"大卒,謂戎車三百五十乘,士卒二萬六千二百五十人,有虎賁三千人。"人類130歲的高齡即使放到現代社會,也是難以想象的,何況是醫療條件匱乏、生活水平較低的商周時期呢?即便姜太公活到一百三十歲高壽,也應於後方養老了,可竟然還擔任大軍前鋒,率精銳衝殺敵陣,這當真是駭人聽聞。可見,如果"文王受命惟中身,厥享國五十年"是指文王稱王的話,那麼就會得出姜太公一百三十高齡仍馳騁疆場這樣匪夷所思的結論。

根據殷紂的在位時間推算,文王也不可能中年稱王,並享國五十年。殷紂的在位年限,有幾種說法,張習孔《中國歷史大事編年》認爲是三十三年,約公元前1099年—前1066年。② 謝元震《論武王克殷年代》認爲是三十七年:"舊史帝乙在位33年,帝辛(紂)37年,文王嗣周侯當

---

① 事見《史記·齊太公世家》:"周西伯昌之脫羑里歸,與呂尚陰謀修德以傾商政,其事多兵權與奇計,故後世之言兵及周之陰權皆宗太公爲本謀。周西伯政平,及斷虞芮之訟,而詩人稱西伯受命曰文王。"中華書局1982年版,第1479頁。

② 張習孔、田珏:《中國歷史大事編年·商·帝辛》,北京出版社1986年版,第56頁。

在帝乙時期。"①《夏商周斷代工程》認爲是 30 年,即公元前 1075—前 1046 年②。《帝王世紀》亦記載爲 33 年,其云:"紂即位三十三年正月甲子敗績,登鹿臺,蒙寶衣玉,自投於火而死。"總之,無論是哪一種說法,都承認殷紂在位不超過 40 年。那麼,如果依照《尚書·無逸》之言,文王稱王五十年,則武王即位時,殷紂早已過世十餘年,那麼武王在牧野討伐的就可能只是其英靈了。

依據姜太公年壽與殷紂在位時間比對文王中年稱王說,雖不能證明文王晚年有沒有稱王,但足以證明把《尚書·無逸》中"文王受命惟中身,厥享國五十年"解釋爲文王中年稱王,建立西周王朝五十年的說法是難以立足的。

既然"文王受命惟中身,厥享國五十年"中的"受命"不是受天命稱王,也不是受殷命任諸侯之長,那麼就只能是指文王嗣季歷之爵爲周侯。唯有這個解釋,才能與姜太公的年壽以及殷紂在位時間對應得上。謝元震先生也說:"文王受命的文獻有《尚書·無逸》云:'文王受命惟中身,厥享國五十年。'""享國"兩字今文與古文尚書家有不同解釋,但都認爲"受命惟中身"的"中身"指五十歲或其前後。漢經師將"享國"作爲在位年數。《無逸》一段可以有兩種說法:其一,文王受命在中身,以後在位五十年。《禮記·文王世子》云"文王年九十七而終",即是附會《尚書》而編造出來的。又云:"武王年九十三而終。"更不足信。古文獻記載武王卒時成王尚在繈褓,所以有"周公攝政"一類故事。但九十三歲老人有這樣幼子,難以置信。《尚書·金縢》疏引大戴記說文王十三生伯邑考,十五生武王。王國維指斥爲"秦漢以來不根之說"。惟羅泌《路史·發揮》引《紀年》說武王卒年五十四。此條出於古本《竹書紀年》,或有關古本《竹書紀年》的資料。由此《無逸》"享國五十年"應解釋爲文王

---

① 謝元震:《論武王克殷年代》,載北京師範大學國學研究所編《武王克商之年研究》,北京師範大學出版社 1997 年版,第 14 頁。

②《夏商周斷代工程 1996—2000 年階段成果報告(簡本)·商代後期的年代學研究》,世界圖書出版公司 2000 年版,第 61 頁。

嗣季歷爲周侯以來的在位年數"①。

文王中年稱王的事實既然不成立，《清華簡·保訓》所言"惟王五十年"，就當是指文王嗣位周侯，任周之君主五十年，前文已經說過，商周之際諸侯允許有自己紀年，故而《保訓》之言亦如同說"周君五十年"②。《保訓》爲戰國中期偏晚的材料③，"王"這個字的使用當是西周後人在追述前王故事時的行文需要，本朝人述史，皆以最高稱謂尊本朝先君，此爲歷代多見。如《漢書·高帝紀》："高祖以亭長爲縣送徒驪山，徒多道亡。"班固在此雖稱劉邦爲高祖，但其時劉邦僅爲亭長，並非真的做了皇帝。文王先已由武王追封爲王，西周後人自然行文作"惟王五十年"，而不能言"惟周伯五十年""惟公五十年"云云。

文王第二次受命是晚年受殷命任諸侯之長，得專征伐。《史記·殷本紀》"西伯出獻洛西之地，以請除炮格之刑。紂乃許之，賜弓矢斧鉞，使得征伐，爲西伯"。司馬遷於《周本紀》中又重申了此事，證明他對這件事是確信的。而所謂"詩人道西伯受命稱王"，在司馬遷看來都無法確信④，且歷代也並未有明確，可印證的記述，卻被多次拿來當做文王晚年受命稱王而後七年而崩的證據，這頗可商榷。

《逸周書·文傳》所說"文王受命九年而崩"⑤，有學者理解爲"文王晚年受天命，稱王九年而崩"。但如前文所述，其晚年稱王之事一來未見相關詳述，二來未見殷紂因其稱王而大舉征伐的史料，三來主要記載者司馬遷亦未自信，因而疑點重重。我們認爲，這裡的"受命"實際是指文王受殷命行征伐之權，擔任方伯。將上博簡《容成氏》與《史記》印證，可發現這一點。

上博簡《容成氏》44—49："（紂）不聖（聽）亓（其）邦之正（政）。於

---

① 謝元震：《論武王克殷年代》，載北京師範大學國學研究所《武王克商之年研究》，北京師範大學出版社1997年版，第14頁。

② 此時文王已被冊封爲伯爵。

③ 參見劉光勝：《由清華簡談文王、周公的兩個問題》，《東嶽論叢》2010年第5期，第99頁。

④ 參閱前文"武王'追封三王'"後半部分。

⑤ 《逸周書·文傳》："文王受命之九年，時爲暮春，在鎬，召太子發。"此爲記文王臨終之語。

是虖(乎)九邦畔(叛)之:豐、鎬(鎬)、郍、䤵、於、鹿、耆、宗(崇)、舍(密)須是(氏)。文王聞之,曰:'唯(雖)君亡(無)道,臣敢勿事虖(乎)?唯(雖)父亡(無)道,子敢勿事虖(乎)?(孰)天子而可反?'受(紂)聞之,乃出文王於虘(夏)臺(臺)之下而聞(問)焉……昔者文王之差(佐)受(紂)也,女(如)是䊪(狀)也。"

如簡文,商紂失政,豐、鎬(鎬)、郍、䤵、于、鹿、耆、宗(崇)、舍(密)須是(氏)共九邦叛殷。文王聽聞,反對他們的做法,認爲即使君無道,臣亦不可叛。《容成氏》簡與《史記》的聯繫在於,叛殷的九邦中,有六國是在《周本紀》中被諸侯長西伯討伐的。《周本紀》:"明年,伐犬戎。明年,伐密須。明年,敗耆國。殷之祖尹聞之……明年,伐邘。明年,伐崇侯虎。而作豐邑,自岐下而徙都豐。明年,西伯崩。"這六國是,豐、鎬(鎬)①、于(《史記》"邘")、耆、宗(崇)、舍(密)須。那麼可以發現,《容成氏》簡文中記述的叛殷九邦,就是《史記》中,西伯受殷命擔任方後的討伐對象。如此,整件事較爲合理的解釋就是,殷紂失政而豐、鎬等國反叛,殷紂以西伯忠心,遂授其方伯之位,代天討伐叛邦,西伯受命征討九國,歷時七至九年而壽終②。這也較合理地解釋了爲何西伯從羑里被釋後,非但恢復了爵位,還意外地被加封爲諸侯之長的原因。而且,從征伐時間來看,一年伐一國,或有某年伐較近兩小國,某兩年伐較遠一大國,則耗費七到九年時間討伐九個邦國也是合乎情理的,與《史記》"文王受命七年而崩"或《逸周書》"文王受命九年而崩"的時間都能對應得上。如此,則《逸周書》所言"文王受命九年而崩"當是指文王受封方伯,伐叛邦而九年壽終這一段歷史過程。其"受命"便是指受掌有代天征伐之權的方伯之命。

商周之際,方伯的征伐特權是真實存在的。商湯便曾任夏的方伯,

---

① 裴駰集解引徐廣曰:"豐在京兆鄠縣東,有靈臺。鎬在上林昆明北,有鎬池,去豐二十五里。皆在長安南數十里。"案:依徐說,則豐、鎬相鄰分立,又依《容成氏》簡,知豐、鎬皆有國,則西伯作豐邑,必先伐滅其國方能作邑。故將豐、鎬算爲兩國,而總計有六國。徐廣又云:"邘城在野王縣西北,音于。"

② 至於是否文王借此擴大周邦自保,最終爲武王伐紂奠定基礎,則另當立專文討論。

《史記·商本紀》:"湯征諸侯。"裴駰集解引孔安國曰:"爲夏方伯,得專征伐。"至春秋時期,周襄王在城濮之戰後冊命晉文公爲侯伯時亦説:"敬服王命,以綏四國,糾逖王慝。"①受任方伯,是諸侯國的一大榮耀,《詩·大雅·文王有聲》:"文王受命,有此武功,既伐于崇,作邑于豐,文王烝哉。"説明周人對文王擔任方伯也十分肯定,但後來將其美化爲受天命而稱王,就是一廂情願了。

所以,將文王嗣位與任方伯兩次受命統一起來,便能説明《尚書》"文王受命惟中身,厥享國五十年"與《逸周書》"文王受命九年而崩",《史記》"文王受命七年而崩"兩種看似對立的説法其實並不矛盾。《尚書》所言是指文王嗣位爲周侯,自此起共在位五十年而崩,而《逸周書》、《史記》所言是指文王晚年受命爲方伯,代天征伐諸叛邦,而後七至九年而崩,而這七至九年,則是包含在《尚書》所言"享國五十年"之内的。這樣一來,二者便不再矛盾了。

目前習見的文王受天命稱王的資料,大都只是一些言"受命"、"受天命"、"受大命"之類語焉不詳的簡單語句,散見於《詩經》、《尚書》等傳世文獻及部分鐘鼎銘文,且《詩經》年代最早,如司馬遷之類以其爲源頭者亦恐不在少數,但都難以出示明確的詳述資料。而這些文獻的形成時期也都不會早於周成王時代,多爲西周後人所追述。這類語句的出現,一部分原因當如前文所述,是追述先王時的行文需要與禮儀習慣,也有爲祖先增添光彩之意。春秋時代的諸侯國子孫如此言先祖"受天命"的亦多,如《秦公簋》:"丕(丕)顯朕皇且(祖)受天命,鼏(宓)宅禹責(蹟)"(4315),《晉公䤾(盆)》:"我皇且(祖)唐公,□受大命。"(10342)②以上兩器皆出自春秋時期,秦未統一六國,晉更不曾做天子,其自稱先祖受天命都非實情,僅爲一種稱頌罷了。另一部分原因應是周人爲鞏固初期統治,將文王受命方伯之事美化並昇華,直至言其受天命稱王。從而強調西周代殷的正統性,以撫殷民之心,避免西周以臣伐君的違禮

---

① 事見《左傳·僖公二十八年》
② 唐公,即爲晉國始祖唐叔虞,周武王之子,周成王之弟。

行爲授人以柄,成爲異心者的反叛口實。此與中國歷代開國君主皆言自己受天命,有神跡之用意類同。

總之,綜合周武王、周文王以及殷紂的言行,再攷論文獻中言其稱王的主要記述,在沒有新材料問世的前提下,我們認爲,傳世文獻與出土文獻中簡單的"受命"字句,並不能作爲文王生前稱王的根據。文王雖然不滿殷紂,曾積蓄力量以自保,但始終恪守臣節,未曾稱王。所謂的"受命",並非指接受天命稱王,實際上是指文王嗣位爲周侯以及晚年受任方伯,征討叛邦。

參考文獻

一、專書

[1]《左傳》,嶽麓書社1988年版。

[2]《荀子》,四部叢刊版。

[3]《孟子》,中華書局1983年版。

[4]《逸周書》,中華書局1985年版。

[5]司馬遷:《史記》,中華書局1982年版。

[6]《尚書正義》魏·王肅僞孔安國傳,唐·孔穎達疏,四部叢刊版。

[7]《禮記注疏》漢·鄭玄注,唐·孔穎達疏,中華書局1983年版。

[8](宋)薛尚功:《歷代鐘鼎彝器款識法帖·卷六·周器款識》(文淵閣四庫本)

[9]段玉裁:《古文尚書撰異》,上海古籍出版社1996年版。

[10]朱右曾:《逸周書集訓校釋》,商務印書館1937年版。

[11]楊樹達:《詞詮》,中華書局2004年版。

[12]楊伯峻:《春秋左傳注》,中華書局1990年版。

[13]中國社科院:《殷周金文集成》,中華書局1984—1994年版。

[14]《夏商周斷代工程1996—2000年階段成果報告(簡本)·商代後期的年代學研究》,世界圖書出版公司北京公司2000年版。

[15]馬承源:《上海博物館藏戰國楚竹書(二)》,上海古籍出版社2002年版。

[16]黃懷信:《尚書訓注》,齊魯書社2002年版。

[17]張習孔、田珏:《中國歷史大事編年·商·帝辛》,北京出版社1986年版。

[18]丁山:《文武周公疑年》,載朱鳳瀚《西周諸王年代研究》,貴州人民出版社

1998年版。

［19］陳夢家:《西周年代考》,載《陳夢家著作集》,中華書局2006年版。

［20］謝元震:《論武王克殷年代》,載北京師範大學國學研究所《武王克商之年研究》,北京師範大學出版社1997年版。

［21］彭林:《武王克商之年研究的糾葛》,清華大學學報2001年第4期第16卷。

［22］陳書儀:《姜太公年壽新考》,《管子學刊》2014年第2期。

［23］于振波、車今花:《關於周文王的即位與稱王——讀清華簡〈保訓〉札記》,湖南大學學報2011年3月第2期。

［24］王輝:《清華楚簡〈保訓〉"惟王五十年"解》,《考古與文物》2009年第6期。

［25］劉光勝:《由清華簡談文王、周公的兩個問題》,《東嶽論叢》2010年5月第5期。

讀《里耶秦簡》札記六則①

謝坤②

提　要：本文爲研習《里耶秦簡》的六則札記。其中包括補釋文字三則：分別爲"狐"（8—1641）、"月"（8—1156）、"劾"（8—1659）；斷讀一則："衣器"（8—1554）；綴合兩則：分別爲 8—1209＋8—852 與 8—998＋8—783。

關鍵詞：里耶秦簡；校讀；綴合；札記

《里耶秦簡（壹）》③與《里耶秦簡牘校釋（第一卷）》④的相繼出版，爲學者研究《里耶秦簡》提供了許多便利。我們在學習之餘亦有一些不同意見，今不揣淺陋，寫成幾則小札，請方家、同好指正。

一

里耶第 8—681＋8—1641 號簡爲"作徒簿"文書，其部分釋文作：

---

①本文寫作得到武漢大學中央高校基本科研項目資助，項目編號：2015112010201。
②謝坤，武漢大學歷史學院簡帛研究中心 博士研究生　武漢　430072。
③湖南省文物考古研究所：《里耶秦簡（壹）》，文物出版社 2012 年。如無特別說明，本文所引圖版均引此書，不另注。
④陳偉主編，何有祖、魯家亮、凡國棟撰著：《里耶秦簡牘校釋（第一卷）》（以下簡稱《校釋》），武漢大學出版社，2012 年。如無特別說明，本文所引釋文均引此書，不另注。

☑囚吾作徒薄(簿):A
二人付庫:☐、緩。CⅡ(8—681+8—1641)

其中"庫"後未釋之字,原圖作"󰀀",或可釋爲"狐"。里耶簡中"狐"字一般寫作"󰀀"(6—4)、"󰀀"(8—1783),可參看。"狐"爲人名,里耶簡還有"啓陵鄉守狐"(8—769)、"少内守狐"(8—1508)、"佐狐"(8—1783+8—1852)等記載,可參看。

二

里耶第8—1156號簡釋文作:
☑☐丁巳倉歇敢☑Ⅰ
☑☐☐☐如以☐☑Ⅱ(8—1156)

該簡簡首有火燒痕跡,但部分文字仍較爲清晰。其中"丁"前一字,原圖作"󰀀",當爲"月"字。"月份+干支"的紀時方式在里耶簡中十分常見,此不贅舉。"如"前兩字,何有祖先生釋爲"旦令",可從①。

三

里耶第8—1659號簡釋文作:
☑☐一日,毋它坐,它如☐☐☐(8—1659)

"如"後存一字,原圖版作"󰀀",或可釋爲"劾"。"劾"在里耶簡中又多寫作"󰀀"(8—754)、"󰀀"(8—721)等,可參看。又,"它如劾"爲訟獄類文書中的習語,文獻多見。里耶第8—1107、8—1770等簡中也有"它如劾",亦可參看。因此,第8—1659號簡或可補爲:

---

① 何有祖《讀里耶秦簡札記(四)》,簡帛網,http://www.bsm.org.cn/show_article.php?id=2271,2015—07—08.

☑□一日，毋它坐，它如劾。（8—1659）

四

里耶第 8—1554 號簡爲一封關於"財物繼承問題"的爰書①，其釋文作：

卅五年七月戊子朔己酉，都鄉守沈爰書：高里士五（伍）廣自言：謁以大奴良、完，小奴嚋、饒，大婢闌、願、多、□，Ⅰ禾稼、衣器、錢六萬，盡以予子大女子陽里胡，凡十一物，同券齒。Ⅱ典弘占。Ⅲ（8—1554）

七月戊子朔己酉，都鄉守沈敢言之：上。敢言之。／□手。Ⅰ【七】月己酉日入，沈以來。□□。　　沈手。Ⅱ（8—1554 背）②

需要說明的是，"多"後未釋之字爲《校釋》據簡文所記"凡十一物"和標識符號補入③。今核對原圖，"多"字後並未見墨痕，而木簡中其他文字皆清晰完整，這說明"多"字之後或未經書寫。再觀察文字的書寫間距，"多"字後已接近木簡末端，其實已無充足的容字空間。綜合來看，該簡可能並無缺文。

此外，我們懷疑 8—1554 號簡的"衣器"或當斷讀爲"衣、器"，分別指"衣物"和"器物"兩種類型，而這在里耶簡中也有體現。如：

（1）繚可年可廿五歲，長可六尺八寸，赤色，多髮，未產須，衣絡袍一、絡單胡衣一、操具弩二、絲弦四、矢二百、鉅劍一、米一石☑Ⅱ（8—439＋8—519＋8—537）

（2）今徒新武ВⅠ陵衣已傳。☑ВⅡ（8—1349）

---

① 張朝陽《里耶秦簡所見中國已知最早庶民財產繼承遺囑初探》，《出土文獻與法律史研究》第二輯，上海人民出版社，2013 年，第 61—68 頁。

② "來"字之後一字，何有祖先生補釋爲"擇"，應可從。參看何有祖《讀里耶秦簡札記（四）》，簡帛網，http://www.bsm.org.cn/show_article.php?id=2271，2015—07—08.

③ 陳偉主編，何有祖、魯家亮、凡國棟撰著：《里耶秦簡牘校釋（第一卷）》，武漢大學出版社，2012 年，第 357 頁。

（3）倉曹計録：AⅠ

禾稼計，AⅡ

貸計，AⅢ

畜計，AⅣ

器計，BⅠ

錢計，BⅡ

徒計；BⅢ

畜官牛計，BⅣ

馬計，CⅠ

羊計；CⅡ

田官計。CⅢ

凡十計。CⅣ

史尚主。CⅤ 8－481

（4）敢告尉：以書到時，盡將求盜、戍卒槀（操）衣、器詣廷，唯毋遺。（8－1552）

從上引例證可以看出，里耶簡中的"衣"和"器"是有所區别的：8－481號簡是一份倉曹的課志記録，其中有一項"器用"的專門統計，這一記載與"錢計"、"徒計"相當。類似記載還見於 8－480、8－488 等簡，這說明"器用"可以作爲一個單獨的統計數據來看待，這顯然與"衣用"不同。另外，第 8－1552 號簡中將"衣"、"器"並提也說明二者各有所指。如果我們的理解不誤，那麼"衣器"恐要斷讀，分指"衣物"和"器物"兩個類型。而第 8－481 號簡中的"衣"、"器"再加上簡文中的提及的"大奴（兩人）"、"小奴（兩人）"、"大婢（三人）"、"禾稼"、"錢六萬"恰好是"十一物"，亦與簡文記載相合。

五

里耶 8－1209 號簡釋文作：

　　　　☐☐朔日，少内守☐☐☐☐(8—1209)

該簡首尾皆殘斷(圖1)，竹簡下端的部分文字稍殘，不過下半部分文字仍存大致輪廓。其中"守"後之字，何有祖先生補爲"應"①。

里耶8—852號簡也是一枚殘簡(圖2)，其釋文作：

　　　　☐☐受☐☐(8—852)

觀察兩枚殘簡，可以發現二者的字體風格、竹簡形制等方面均相近，兩支殘簡的斷裂處也能吻合，應能綴合(圖3)。綴合後可以復原"應"、"受"二字。如此則綴合後的釋文作：

　　　　☐☐朔日，少内守應受☐☐(8—1209＋8—852)

"應"，又見於8—650＋8—1462、8—2099、8—145＋9—2294等簡，爲里耶簡中常見人名，而8—1209＋8—852簡中的"應"則顯示此人曾擔任"少内守"的職務。

六

里耶8—783號簡釋文作：

　　　　幏布四丈七尺。卅五年四月己未朔乙酉，少☐☐(8—783)

該簡下端殘斷(圖4)，簡末撕裂處紋路清晰。從內容看，該簡所記或與"少内守"發放財物有關，而這類記載在里耶簡中頗爲多見。比如：

(1)錦繒一丈五尺八寸。卅五年九月丁亥朔朔日，少内守繞出以爲【獻】☐Ⅰ令佐俱監。☐Ⅱ(8—1751＋8—2207)

(2)繭六兩。卅五年六月戊午朔丁卯，少内守☐(8—96)

(3)牝豚一。卅三年二月壬寅朔庚戌，少内守履付倉是。☐(8—561)

(4)竹笥二合。卅四年二月丙申朔癸丑，少内守☐(8—9325)

---

①何有祖《讀里耶秦簡札記(四)》，簡帛網，http://www.bsm.org.cn/show_article.php?id=2271，2015—07—08.

(5)☐【竹】筥一合。卅四年九月癸亥朔甲子，少內守狐付牢人☐☐（8－1170＋8－1179＋8－2078）

"少內"是朝廷、縣府掌管錢財的官署。睡虎地秦簡《金布律》也記有"少內"，其主要負責"收儲錢財"。顯然，這裡發放財物的單位也應是"少內"，而具體負責人是"少內守"。因此，第8－998號簡殘缺的信息應與"少內守"支取財物有關。

順此線索，我們找到第8－783號簡（圖5），其釋文作：

☐守卻付庫建。　瘳手。（8－783）

與第8－998號簡比較可知，二者在字體風格、竹簡形制等方面均相近，當能綴合。二者綴合后可復原"內"字（圖6）。如此則綴合後的釋文作：

㨨布四丈七尺。卅五年四月己未朔乙酉，少守卻付庫建。瘳手。（8－998＋8－783）

8－1209	8－852	8－1209＋8－852	8－998	8－783	8－998＋8－783
圖1	圖2	圖3	圖4	圖5	圖6

湘西保靖縣寶卷"簡省"與"增繁"俗字整理研究

劉曉蓉①

提要: 寶卷是一種韻散結合的宗教講唱底本,源於唐朝佛教俗講。湘西保靖縣寶卷是中國民間文獻中尚未充分發掘、整理的一宗文化遺產,其俗字豐富。"簡省"與"增繁"是俗字產生的重要手段,文章對保靖縣寶卷中的"簡省"與"增繁"俗字,進行了窮盡性整理,揭示了保靖縣寶卷俗字的特點,爲漢語言文字研究系統提供了可供參考的材料。

關鍵詞: 俗字;簡省;增繁;寶卷;特點

一、引言

保靖縣位於湖南省西部,湘西土家族苗族自治州中部,武陵山脈中段,與重慶市秀山縣接壤。保靖建縣較早,歷史悠久,源遠流長。《里耶秦簡〔壹〕》載有"遷陵廿五年爲縣",屬洞庭郡②。清雍正七年(1729年)

---

① 劉曉蓉,西南大學漢語言文獻研究所 2014 級博士研究生 重慶 400715。該文曾在"第五屆出土文獻研究與比較文字學論壇"(2015 年 10 月)上宣讀。承蒙與會專家毛遠明教授、鄧章應教授的指點,不勝感激。
② 湖南省文物考古研究所編著《里耶秦簡〔壹〕》,文物出版社,2012 年。

建立保靖縣，遷陵鎮爲縣衙所在地，相沿至今。該縣居住民族以土家、苗族、漢族爲主，三個民族在漫長的歷史發展過程中，互相融合，形成了一種獨具保靖特色的人文景觀。

寶卷淵源於唐朝佛教的俗講，興盛於明清時期，是跟變文較爲相似的一種韻散結合的宗教講唱底本。保靖縣寶卷（以下簡稱"保卷"）長期以來爲民間"道士先生"[①]在喪儀及祭祀中演唱及宣說，借助民間宗教的特殊性得以延續下來。湘西保卷共約 100 餘冊，除少量刊刻本外，絕大多數爲手抄本，保留了宋元以後刊刻本所沒有的大量俗字，有許多是目前異體字典和俗字詞典所未收錄者。共計約 30 萬字，多爲淺近的文言，兼收並蓄俚俗語，是我國眾多文獻中不可或缺的寶庫之一。

俗字，歷史上又有別字、近字、俗體、俗書、僞體、別體、或體等稱謂。《說文解字》中除正篆 9353 字外，還錄重文 1160 個古、籀、奇、或各體，其中不少即爲秦漢流行的俗字。許慎往往在正字之下，用"俗作某"表明這類字體，故稱爲"俗體"[②]。班固《漢書·藝文志》載《別字》十三篇[③]、顏之推《顏氏家訓·書證》裏最早提到"俗字"一詞、唐釋慧琳《一切經音義》卷二七提到"近字"、黃庭堅《山谷題跋·辨庵字》有"俗書"一詞。諸如此等，皆爲俗字之別名耳。直到唐朝，顏元孫在《干祿字書》裏，對俗字進行了定義，他說："所謂俗者，例皆淺近，唯籍帳、文案、卷契、藥方非涉雅言，用亦無爽。……所謂正者，並有憑據，可以施著述、文章、對策、碑碣，將爲允當。"[④]這一定義，對今人仍有一定參考價值。"凡是區別於正字的異體字，都可以認爲是俗字。俗字可以是簡化字，也可以是繁化字，也可以是後起字，也可以是古體字。"[⑤]

[①]"道士先生"是保靖縣人們對從事喪儀司職人員的稱呼，而江浙一帶對寶卷宣唱人員則呼作"佛頭"。

[②]如《說文解字·角部》："觵，兕牛角可以飲者也，从角黃聲……觥，俗觵从光"。可見漢代"觵"是"觥"的俗體。

[③]漢班固《漢書》，浙江古籍出版社，2012 年，頁 589。

[④]轉引自張涌泉《漢語俗字研究》，商務印書館，2010 年，頁 1。

[⑤]張涌泉《漢語俗字研究》，頁 6。

我們在對保卷俗字整理過程中發現，主要有簡省、增繁、改換意符、改換聲符、類化、音近更代、變換結構、書寫變異、異形借用、全體創造、合文等11種類型①。簡省與增繁是一對截然相反、看似矛盾的兩種造字手段，但二者在保卷抄本中卻有機結合，成爲保卷俗字尤爲顯著的特點。對這兩者進行整理及研究，不但爲漢字的進一步整理規範提供可茲借鑑的材料，而且有助於我們建立完整的漢語文字學體系。

二、湘西保卷簡省俗字

漢字歷史悠久，流行面廣，使用者多，又因漢字有好幾種造字方式，各個組成部件有一定靈活性，伴隨漢字的肇始便有俗字的產生。字形的簡省是古今文字演變的主流，漢字不斷由繁到簡變化的同時，許多簡省的俗字大量產生。通過簡省手段而形成的大量保卷俗字，主要包括"省略意符、改成形體較爲簡單的聲符、繁簡組合、省略並合併某些次要的部分及符號代替"等五種類型。

（一）省略意符

省略意符指省略掉表意的字的偏旁部件。因爲有些字本身是由兩個或兩個以上的意符組成，書寫者省略其一或其二形成俗字。保卷中的俗字，因省略意符而形成者較多，如：

威—滅

威，清代段玉裁《說文解字注》："滅也。小雅正月曰。赫赫宗周。褒姒威之。傳曰。威，滅也。从火戌。會意。詩釋文引有聲字。許劣切。十五部。火死於戌。火生於寅。盛於午。死於戌。陽氣至戌而

---

① 張涌泉先生對俗字的分類，有以下十三種：增加意符、省略意符、改換意符、改換聲符、類化、簡省、增繁、音近更代、變換結構、書寫變異、異形借用、全體創造、合文。

盡。"《說文·水部》:"滅,盡也,从水威聲。亡列切。"①滅,小篆作𣹙②;威,小篆不見,當爲"滅"之省略意符的後起俗字。《唐詩古音考》:滅,與威義同而字異。保卷中書手多用"威",鮮見"滅"。

尊—遵

尊,《說文·寸部》:注酒器。甲骨文已見。遵,《說文·辵部》:"循也,从辵尊聲。將倫切",古文遵爲遴、䢇。保卷中,常把"遵"去掉"辶"寫成"尊"。

嚴—儼

嚴,《說文·叩部》:"教命急也。从叩厰聲。𠤕,古文。語杉切。"金文已有此字,《爾雅·釋詁》"嚴,敬也"。《書·皋陶謨》"日嚴祗敬六德"。儼,《說文·人部》:"昂頭也,从人嚴聲。一曰好皃。魚儉切。"小篆載有"儼"。保卷中凡"儼",皆被省掉意符,而用"嚴"。

省略意符無疑是俗字產生的有效手段之一,但在對其研究過程中,我們一定要注意,某些簡省意符而產生的俗字,實際上是採用了古體。如上例引用《說文》對"儼"的釋義中,保留有"貌"之古異體字"皃"。

(二)改成形體較爲簡單的聲符

跟省略意符類似,某些字的聲符較爲複雜,甚至是有兩個或兩個以上部件構成,書手爲了抄錄的便捷,往往把較爲複雜的聲符用較爲簡單的部件代替。如:

忏—懺

懺,《集韻》悔也,或从言,又《韻補》自陳悔也,懺悔。"懺"之異體字爲"懺"。懺,《集韻》"七典切,音淺";《玉篇》"怒也";又《五音集韻》"倉先切,音千";《揚子·方言》"自關而西,秦晉之閒,呼好爲懺"。懺悔是宗教儀式裏至爲重要的一種儀式,寶卷裏出現大量"懺"字,書手爲了抄寫的便捷,往往用簡體"忏"代替。但在彭性靈、龍先熬抄錄的大部分經

---

① 本文引用《說文》版本爲:[漢]許慎撰,[宋]徐鉉校定《說文解字》,中華書局,2013年。
② 本文所用甲骨文、小篆、金文等字形,來源於:高明、涂白奎編著《古文字類編(增訂本)》,上海古籍出版社,2008年。

卷裏，及彭如興抄錄的《慈悲三元寶懺》、《佛門經懺啓師科》、《千佛聖懺》等經卷裏，皆把右邊筆畫複雜的"韱"用簡單的"乃"更換，而不是用筆畫同樣簡單的"千"來代替。可見，在寶卷中，書手習慣用俗字[図]來代替"懺"字，成爲保卷特有俗字。

[図]—囫

囫，《字彙》：呼骨切，音忽。《俗書刊誤》：物完曰囫圇，與渾侖同義。從小篆到楷體都無甚大變。但在保卷裏卻寫成了[図]，凡兩見："繚通[図]然一下，驚天動地，天門大開"、"[図]地一聲"。今查"囫"各階段字體，皆無此寫法，當爲書手簡省"勿"爲"力"，成了"囫"在保卷中之特有俗字。

[図]—纔

纔，《說文·糸部》"帛雀頭色。一曰微黑色如紺。纔，淺也"。《集韻》"鉏咸切，音讒。又所鑒切，音釤"。後來用"草木之初"（《說文·才部》）的"才"來代替"毚"。異體字共4個。"縩"爲其一，與保卷中[図]形似。

[図]—邊

邊，《玉篇》"畔也，邊境也"。《禮·玉藻》"其在邊邑"。《注》"邊邑，九州邊鄙之邑"。《左傳·成十三年》"蕩搖我邊疆"。又《正韻》"旁近也"。《前漢·高帝紀》"齊邊楚"。本爲形聲字，漢字簡化改革後，用"边"替代"邊"，疑似[図]，爲"辦"聲符代替而來。保卷中[図]，凡7見。

（三）繁簡組合

繁簡組合係指構字部件中，部分爲簡體，另外部分用繁體，保卷中此類情況而成的俗字，少部分是古俗字，大部分爲20世紀50年代國家推行漢字改革後的產物。如：

闭—開

開，《說文·門部》"張也。从門从开。閞，古文。苦哀切"。異體字計8個，不見[図]形，當爲簡體"门"与"开"重組而成。

輕—輕

輕，《說文·車部》"輕車也。从車巠聲。去盈切。輕、輇，古文"。

異體字共 4 個,不見▨形,當爲簡體"轻"與繁體"輕"各取部件所成。

▨—賢

賢,《說文·貝部》"多才也。从貝臤聲。胡田切"。《易·鼎卦》"大亨,以養聖賢"。又《繫辭》"可久則賢人之德,可大則賢人之業"。《書·大禹謨》"野無遺賢"。異體字計 5 個,▨爲其一,當是簡體"贤"與繁體"賢"各取部件而成。

繁簡組合而成的俗字還有很多,有一部分是漢字發展過程中較早形成的,如"▨",多數爲規範漢字後而形成的,如▨、▨等。

(四)省略並合併某些次要的部分

省略掉某些部件及合併某些相同或相似部件,也是俗字產生的重要手段之一。保卷中此類情況而成的俗字較多見,如:

▨—飛

飛,《說文·飛部》"鳥翥也。象形。凡飛之屬皆从飛。甫微切"。《廣韻》"古通作蜚"。《史記·秦紀》"蜚廉善走"。其異體字計 5 個,不見▨形,保卷中此形凡 3 見,當爲合併"飞",並用"去"之意符代替"升"而構成。

▨—爹

《廣雅》爹,父也。說文無父部,又不載多部。小篆作▨。異體字計 6 個,不見▨形,保卷中▨凡 5 見,如《十王懺》"吾▨(爹)娘,生▨(不)悟,從小脩善"。當爲抄手用"彡"合併"多"而得的俗字。

▨—幽

幽,《說文·丝部》"隱也。从山中丝,丝亦聲。於虯切"。異體字計 4 個。

保卷抄本中,幽寫作▨,凡 3 見,如《閻王經》"三魂杳=(杳)往前去。七魄▨=(幽)不住停"。書手把"丝"左右部件合併成一"米"部件。

▨—興

興,《說文·舁部》"起也。从舁从同。同力也。虛陵切,文四,重三"。此字甲骨文作▨,《禮·中庸》"國有道,其言足以興。"《說文·舁部》:"起也,从舁从同,同力也。虛陵切,文四、重三。"興,共計七個異體字。興,爲其早期簡省筆畫而得之俗體。保卷中保留了這一寫法。當爲用筆畫簡單者替換"興"之上部件較繁者之俗字。

尕—屬

屬,《說文·尾部》"連也。从尾蜀聲。之欲切"。《廣韻》"聚也,會也"。《周禮·州長》"正月之吉,各屬其州之民而讀瀍。注屬聚也"。《孟子》"乃屬其耆老而告之"。異體字共5個,不見尕字形,當爲筆畫簡單的"示"代替筆畫繁複者而得。

這類情況在保卷中多見,另有:嘗—嘗、發—發、眾—眾、曺—曹、朝—朝等等。

(五)符號代替

書手在文獻傳抄中,往往用一簡單符號代替一個字,這些符號具有全民共識性,可由上下文義判定其所代表字。保卷中由符號代替而產生的俗字,主要是重文號,並以"彡、ヒ、="三個符號爲多見。如《佛門報恩懺》"懷胎經上無別語,句彡(句)說的養育恩"。《佛門十二大願》"果修十二願。十二大願彡(願)來臨"。《十王科》"重ヒ(重)剎土禮金仙"。《佛門取經科》"塵=剎=入樓臺。那個門前見善財"及"普願沉溺悉消除。世=常行菩薩道"等等。"="作爲重文符號,在出土簡帛文獻中多見。如《居延漢簡二》中"永元=(元)年九月十四日夜半"、《上博館藏楚竹書》裏《又爲=(爲)之也"。"彡"作爲重文符號在出土文獻中不多見。

保卷以抄本佔據絕大多數,書手在抄錄的過程中,往往採用簡省方式來達到快捷的目的,其中產生的簡省俗字,因其區域的侷限性,並未像某些俗字一樣成爲正字而在大部分地區流通。

三、湘西保卷增繁俗字

文字是記録語言的符號系統，爲書寫方便，簡化是漢字的主流。但爲了便於認識，又有繁化的趨勢。增繁是爲了文字音義更明確，保卷增繁俗字主要有"增加意符、書寫習慣及字形的整體協調"等三種類型。

(一)增加意符

增加意符是指給本不需要意符或本有意符的字加上意符。這是漢字分化的主要手段，也是俗字產生的最常見的途徑。保卷的俗字以此爲多見，如：

葷—葷

葷，《說文·艸部》："臭菜也。从艸軍聲。許云切。"小篆作葷，異體字有"薫、荤"。不見有葷，保卷《蕩穢科範》載"器皿之類人物往來食葷帶厭有諸不潔不淨"句，當爲書手受"渾"之影響，增繁而得。

憜—惰

惰，《說文·心部》："不敬也。本作憜，从心隋聲。或作惰。"《漢書·谷永傳》"車馬媠游之具"、《兩龔傳》"媠嫚無狀"；亦作憜，《韋元成詩戒》"供事靡憜"；亦作𢠵，《後漢書·單超傳》"徐臥虎唐兩𢠵"。小篆作憜，後起俗字達十個之多。而在保卷中，寫成憜形凡五見，實爲書手加"辶"而成的增繁俗字。

溗河橋—奈河橋

溗，《說文·水部》："沛之也，从水奈聲，奴帶切。"溗沛成詞作"水波貌、水聲"解。奈河橋，中國道教和漢族民間神話觀念中，亡人轉世投胎必經之橋。關於此橋，有兩種說法：一說因地府有河名爲"奈河"，故名"奈河橋"；一說因爲漢語中"無可奈何"之意，剛好對應了人在轉世投胎時對自己生前願望的遺憾和無奈，又叫做"奈何橋"。史無"溗河"記載，保卷中多見，當爲書手受"河"影響，增加意符"氵"而成。此處，"漆"即"奈"之俗字。

▨—願—願

即"願"的增旁俗字。《書·大禹謨》"敬修其可願"。《說文·頁部》："大頭也，从頁原聲。魚怨切。"保卷《救苦懺》："普▨有識同悟無生。"《千佛聖懺》："大悲大▨（願），大聖大慈，南無無極燃燈古佛。"願從心生，故書手增加意符"心"；另一可能是受"願"的異體字"願"之影響而來。

▨—聲—聲

即"聲"增加聲旁"口"之俗字。而"聲"又是"聲"簡省"殳"及"耳"後，所得俗字。《說文·耳部》："音也，从耳殸聲。殸，籀文磬。書盈切。"保卷《閻王經》載："諸佛菩薩唸千▨，消災賜福孝門興。"《釋門赦罪寶懺》有"哀▨悲哭淚紛紛"，把"聲"俗寫成"▨"，保卷中凡 13 見。

保卷中通過增加意符而形成的俗字較多，形成原因較爲複雜，有待作進一步研究。另有如▨—閻、▨—羊、▨—罹等。

(二)書寫習慣

即書手在抄錄經卷時，受書寫習慣或前後文字影響而俗寫。保卷中受書寫習慣及其他字的影響而產生的俗字也較常見。茲舉三例，如：

▨ ▨—懷胎

陳道儼《十王下卷》"拾月▨▨（懷胎）娘辛苦，叁年乳哺母殷勤"。《血湖寶懺》"十月懷▨（胎）娘辛苦，三年乳哺母殷勤"。懷，異體字計 5 個，不見有"月"旁者；胎，《說文·肉部》："婦孕三月也。从肉台聲。土來切。"異體字 2 個，不見有"▨"者，當是抄手受"懷"字筆畫較多影響，而把筆畫較簡單的"台"改爲"臺"而成。

▨垣—晝夜

《十王懺上卷》"一▨垣（晝夜），下油鍋，三沸三烹"。《報恩懺》"日也愁來▨（夜）又悶"。晝，《說文·畫部》："日之出入，與夜爲界。从畫省，從日。晝，籀文晝。陟救切。文二，重三。"異體字計 4 個，楷體"晝"爲其一,不見▨形。夜,《說文·夕部》:"舍也。天下休舍也。从夕,亦省聲。羊謝切。"異體字計 5 個,"亱"爲其一。金文"夜"作▨,臺灣編撰《彙音寶鑑·迦下去聲》載有"亱"。

▨—春

春,古文作"旾、萅、䒩、偆"。《廣韻》"昌脣切",《周禮·冬官考工記·梓人》"張皮侯而棲鵠,則春以功"。《注》"春讀爲蠢。蠢,作也,出也"。異體字計 10 個,其中旾與保卷中▨形似。保卷中保留了這一俗字,爲我們探究"春"的字形演變提供了可茲參考的材料,難能可貴。

(三)字形的整體協調

增繁俗字產生的另一重要原因,則與字形的整體協調有關,如抄錄者考慮左右、上下結構部件的對稱因素等。

雙—雙

《報恩懺》"▨(雙)脚如同重千斤"、"▨(雙)脚無力站不起"。雙,《說文·雔部》:"隹二枚也。从雔,又持之。所江切。"異體字計 7 個,"雙"爲其一。小篆爲雙,下部件不見有兩個"又",當爲後起俗字。保卷中保留了這一俗寫,實爲可貴。

出—出

出,《說文·出部》:"進也。象艸木益滋,上出達也。凡出之屬皆从出。尺律切。"甲骨文作▨,小篆作▨。異體字計 3 個,"齣"爲其一。保卷中,"出"作"齣"凡三見,繼承並保留了這一寫法。

遮—遮

遮,《說文·辵部》:"遏也。从辵庶聲。止車切。"小篆作▨,異體字兩個,其中"遮"與"遮"較爲相似,但仔細分辨,遮 右邊上下部件爲"户"、"从",遮 則爲"广"、"从"。保卷中凡"遮"之形,絕大多數作"遮"。當爲保卷中特有之俗字。

保卷中還有一個字,引起了大家強烈興趣,此字見《閻王經》:"第三▨暗地獄悶,都是說非哄弄人。"《康熙字典》載"▨";《搜真玉鏡》音寶。

又音玉。"至於確切意義,《康熙字典》也沒有解釋。筆者聯繫該寶卷收藏者,他說:"四個金,就是黑字了。"但我們遍查字書,皆不見有"四金爲黑"的記載,今錄在"整體協調"而形成的俗字類型下,存疑待考。

通過對保卷中的俗字分析,我們發現書手想通過"增繁"的手段,意欲達到使字義更加明確的目的,這無疑是有一定積極意義的。然而文字在約定俗成後,已經被人們接受的文字,已經足夠進行思想交流,這時增旁俗字便很難被社會所承認,從而只在局部區域或部分書手間存在,而不被主流所接納。

四、結語

俗字,多字體淺近,主要流行於民間的通俗文獻,寶卷是佛教悟俗化衆的產物,從總體上來看,大多俗字都比正字結構簡單、易於掌握及書寫,具有明顯的通俗性及任意性。我們在整理保卷"俗字類型"時發現,大量俗字都是通過"簡省"方式而得來的。這與文字簡化的主流是一致的。保卷與全國其他地區的寶卷同宗同源,已經在湘西這塊神秘的地方存在了幾百年,在民衆文化生活中佔據過重要位置,是當地民衆精神信仰、社會生活及倫理觀念的真實映射。這些寶卷絕大部分爲抄本,較少刊刻本,其中蘊含着大量珍貴的地方民俗語言文字資料。

俗字在其發展演變過程中,最初應該是在一定範圍內被使用,因此具有一定的地域性。書手在"生產"俗字伊始,或多或少會受到方言俗語的影響,如保卷中的"▨—黑",疑爲保靖地區民間宗教約定俗成之字,而其他地區並無如此。俗字在一定區域產生後,一部分會隨着其影響的擴展而漸次擴大,而一部分則僅僅侷限在某一地域範圍之內。保卷中的"▨—岸、▨—法、▨—懺"便屬於第二種情形。寶卷作爲宗教文獻,又具有其宗教信仰的神聖性及莊重性,書手多用毛筆繁體楷書工整抄錄，有的甚至用紅墨水畫框勾欄，每格一字，相當整齊劃一。由此可見，書手在抄寫寶卷過程中，還是相當慎重的，對流傳下來的經卷也是相當尊重的，我們從保卷中保留的大量古體字亦可見一斑①。

總而言之，保卷中的俗字具有俗文字的共性，又有其自身特點。對保卷中的俗字進行整理及研究，不但有助於我們對寫本文獻進行保護及整理，也爲整個漢字系統的研究提供了可茲借鑑的材料，對我們完善漢語文字學體系、正確認識漢字簡化過程、規範漢字的書寫也具有重要的意義和價值。限於篇幅，本文對保卷中的俗字，僅只擷取較常見的"簡省"及"增繁"兩類來進行分析，並且分析得還不夠深入。另有"改換意符、改換聲符、類化、音近更代、變換結構、書寫變異、異形借用、全體創造及合文"等類型的俗字，其產生的原因及特點，還有待時賢和來哲進行全面整理和深入研究。

---

① 在我們對保卷書手進行田野調查過程中，當問及"抄寫經卷有哪些講究"時，得到的多爲"焚香、沐浴、漱口、端坐"等答案，可見書手的慎重。

淺談簡牘文獻中出現的錯誤及糾正方法

王志勇①

提　要：出土文獻具有的重要價值已得到學者們的重視，借助出土文獻可以解決許多疑難問題，但是應該注意到，出土文獻中也存在大量的錯誤。簡牘文獻作爲出土文獻中的大宗，與傳世文獻的關係也最爲密切。與傳世文獻相較，簡牘文獻中同樣存在誤、脱、衍、倒這四類錯誤。而傳統校勘學的對校、本校、他校、理校四法，對於糾正簡牘文獻中的錯誤也同樣適用。

關鍵詞：簡牘；錯誤類型；糾正方法

自王國維提出二重證據法之後，出土文獻漸漸得到學界重視，20 世紀初以來的百餘年間，大量出土文獻的發現與公佈，給學術研究提供了新的材料，許多疑難問題得以解決，出土文獻的價值不言而喻。但我們要充分認識到，出土材料同樣存在錯誤。假如没有這種認識，盲目相信出土文獻，會出現很多問題。傳統的校勘學把文獻中存在的錯誤分爲誤、脱、衍、倒四類，這對於出土文獻也同樣適用。糾正傳世文獻錯誤可以運用對校、本校、他校、理校四法，這對於糾正出土文獻中的錯誤也同樣適用。在出土文獻中，簡牘數量較多，且多能與傳世文獻互證，所以我們擬就出土簡牘文獻中的錯誤進行分析。學者們對簡牘文獻中存在的問題早已有比較客觀的認識，也有相關文章發表，如裘錫圭先生《談

---

①王志勇，南京師範大學文學院　博士研究生　南京　210097。

談上博簡和郭店簡中的錯別字》就指出:"從這兩批竹書看,當時抄書的人不時寫錯別字,有時把字寫得不成字,有時把字寫成另一個形近的字。"①裘先生這篇文章主要是討論竹簡中的錯別字,這也是出土簡牘中出現最多的一個錯誤類型。但我們也要認識到,古人書寫的時候,除了抄錯、寫錯的,還有脱漏的、誤增的、顛倒的情況。這些錯誤類型在已出版的簡牘材料中,整理者已指出了不少,只不過目前還没有發現一篇全面梳理出土簡牘文獻錯誤的文章發表。所以筆者不揣譾陋,對簡牘文獻中出現的錯誤和糾正錯誤的方法,各舉一些例子予以説明。

一、簡牘文獻中出現的錯誤舉例

誤文例:

《關沮秦漢墓簡牘》簡 321、322:"人所恒炊(吹)者,上橐莫以丸礜,大如扁(蝙)蝠矢而乾之。即發,以□四分升一歙(飲)之。男子歙(飲)二七,女子欲〈飲〉七"②。簡文記録一治出氣急之藥方,其中"女子欲七"之"欲",整理者云"從簡文文意看應是'飲'之訛字",這應該是正確的。在關沮簡其他藥方中,再没發現"××欲×七"之例,而用"歙(飲)"則爲常例,可以確定"欲"爲誤字。

《張家山漢墓竹簡[二四七號墓]·二年律令》簡一九五:"復兄弟、孝〈季〉父柏(伯)父之妻、御婢,皆黥爲城旦舂。復男弟兄子、孝〈季〉父柏(伯)父子之妻、御婢,皆完爲城旦。"③句中兩"孝"字,整理者認爲是"季"之訛字。簡文爲對淫於親屬妻、婢的適用刑罰。整理者注引《左傳·宣

---

① 裘錫圭:《裘錫圭學術文集·簡牘帛書卷》,復旦大學出版社,2012 年 6 月,第 372 頁。
② 湖北省荆州市周梁玉橋遺址博物館:《關沮秦漢墓簡牘》,中華書局 2001 年 8 月,第 128 頁。
③ 張家山二四七號墓漢墓竹簡整理小組:《張家山漢墓竹簡[二四七號墓]》(釋文修訂本),文物出版社,2006 年 5 月,第 34 頁。

公三年》"文公報鄭子之妃曰陳嬀"杜預注:"漢律淫季父之妻曰報。"據以判斷"孝"爲"季"之訛字,可信,此爲形近而誤。

《銀雀山漢墓竹簡(貳)》簡2099、2100:"……凡廿八宿,三百九〈六〉十五度四分度一。"①整理者認爲"九"字當是"六"字之誤。引《淮南子·天文》"……反覆三百六十五度四分度之一而成一歲"爲證。其實從銀雀山簡中便可找到根據,簡2103:"凡周天下三百六十五度四分度一,日行一度,月行十三度四分度一。"②此簡明確作"三百六十五度",再通過常識判斷,"九"爲"六"之誤字無疑。

《武威漢代醫簡》簡52~53:"治金創止痛方:石膏一分,薑二分,甘草一分,桂一分,凡四物皆治合和,以方寸寸酢漿飲之,日再,夜一。良甚,勿傳也。"③整理者認爲"方寸寸"應是"方寸匕"之誤。按:"方寸匕"爲藥劑量名,武威醫簡屢見,應無疑問。

脱文例:

《隨州孔家坡漢墓簡牘·日書》簡357至359分3欄,分別書寫不同內容。第三欄的內容爲:"居官,宦御,一曰進三五五大取,二曰多前毋三五六句,四曰深入多取三五八,五曰臣代其主三五九。"④從內容上看,缺"三曰……"一句,因爲簡三五七上沒有文字,致使簡三五八"句"字無着落,若認爲"二曰多前毋句"爲一句,文意不是很清楚。整理者認爲"此處疑有脱文",這個懷疑是合理的。我們認爲,如果沒有外力因素,則可以認爲是抄寫者疏忽所致。

《隨州孔家坡漢墓簡牘·日書》簡435、436:"壬癸朔,剡(炎)啻(帝)主歲,群巫沒。赤黑禾爲上,四三五貳白中,黄下,禾不孰(熟),水不大出,

---

① 銀雀山漢墓竹簡整理小組:《銀雀山漢墓竹簡(貳)》,文物出版社,2010年1月,第242頁。
② 銀雀山漢墓竹簡整理小組:《銀雀山漢墓竹簡(貳)》,文物出版社,2010年1月,第242頁。
③ 甘肅省博物館、武威縣博物館:《武威漢代醫簡》,文物出版社,1975年10月,第九頁A面。
④ 湖北省文物考古研究所、隨州市考古隊:《隨州孔家坡漢墓簡牘》,文物出版社,2006年6月,第174頁。

民少疾。事群巫。四三六貳"①整理者認爲"巫"後脱"行"字。按：簡四二七至四三六第二欄爲完整的一篇，整理者命名爲"主歲"。篇中他簡同一位置分別有"人炊行没"、"高者行没"、"邑主行没"、"風伯行没"等語，所以"群巫没"依例應該爲"群巫行没"，脱一"行"字。

《銀雀山漢墓竹簡（貳）》簡2088、2089："……是故聖人慎觀祲祥，未見其徵，不發其，隨時而動，因毀而伐，是以有功而除害。……"②整理者認爲"不發其"的"其"下抄脱一字。我們認爲，整理者的判斷合理。"不發其"顯然缺少賓語，從句式上看，四字句比較合理。至於抄脱了什麽文字，難以判斷。

衍文例：

《隨州孔家坡漢墓簡牘・日書》簡427、428："甲乙朔，青帝主歲，人炊行没，青禾爲上，白中四二七貳中，黄下，麥不收，吏人炊。四二八貳"③整理者認爲"白中中"句第二個"中"字爲衍文。考慮到後文有"赤禾爲上，黄中，白下"、"黄禾爲上，赤中，白下"等語，可知禾只分上、中、下三等，而各等再不細分。因簡的形制、内容上關係密切，在繫聯上應該没有問題。所以"白中中"的第二個"中"字應該爲衍文，涉上文而誤。

《銀雀山漢墓竹簡（貳）》簡2119："……月行而日動，星躍而玄運，子神賁（奔）而鬼走。……"④整理者指出此段文字與《淮南子・覽冥》可對讀，《覽冥》作："日行月動，星燿而玄運，電奔而鬼騰。"又與《淮南子・兵略》"神出而鬼行，星燿而玄運"接近。認爲簡文"子"字爲衍文。鑒於有傳世文獻可資對照，而"子神"有難有合理的解釋，我們認爲，整理者的觀點比較可信。

倒文例：

《居延新簡——甲渠候官與第四燧》"破城子房屋一六"簡EPF16・

---

① 湖北省文物考古研究所、隨州市考古隊：《隨州孔家坡漢墓簡牘》，第182頁。
② 銀雀山漢墓竹簡整理小組：《銀雀山漢墓竹簡（貳）》，第242頁。
③ 湖北省文物考古研究所、隨州市考古隊：《隨州孔家坡漢墓簡牘》，第182頁。
④ 銀雀山漢墓竹簡整理小組：《銀雀山漢墓竹簡（貳）》，第249頁。

1:"匈人奴晝入珍北塞舉二䔖□煩䔖一燔一積薪夜入燔一積薪舉堠上離合苣火毋絶至明甲渠三十井塞上和如品"。簡EPF16·2:"匈人奴晝甲渠河北塞……"①按:兩枚簡中的"匈人奴"應爲"匈奴人"。除了根據常識判斷,在其他簡中也可以找到依據。在其他同屬於"塞上䔖火品約"的簡中,有"匈奴人晝入甲渠河南"、"匈奴人晝入三十井降虜隧以東"、"奴人晝入三十井候遠隧以東"等語②,均作"匈奴人",可知簡EPF16·1與EPF16·2中的"匈人奴"應爲"匈奴人","人奴"二字互倒。另,簡EPF16·2"匈人奴晝甲渠河北塞"句中"甲渠"前從其他簡看,應少一"入"字,此一簡中出現兩處問題,均屬抄手疏忽所致。

二、糾正錯誤的方法舉例

上文在列舉簡牘文獻的錯誤類型時,已經涉及到糾正錯誤的方法。與傳世文獻的校勘方法一樣,簡牘文獻的糾正方法也可以歸納爲對校、本校、他校、理校四種,下面各舉一例:

對校例:

《武威漢代醫簡》簡54:"治金腸出方:治龍骨三指撮,以鼓汁飲之。日再三飲,腸自爲入。大良,勿傳也。"③整理者指出:"金"下脱"創"字,此方與簡14~15的方劑同。按:簡14~15有文句作"……治金創腸出方:治龍骨三指撮,和以鼓汁飲之。……"④可以看出兩方基本相同。簡54"金"下應該脱一"創"字。此是將同一批簡牘中的兩個同樣的藥方對校,可以視爲對校例。

---

①甘肅省文物考古研究所、甘肅省博物館、文化部古文獻研究室、中國社會科學院歷史研究所:《居延新簡——甲渠候官與第四燧》,文物出版社,1990年7月,第469頁。
②同上。
③甘肅省博物館、武威縣博物館:《武威漢代醫簡》,第九頁A面。
④甘肅省博物館、武威縣博物館:《武威漢代醫簡》,第三頁B面。

本校例：

《銀雀山漢墓竹簡（貳）》簡1738八："……日夏至，地成。不可瀆溝漆（洫）波（陂）池。"簡181□："……利瀆溝漆（洫）没〈陂〉池。"①整理者將簡181□"没"字改寫爲"陂"，未作説明。是將"没"視爲明顯的誤字。通過與簡1738相關文字對比，可知整理者的意見及處理方式完全正確合理。二簡同屬於整理者命名爲"三十時"的一篇之内，此可視爲本校例。

他校例：

《隨州孔家坡漢墓簡牘》簡370："卯，鬼也。盗者大面，短豖，臧（藏）……者小短，大目，勉（兔）口，女子也。"②整理者認爲"鬼"係"兔"字之訛。按：此簡屬於日書，原有篇題爲"盗日"。是以十二支日配十二生肖占卜盗者。其他簡有"子，鼠也"、"丑，牛也"、"寅，虎也"等語。另，《睡虎地秦墓竹簡·日書甲種》有標題爲"盗者"的日書，性質與隨州簡相同，内容亦非常接近。簡72背云："卯，兔也。盗者大面……臧（藏）在草中……"③經比較可知，隨州簡"卯，鬼也"，應爲"卯，兔也"之誤。傳世文獻中，《論衡·物勢篇》云："午，馬也；子，鼠也；酉，雞也；卯，兔也。"亦可作爲旁證。此可視爲他校例。

理校例：

《天水放馬灘秦簡》簡乙195下欄"·大吕十六萬五千百八十八下□"，簡乙200下欄云"·蕤賓十二萬四千四百一十六上大吕"。簡乙193云："黄鐘以至姑先，皆下生三而二。從中吕以至應鐘皆上生三而四。"④此數簡講"鐘律大數"，簡乙193的内容即"三分損益法"的另一種提法。根據簡乙二下欄所記的數字推算，簡乙195下欄"千百"之間脱一"八"字。此可視爲理校例。

---

① 銀雀山漢墓竹簡整理小組：《銀雀山漢墓竹簡（貳）》，第212、216頁。
② 湖北省文物考古研究所、隨州市考古隊：《隨州孔家坡漢墓簡牘》，第182頁。
③ 睡虎地秦墓竹簡整理小組：《睡虎地秦墓竹簡》，文物出版社，1990年9月，第219頁。
④ 甘肅省文物考古研究所：《天水放馬灘秦簡》，中華書局，2009年8月，第96～97頁。

需要指出的是,與傳世文獻的校勘一樣,在考察簡牘文獻是否有錯誤時,最好是多種方法綜合運用。作判斷時,一定要謹慎,要有充分的依據,不能因爲在理解上有困難就輕易下結論。張家山簡《二年律令》簡九五、九六有一段文字如下:"……其非故也,而失不_{九五}□□以其贖論之。爵戍四歲及殼(繫)城旦舂六歲以上罪,罰金四兩。……_{九六}"①整理者懷疑"爵戍四歲"中"爵"字爲衍文,這個判斷值得推敲。朱紅林《張家山漢簡〈二年律令〉集釋》引張伯元説:"爵戍,就是用爵級來抵償戍邊的懲處。"朱氏又指出:"秦簡中有'爵食'一詞,可供參考。《睡虎地秦墓竹簡·傳食律》:'御史卒人使者,食粺米半斗,醬駟(四)分升一,采(菜)羹,給之韭葱。其有爵者,自官大夫以上,爵食之。'"②我們認爲朱紅林所舉睡虎地秦簡之例,其"爵"字很有可能屬上,即"自官大夫以上爵"爲一句,他舉的這個例子不適合作參考。而張家山簡"爵戍四歲"中的"爵"也有可能屬上讀。據此,我們認爲,對張家山簡的"爵"字,不能輕易判斷其爲衍文,具體如何理解,仍需進一步研究。由此例可見,如果要認定簡牘文獻有錯誤,要有充分依據,否則寧可闕疑。

　　簡牘文獻可以用來考證傳世文獻中出現的錯誤,而傳世文獻也可以反過來糾正簡牘文獻出現的問題。從地位上講,二者之間的關係是平等的,不能盲目地認爲簡牘文獻一定優於傳世文獻。簡牘文獻的作者、抄寫者身份不一,有的文化層次未必較高,有些文獻並非官方文書,書寫亦可能較隨意,因此有些簡牘文獻的質量並不高,錯誤較多。簡牘文獻的珍貴在於它避免了傳播過程中衍生的錯誤,最大程度上保留著原始狀態。由於年代久遠,很多當時的書寫、表述習慣亦不被瞭解,在對其考釋、理解上,難免會出現疑難之處。這是很正常的情況,萬萬不能因爲我們看不明白而輕易懷疑其有問題。若要認定其有誤,一定要講究證據,理由充分。只有客觀地處理好簡牘文獻中出現的錯誤,才能發掘其巨大的價值。

---

①張家山二四七號墓漢墓竹簡整理小組:《張家山漢墓竹簡[二四七號墓]》(釋文修訂本),第22頁。

②朱紅林:《張家山漢簡〈二年律令〉集釋》,社會科學文獻出版社,2005年10月,第85頁。

帛書故事《湯出巡狩》與傳世文獻相關記載比較[①]

張文玥[②]

提　要：本文將出土帛書所記歷史故事一則，與傳世文獻中記載的相似的故事進行了文字和內容的比較，發現在故事流傳的過程中，古人往往喜歡充實帝王、主角的形象而簡略配角，使得主角形象逐步被放大。關於故事中提及的歸順諸侯國數目，我們認為當以帛書、《呂氏春秋》等記的"四十又餘國"為佳。

關鍵詞：帛書；傳世文獻；商湯

馬王堆漢墓帛書《周易經傳》之《繆和》篇，為傳世文獻所未載之古佚書，內容頗為完備，共有二十五個章節：前十二章為繆和、呂昌、吳孟等幾位弟子"問於先生"的師生對話，中間十三到十八章為以"子曰"開頭的論述，十九章到二十四章這六章則分別記敘了一則歷史故事以解說《易卦》，最後第二十五章援引了幾則卦爻辭作結。較之帛書《周易經傳》中同為古佚書的《衷》《要》等篇，《繆和》引用了歷史故事來解釋、證明《周易》，風格獨具一格，"可見'以史證易'的方法由來已久"[③]。其中援引的六則歷史故事，分別為《湯出巡狩》《西人舉兵侵魏野》《吳王夫差

[①] 基金項目：中央高校基本科研項目"馬王堆漢墓帛書新刊材料數據庫研制及用字研究"（SWU1609196）。

[②] 張文玥，西南大學漢語言文獻研究所在讀碩士研究生　重慶 400715。

[③] 趙曉陽：《帛書〈繆和〉篇新校釋與思想研究》，曲阜師範大學碩士學位論文，2014 年，頁 29。其中"以史證易"當作"以史證《易》"。

攻荊》《越王勾踐既已克吳》《荊莊王欲伐陳》《趙簡子欲伐衛》①，這些故事在傳世文獻裏也可看到記載。

其中《湯出巡狩》見於《長沙馬王堆漢墓簡帛集成》之《繆和》篇57上－59上，主要講述了商湯在巡遊過程中將漁者"趕盡殺絕"式的祝詞改為"網開一面"②式，於是諸侯敬其仁德而服之的故事，並以此來解說《周易·比卦》"九五，顯比。王用三驅，失前禽，邑人不誡，吉"③。《周易本義》云："如天子不合圍④，開一面之網，來者不拒，去者不追，故為'用三驅，失前禽'而'邑人不誡'之象。"⑤可見帛書故事和《易卦》此句從相似的角度表達了天子顯示好生之仁德以親比、團結眾人的道理，亦足見兩者聯繫之密切。

現在我們以更具文獻真實性的帛書歷史故事為基礎，將傳世文獻中所錄相同或相似的歷史故事與之比較。偏漏不當之處，敬請方家指正。

以下為故事原文：

> 湯出巡狩，東北有火。曰："彼何火也？"有司對曰："漁者也。"湯遂至□曰："子之祝何？"曰："古蛛蝥作網，今之人緣緒。左者右者，上者下者，率突乎土者，皆來乎吾。"湯曰："不可！我教子祝之，曰：'古者蛛蝥作網，今之〖人〗緣緒。左者使左，右者使右，上者使上，下者使下，【□】□命者以祭先祖。'"諸矦聞之，曰："湯之德及禽獸魚鱉矣！"故共皮幣以進者四十又餘國。《易卦》其義曰："顯比，王用三驅，失前禽，邑〖人〗不戒，吉。"此之謂也。⑥

---

①它們的命名皆由筆者截取每個歷史故事首句而成。
②"網開一面"同"王開三面"，該詞出處即此故事，喻法令寬大，恩澤遍施。《漢語大詞典》（第九卷），漢語大詞典出版社，1992年6月第一版。糸部，頁894。
③王弼 撰，樓宇烈 校釋：《周易注校釋》，中華書局，2012年版，頁37。
④"天子不合圍"及"不合圍"之語可見於《禮記王制》《說苑修文》《新書禮》《藝文類聚田獵》《太平御覽獵上》等，意在倡仁德，少殺伐。
⑤朱熹 著，蘇勇 校注：《周易本義》，北京大學出版社，1992年第一版，頁14－15。
⑥釋文本裘錫圭主編之《長沙馬王堆漢墓簡帛集成》（下文稱作《帛書》），中華書局，2014年6月第一版。為閱讀方便，通假字異體字等徑改通行字。

傳世文獻中全面記載此事之最早者為《呂氏春秋》（下文稱作《呂》），見於《異用》篇：

  湯見祝網者，置四面，其祝曰："從天墜者，從地出者，從四方來者，皆離吾網。"湯曰："嘻！盡之矣。非桀其孰為此也？"湯收其三面，置其一面，更教祝曰："昔蛛蝥作網罟，今之人學紓。欲左者左，欲右者右，欲高者高，欲下者下，吾取其犯命者。"漢南之國聞之曰："湯之德及禽獸矣。"四十國歸之。人置四面，未必得鳥；湯去其三面，置其一面，以網其四十國，非徒網鳥也。①

就文字量而言，兩者相差不大。帛書關於此故事現存146字，除去解說《周易》的一句話則為124字。《呂》敘述此故事共用134字，篇幅大致相同。兩者故事情節大體一致，但文字相似率僅為37.68%（除去帛書之說《易》部分和《呂》之議論部分）。這主要源於兩者用字上的差異，即便表達同一意思時用詞遣句也不同，例如帛書之"左者使左，右者使右，上者使上，下者使下"在《呂》中為"欲左者左，欲右者右，欲高者高，欲下者下"，表達諸侯被商湯感化而臣服歸順之意時，帛書敘為"共皮幣以進"，"皮幣"，即毛皮和繒帛。古代用作聘享的貴重禮物。《國語·吳語》："春秋皮幣玉帛子女，以賓服焉。"所以"共皮幣以進"即賓服之意。在《呂》中則直接表述為"歸之"。

兩文在情節走向上雖然一致，但具體細節上頗為不同。《呂》省去了商湯看到東北有火及與有司的對話，略去了張網的緣由（捕魚）及對話重複之處。"東北有火"也許和捕魚過程中舉行的禱祝儀式有關，但並不便於理解，與烘托人物形象亦關係不大；"率突乎土者"等語作為祝詞，也許是針對各種漁獵活動具有普遍意義的祈禱咒語，但捕魚應該多在水中或水泮，因為獵物是來自水中的，所以這樣的祝詞似顯突兀。而省略一些與主旨無關的信息，並將"漁者"徑稱為"祝網者"，一則可以顯得更加簡單直接，二則可以使故事變得更加清晰易懂。

同時，《呂》雖省略了部分細節，但增加了商湯撤去三網只留一面的

---

① 許維遹 撰：《呂氏春秋集釋》，中華書局，2009年，頁235。

描述,對商湯的行為動作和語言描寫更加細緻;並明確記錄"諸侯"即"漢南之國"①,故事信息更加具體;最後加以評論,統括文意,升華主題。郭彧先生認為帛書要早於《呂》,且"《呂覽·異用》的作者只是憑傳說成文","似據傳說而進行了加工整理"②。比較之下,帛書確實相對《呂》而言顯得有些粗糙、原始。

後世文獻中對於此事的著錄似乎源於《呂》,《新書》《新序》的故事和對話描述都與《呂》大略相同,《新書》與《呂》相似率為73.90%,《新序》為80.89%,《史記》《釋氏稽古略》則以《呂》為底本加以簡略,因篇幅差異較大,《史記》《釋氏稽古略》和《呂》的相似率都僅為50%多。而帛書與《新書》《新序》《釋氏稽古略》所記文本的相似率皆低於40%,詳見下表③:

傳世文獻			新書 (106字)	新序 (133字)	史記 (57字)	釋氏稽古略 (59字)
傳世文獻	呂氏春秋 (134字)	37.68%	73.90%	80.89%	51.12%	52.93%
出土文獻	帛書 (124\146字)		37.39%	34.34%	30.94%	36.07%

以下是《新書》《新序》《史記》《釋氏稽古略》中的相關記載:

《新書》卷七《諭誠》:湯見設網者四面張,祝曰:"自天下者,自地出者,自四方至者,皆麗我網。"湯曰:"嘻!盡之矣。非桀,其孰能如此?"令去三面,舍一面,而教之祝曰:"蛛蝥作網,今之人循緒。欲左者左,欲右者右,欲高者高,欲下者下,吾請受其犯命者。"士民

---

① 許維遹:《呂氏春秋集釋》注:漢南,漢水之南。北京,中華書局,2009年,頁235。
② 郭彧:《〈帛書周易〉研究劄記》之"一、帛書周易》之故事六則與《呂氏春秋》"。
③ 帛書結尾有一句《周易》解說,與傳世文獻計算相似率時不含此句。四種傳世文獻中,《呂氏春秋》《新序》結尾各有一句議論,兩者之間計算相關度時含議論,它們分別與帛書計算相關度時則不含。

聞之曰："湯之德及禽獸矣。而況我乎！"於是下親其上。①

《新序》卷五《雜事》：湯見祝網者置四面，其祝曰："從天墜者，從地出者，從四方來者，皆離吾網。"湯曰："嘻！盡之矣，非桀其庸為此？"湯乃解其三面，置其一面，更教之祝曰："昔蛛蝥作網，今之人循序，欲左則左，欲右則右，欲高則高，欲下則下，吾取其犯命者。"一漢南之國聞之曰："湯之德及禽獸矣。"四十國歸之。人置四面，未必得鳥，湯去三面，置其一面，以網四十國，非徒網鳥也。②

《史記》卷三《殷本紀》：湯出，見野張網四面，祝曰："自天下四方皆入吾網。"湯曰："嘻，盡之矣！"乃去其三面，祝曰："欲左，左。欲右，右。不用命，乃入吾網。"諸侯聞之，曰："湯德至矣，及禽獸。"③

《釋氏稽古略》卷一《帝湯》：湯出見張網四面，湯為解其三面，更其祝曰："欲左者左，欲右者右，欲高者高，欲下者下，不用命者入吾網。"漢南諸侯聞之曰："湯德及禽獸。"歸之者四十餘國。④

由以上文字比較可以發現，《帛書》所敘版本雖相對獨特，但文字量與《呂》《新書》《新序》相仿，而《史記》《釋氏稽古略》篇幅大概為《帛書》的一半。

若將以《呂》為代表的傳世文獻相關記載看作一體與帛書相比，我們發現差異較大的筆墨多是商湯修改祝詞之前的故事細節：祝網者"古蛛蝥作網，今之人緣緒"之語被省略而商湯的話語中保留，有司其人和與商湯的簡短對話完全被略，而商湯之語卻增加了句"嘻！盡之矣。非桀其孰為此也"。其結果是故事中商湯的語言更為完整豐富，其形象更加突出，而漁者、有司卻被簡省；祝網者的語言除了被簡省，還有改動，帛書中"左者右者，上者下者"等語在傳世文獻中成了"從天墜者，從地

---

① 賈誼 撰：《新書校注》，中華書局，2000 年，頁 279。
② 盧元駿 注譯：《新序今注今譯》，臺灣商務印書館，中華民國六十六年 12 月 2 版，頁 155。
③ 司馬遷 撰：《史記》（第一卷），中華書局，1982 年第 2 版，2012 年第 26 次印刷，頁 95。
④ 釋覺岸，釋幻輪 著：《釋氏稽古略·續集》，江蘇廣陵古籍刻印社，1992 年 12 月第一版，頁 21。

出者,從四方來者"這樣更加廣闊、包羅天下四方的祝詞,表現了祝網者斬盡殺絕式的貪婪,對比之下更突顯了商湯之德及禽獸的聖明。

從中,我們似乎可以看到,在故事流傳的過程中,人們往往會逐步充實對帝王、主角的描寫,或選擇帝王、主角形象更加突出的故事版本進行記載,這在某種程度上是一種放大乃至神化主角的趨向,與中國繪畫特有的烘托主角高貴身份的"主大從小"構圖方式不謀而合,可以說,這是"主大從小"在文字敘述方式上的體現,用以烘托主角的形象。

這個事件是商湯懷柔四海、德及萬物的有力證明,即便是演義小說,也會引用這個故事加以描述,如《封神演義》第一回《紂王女媧宮進香》:

> 桀王怒,囚湯於夏臺。後湯得釋而歸國。出郊,見人張網四面而祝之曰:"從天墜者,從地出者,從四方來者,皆罹吾網!"湯解其三面,止置一面,更祝曰:"欲左者左,欲右者右,欲高者高,欲下者下;不用命者乃入吾網!"漢南聞之曰:"湯德至矣!"歸之者四十餘國。①

《呂》《新書》等簡省了商湯與張網者對話的情境和緣由,演義則為進一步增色商湯的光輝形象予以想象的加工,故事本發生在商湯巡守途中,在這裡則被猜測描述為被囚得釋的歸國途中,更加反襯出商湯具有即使自己剛剛身陷囹圄處於困境,也不忘仁愛世人世物的珍貴品德。演義作為文學作品,更重故事性而輕事實,使得這個故事裏商湯的形象得到進一步放大。

此外,關於最後歸順商湯的諸侯國數目,帛書作"四十又餘國",上文所引的五部包括演義小說在內的傳世文獻中,除《新書》未提及確切數字,其餘皆為"四十國"或"四十餘國"。但李善注《文選》時在卷三卷六等處也多次提到《呂》中這則故事並略加描述,歸順諸侯的數目作"三十國":"善曰:《呂氏春秋》曰:'湯見罔置四面,湯拔其三面,置其一面,祝曰:昔蛛蝥作罔,今之人學紓,欲高者高,欲下者下,吾取其犯命者。

---

① 許仲琳 撰:《全像商周傳·封神演義》,清康熙間金陵德聚堂本,哈佛大學漢和圖書館藏。

漢南之國聞之,曰:湯德至禽獸,三十國歸之。'"①

《藝文類聚》卷十二《殷成湯》也記載了此故事,與《吕》《新書》等在故事情節和用字用詞上皆類似,但歸順商湯的諸侯國數目則作"三十六國":

> 凡二十七征而德施於諸侯。出見羅者,方祝曰:"從天下者,從地出者,四方來者,皆入吾羅。"湯曰:"嘻!盡之矣。非桀其孰能為此哉。"乃命解其三面,而置其一面,更教之祝曰:"欲左者左,欲右者右,欲高者高,欲下者下,吾取其犯命者。"漢南諸侯聞之,咸曰:"湯之德至矣,澤及禽獸,况於人乎。"一時歸者三十六國。②

古人引書不似今人嚴謹,或有加工,或有錯漏,而異文繁多。帛書記載的古軼書,為我們提供了新一種版本,更彌補了傳世文獻所未錄的對話情境。

至於歸順諸侯的具體數目,也許本就為虛指,以渲染歸順諸侯之多、商湯仁德之高,但更具文獻真實性的帛書為"四十又餘國",且《吕》《新序》等也與帛書所載大略一致,李善之注與《藝文類聚》兩說,不論知名度、影響力還是可信度,都不及帛書與《吕》之說,故當以"四十又餘國"為佳。

---

① 蕭統編,李善注:《文選》,中華書局,1977年11月第一版,頁63。
② 歐陽詢撰,汪紹楹校:《藝文類聚》(上),上海古籍出版社,1982年版,頁221。

新見古璽釋地一則

馬曉穩①

提　要：本文對《大風堂古印舉》中所錄一枚戰國古璽中的地名進行了釋讀。認爲闕釋之字當釋爲"莑"。璽文可讀作"閼與市",即戰國閼與地方市官使用的印信。其地戰國原爲趙地,後歸秦。

關鍵詞：大風堂古印舉；莑余；閼與

《大風堂古印舉》收錄下揭一方戰國官璽②：

原釋文作"□余𡊄"。闕釋之字上爲艸形,下部从虍从人,"人"字兩側又贅加兩豎筆作羡符,遂使該字不易辨識。該字應隸作"莑",从虍得聲。上博楚簡《容成氏》有如下字形,我們略舉數例：

---

①馬曉穩,吉林大學古籍研究所、出土文獻與中國古代文明研究協同創新中心　博士生　長春　130012。

②孫家潭編著：《大風堂古印舉》,西泠印社出版社,2009年12月第1版。

於是～方百里之中。① （6號簡）

　堯於是～爲車十又五乘。 （14號簡）

　於是～夾州、徐州始可處。 （25號簡）

是字與我們討論之字下所從相同,在簡文中全部用爲"乎"。

從印文"坿"字構型判斷,該璽是三晉遺物,"虍余"也應爲三晉地名。裘錫圭先生在《戰國文字中的"市"》②一文中曾經討論過《季木藏陶》所錄的一方"虖與坿"陶文③,如下揭:

裘先生考證說:"疑虖與即閼與。《說文》謂'閼'从'於'聲,於、虖皆魚部字。('閼'可能由戰國文字及秦漢篆文'䦙'訛變。'䦙',即'閒'字異體,金文或作'𨳇',古音與'虖'極近)。閼與今在山西和順縣西北,戰國時爲趙邑。"④

"虍余"亦可讀爲"閼與"。"虍"從"虎"得聲,上古屬曉母魚部。"閼"從"於"得聲,上古影母魚部字。韻部相同,聲母皆爲喉音,上古讀音十分接近。上舉楚簡《容成氏》諸字用爲"乎",亦可說明"虍"、"閼"音近可通。"余"、"與"古有相通例。如從"與"得聲的"嬩"字,《說文》:"嬩,讀若余。"

---

① 辭例採用寬式釋文。

② 裘錫圭:《戰國文字中的"市"》,《古文字論集》,中華書局,1992年8月第一版;又《裘錫圭學術文集》,復旦大學出版社,2012年6月第1版,第三卷,頁330。

③ 《新編全本季木藏陶》重新編號爲0934。周進集藏,周紹良整理,李零分類考釋:《新編全本季木藏陶》,中華書局,1998年10月第1版,頁254。

④ 裘錫圭:《戰國文字中的"市"》,《古文字論集》,中華書局,1992年8月第一版;又《裘錫圭學術文集》第三卷,頁330,復旦大學出版社,2012年6月第1版。

閼與，其地先屬趙，後歸秦。《史記·趙世家》："惠文王二十九年，秦、韓相攻，而圍閼與，趙使趙奢將，擊秦，大破秦軍閼與下。"又《史記·秦本紀》："（秦昭王）三十八年，中更胡陽攻趙閼與，不能取。"關於"閼與故城"的方位，《水經·清漳水》注云"又東北徑梁榆城南，即閼與故城。"梁榆城即今和順縣西北①。

"閼與"亦可寫作"閼輿"，見《殷周金文集成》收錄的一件"閼輿"戈（10929）②。

最後需要說明的是，戰國文字中同一個地名往往可用音近之字相假，如位於今山西霍州的"虓"地，三晉文字作"鄜"③，清華簡《繫年》作"敢"（第3簡）；位於河南汝州的"梁"地，《包山楚簡》作"鄝"（第165簡）或"邚"（第179簡），而清華簡《繫年》寫作"郎"。所以三晉地名"閼與"又可作"虍餘"、"閼輿"便是很自然的事情了。

"閼與坏"即戰國閼與地方市官使用的印信。

本文初稿寫於2010年夏，先後蒙徐在國、吳良寶兩位先生審閱，志此申謝。

---

①《史記正義》引《括地志》云古有三地名"閼與"："閼與，聚落，今名烏蘇城，在潞州銅鞮縣西北二十里。又儀州和順縣城，亦云韓閼與邑。二所未詳。又有閼與山在洺州武安縣西五十里，蓋是也。"李家浩認為潞州銅鞮的"閼與"當是"烏蘇"的音訛。與趙之"閼與"無關，見李家浩《戰國於疋布考》，《中國錢幣》，1986年第4期。

②參看陶正剛《山西臨縣窯頭古城出土銅戈銘文考釋》，《文物》，1994年第4期。

③見《中國歷代貨幣大系·先秦貨幣》1814、《殷周金文集成》11382。

碑刻注音材料校理①

何　山②

提　要：碑文書撰者遇有難識、難辨之字，便選擇適當方式標注該字的應讀之音或調，並由書刻者鎸之於石。碑刻注音材料主要集中於唐宋時期，包括隨文和集中標注漢字讀音兩種類型，注音方式爲標調、直音、反切和描述發音方法四種，以反切注音爲主。這些材料真實記錄被注字的當代讀音，反映字音歷時變化情況，是漢語語音學和語音史研究的原始依據。由於不明注音體例、文字泐蝕、字形俗訛等原因，學者們對注音材料的識斷和處理常常出現失誤，導致注音信息失真，影響其文獻和研究價值，有必要對照碑拓補正其缺誤，從而整理出一份完整、科學、準確的碑刻注音資料，爲進一步利用和研究提供幫助，同時也爲碑誌文校理提供新的視角和方法。

關鍵詞：碑刻注音材料；校理；漢語語音史

碑文書撰者遇有難識、難辨的字，便選擇適當方式標注該字的應讀之音或調，並由書刻者鎸之於石，形成寶貴的古代碑刻漢字語音材料。如北宋開寶五年《寶儀墓誌》："建兹爲識，尤覺銷魂抆淚，濡毫勒銘於

---

① 基金項目：國家社科基金項目"宋遼金元石刻異體字研究及新見字字形譜（15BYY115）"。
② 何山，西南大學漢語言文獻研究所、出土文獻綜合研究中心副研究員　文學博士　重慶 400715。

石。"①"識"字下並排書小字"音志",表明該字讀音與"志"相同,即音"zhì",記錄標誌這個詞義。因本通墓誌前文有云:"始娠之歲,文曲燦其祥光;載誕之辰,尼丘聳其瑞表。成童之後,識者多之。"又云:"惟公端厚直方,孝友恭肅,以雄文茂學爲入士之用,以宏才敏識爲戀官之基。"兩段誌文出現兩"識"字,分別表知道、才識之義,均應音"shí"。爲避免同一誌文中同字異詞產生混淆,便於區分,碑文製作者就給"建兹爲識"的"識"字加注讀音,以使碑文識讀者能通過所注之音正確分辨字詞對應關係,準確理解字詞義和文意,起到因聲別義的作用。碑刻字音資料主要集中於唐宋時期的碑誌文,注音方式爲標調、直音、反切和描述發音方法四種,以反切注音爲主。具體材料包括隨文和集中標注漢字讀音兩種類型,前者如上舉《竇儀墓誌》所注字音;後者目前所見僅有北宋咸平二年《篆書目錄偏旁字源碑》(下簡稱《字源碑》),碑拓229個標音篆文偏旁有227個偏旁的注音信息基本清楚,採用直音和反切兩種注音方法,其中直音法共14例,反切法共213例②。兩種注音材料真實記錄了被注字的當代讀音,反映字音歷時變化情況,是漢語語音學和語音史研究的原始依據和實物憑證。

漢字語音研究源遠流長,古人早有注意。《公羊傳·莊公二十八年》:"二十八年,伐者爲客,伐者爲主。"何休注:"伐人者爲客。讀伐長言之,齊人語也。見伐者爲主。讀伐短言之,齊人語也。"何休之注言明因表現主動和被動的關係,"伐"字有長短兩讀,只是這種判斷完全出於個人語感,不能從漢字本身看出字音的長短之別。從漢末魏晉開始,各歷史時期都留下有關描寫和説明字音的材料,碑刻注音是這些文獻材料的獨特板塊和重要補充,彌足珍貴,成爲進一步開展漢字語音研究的重要支撐點。由於碑刻注音體例多變,不夠規範,難以明判,加之文字泐蝕、字形俗訛等原因,學者們對注音材料的識斷和處理常常出現失

---

① 趙君平、趙文成:《河洛墓刻拾零》,北京圖書館出版社,2007年,頁667—668。
② 何山:《碑刻注音材料淺論》,《古籍整理研究學刊》2015年第3期。

誤,如缺録、誤録注音字,誤將注音字納入碑誌文句等,導致注音信息失真,極大影響碑刻注音材料的文獻和研究價值,有的甚至干擾碑文斷句和標點,引發碑刻文獻整理問題,因此有必要對照碑拓原文補正其缺誤,從而整理出一份完整、科學、準確的碑刻注音資料,爲學界進一步利用和研究該種材料提供幫助,同時也可爲碑誌文釋讀、整理、校勘提供新的視角和方法。

一、碑刻隨文注音材料校理

碑刻隨文注音信息通常位於被注音字下邊或旁邊,以雙行小字標注。目前我們已發現 6 篇碑誌文採用此種標音方法,約 20 餘條。如唐大中六年《杜順和尚行記》、唐咸通十五年《孔紓墓誌》、北宋淳化元年《溫仁朗墓誌》、北宋開寶五年《竇儀墓誌》、北宋元祐九年《劉伯莊等造陀羅尼經幢》、北宋紹聖四年《如意輪陀羅尼經》等。學者們迻録整理這些材料時或因不明注音之例,或未能準確分辨碑誌文文句,或不辨俗字等,包括古書在内的各著録成果常常出現誤判誤録注音文字等問題,有的處理失當,甚至造成碑文表述混亂,結果嚴重影響材料的科學利用。我們可充分發揮碑拓的校勘價值,糾正錯誤,還原文獻的真實面貌。先看碑刻隨文注音字釋録問題。

1. 唐《杜順和尚行記》:"擲於急流中而復見。"拓本"見"下右側刻旁注小字"胡甸反",意在以反切注音標示該字讀同"現"。

《金石萃編》(下簡稱《萃編》)卷 114 按原碑格式照録"見"下注音小字"胡甸反"[①]。限於體例,《萃編》文字釋録保持原碑既定格式而未作任何改動,亦未作説明。《全唐文》卷 793 載録此碑文,卻徑直忽略三個注

[①] [清]王昶:《金石萃編》,陝西人民美術出版社,1990 年。

音字,既不忠於碑之原刻,又失卻"見"應讀何音的特殊提示。《杜順、華嚴寺與〈杜順和尚碑〉》①文後所附釋文云"擲於急流中而復見胡甸反,乃是宿根深債",直接將反切注音"胡甸反"三字錄入碑文,導致文句不暢,表意含混。而《授堂金石文字續跋》(下簡稱《續跋》)②卷6云:"'見'字旁注'胡甸反'。"以跋語形式特別説明,有助於對碑誌隨文注音現象的認識,其處理方式值得借鑒。

2.唐《孔紓墓誌》:"會大學士出將。"拓本"將"字下鐫刻有並排標調小字"去聲"。

《萃編》卷117據碑拓照錄"將"字下標調小字"去聲"。清武億《續跋》亦著錄該誌,題名作《左拾遺孔紓墓誌》,並題跋云:"誌内'出將'句旁注去聲,始知有病旁注句、字甚矣! 旁注句、字皆《金石例》所無。"《續跋》又於《杜順和尚行記》跋尾云:"惟《孔紓墓誌銘》'出將'字旁注去聲,他金石刻所希聞。"武億明確指出旁注的對象和内容,並從碑刻體例角度分析其特殊性,可引導碑銘釋讀者將文獻載體和表達形式結合起來,科學把握碑刻字音旁注問題。而《唐代墓誌彙編》③將"去聲"二字錄作缺字替代號"□□",且未作任何説明,導致原刻信息不全,不利於誌文閲讀和理解。

3.北宋《溫仁朗墓誌》:"疢則馳名於漢代,嶠則振譽於晉朝。"拓本"疢"下以並排小字"音忽"標注該字的應讀之音。

拓本"疢"下有並排小字"音忽",本爲標音字,意在標注該字的實際讀音。但《全宋文》④將其錄作整字"谻",所在文句變爲"疢、谻則馳名於漢代","疢""谻"作並列人名,與誌文下句節奏不協,對文不工,明顯誤解了墓誌原文所用的直音之法。依誌文所示讀音斷之,《全宋文》釋"疢"爲

---

① 路遠:《杜順、華嚴寺與〈杜順和尚碑〉》,《文博》2008年第2期,頁59—63。
② [清]武億:《授堂金石文字續跋》,《石刻史料新編》第1輯第25册,臺灣:新文豐出版公司影印,1979年,頁19217。
③ 周紹良、趙超:《唐代墓誌彙編》,上海古籍出版社,1992年,頁1112。
④ 曾棗莊,劉琳:《全宋文》(第7册),上海辭書出版社,2006年,頁93。

"疷",可從。因《廣韻》《集韻》均收"疷"字,列呼骨切,音忽,與誌文注音相合。

再核之史書,其所載早期溫姓著名人物爲漢初的溫疥,因隨劉邦征戰有功,被封爲惸侯。《史記·高祖功臣侯年表》記溫疥封國爲"啕",《漢書·高惠高后文功臣表》記溫疥封惸頃侯。後句"嶠"即溫嶠,東晉名臣,與陶侃共同平定蘇峻之亂①。結合誌文表述和史乘記載,"疷(疷)"當爲"疥"的訛俗字,"疥則馳名、嶠則振譽"以史實爲典,對仗工整,切合文意和史載。至於誌石此處爲何寫成了"疷"並"音忽",值得進一步探討。

可見,爲數有限的碑刻隨文注音字,文獻釋録時引發出各種問題,極大地影響到這些珍貴材料的研究價值。加之材料相對分散,不易形成規模效應。所以進行文獻整理時應選取適當的處理方式,如加符號特別標記,或以按語、注語進行説明等,做到既不丢失碑誌原文信息,又一目瞭然,易於分辨和使用,從而充分發揮其在語音研究中應有的同時語料價值。

二、整碑集中標注漢字讀音的注音材料校理

《字源碑》首題云:"篆書目録偏旁字源五百四十部,其建首立一爲端,畢終於亥。南岳臥雲叟宣義大師賜紫夢英書兼自序,安文粲鐫字。"因系名家書撰刊刻,古今石刻書多見著録。《寶刻叢編》、《石墨鐫華》、《關中金石記》、《潛研堂金石文跋尾》、《陝西金石志》等均以跋尾形式對

---

① "溫嶠"其人《晉書》卷 67 有傳。

碑文內容進行介紹、評價;《北京圖書館藏中國歷代石刻拓本彙編》①、《西安碑林全集》②收錄拓片;《八瓊室金石補正》③(下簡稱《八瓊室》)卷87、《金石續編》④卷 13 均摹刻碑文並附題跋,《全宋文》卷 41、卷 103 分別收載《答英公大師書》和《偏旁字源目錄序》。核之碑拓,發現已有釋文中的注音文字有誤錄、缺脱、改字等問題,可利用拓本校理如下。

(一)誤錄形近字

(1)碑拓篆文"丈"下本爲楷書反切注音"弋忍",原碑"弋"字稍泐,但仍可明辨,《金石續編》誤錄作"戈",字形不一,切音也不合。

(2)碑拓篆文"朿"下注"千賜"切,切上字"千"《八瓊室》誤錄作與之形近的"于"。

(3)碑拓篆文"狀"字下注"牛巾"切,切下字"巾"《八瓊室》錄作"市",爲形近誤錄。

(4)碑拓篆文"丩"字下注"己州"切,切上字"己"《八瓊室》、《金石續編》均誤錄作"巴"。

(5)碑拓篆文"彌"字下注"力狄"切,切下字"狄"《八瓊室》、《金石續編》均誤錄作"伏"。

(6)碑拓篆文"奞"字下注"先信"切,切下字"信"《八瓊室》、《金石續編》均誤錄作"佳"。

(7)碑拓篆文"羴"字下注"式延"切,切上字"式"《八瓊室》、《金石續編》均誤錄作"武"。

(8)碑拓篆文"壴"字下注"竹句"切,切下字"句"《八瓊室》誤錄作"旬"。

---

①北京圖書館金石組:《北京圖書館藏中國歷代石刻拓本彙編》(第 38 册),中州古籍出版社,1989 年,頁 2。
②高峽、王其禕等:《西安碑林全集》(第 26 册),綫裝書局,2000 年,頁 2679。
③[清]陸增祥:《八瓊室金石補正》,北京:文物出版社,1985 年。
④[清]陸耀遹:《金石續編》,上海古籍出版社,1995 年。

(9)碑拓篆文"矢"字下注"俎力"切,切下字"力"《八瓊室》、《金石續編》均誤錄作"肉"。

(10)碑拓篆文"朩"字下注"他刀"切,切下字"刀"《八瓊室》、《金石續編》均誤錄作"刃"。

(11)碑拓篆文"弜"字下注"巨丈"切,切下字"丈"《八瓊室》誤錄作"文"。

(12)碑拓篆文"茄"字下注"胡頰"切,切下字"頰"《八瓊室》、《金石續編》均誤錄作"類"。

形近字豐富是漢字系統的顯著特點,也是造成漢字難記、難辨的根本原因。文字形近相混是造成《字源碑》各著錄書釋文錯誤的主因,形近誤錄在所有著錄問題中佔主體。上列 12 條誤錄之字拓片都基本清楚,只是原字與誤錄字形體較爲相近,釋讀者因未細辨字形區別特徵而誤此爲彼,反切讀音也隨之不合於被切字,結果嚴重影響注音效果。

(二)因避諱而改作他字

(1)碑拓篆文"凵"字下注"丘於"切,切上字《八瓊室》、《金石續編》均未按原刻錄作"丘",而錄作"邱",雖讀音相同,但字形有異。究其原因,清代避孔丘諱,於是兩書錄文通過增加構件"阝"的方式,將"丘"改作"邱"字,以實現避諱之要求。

(三)誤辨模泐字

(1)碑拓篆文"太"字下注"他㚁"切,切下字稍泐,根據實際字形容易斷其右邊構件應爲"頁",確定該字具體爲何字的難點在左邊構件,因拓本文字僅留其左下部的幾個筆跡。查驗《八瓊室》、《金石續編》摹錄文字,兩書均將切下字錄作"頞",但"頞"與"太"的韻母明顯不同,同《廣韻》、《集韻》"大(太)"字下所列"徒蓋、他蓋"等反切之音也有較大差異,證明將切下字定作"頞"是錯誤的。諦審碑拓字形,特別是認真分析其左邊殘留筆畫走勢,再根據碑刻文字書寫規律和字形輪廓綜合判斷,便可得知切下字左部非構件"安",而應是"亥"的俗寫形體,則整字"㚁"實爲"頦"字。"他頦"、"他蓋"、"徒蓋"三反切所表聲韻相同,與被注音字"太"的讀音也完全一致。《字源碑》所擬字音實質是暗借韻書反切,並將其上下字加以同音變換而得。字形模蝕殘泐乃碑刻文字之常態,文獻整理必需結合碑刻學、書法學、文字學、語音學等跨學科知識,才能作出正確判斷,得出科學的結論。

(四)錄作原字的異體字

(1)碑拓篆文"殺"字下注"所扎"切,切下字拓本作"扎",清晰可見。《八瓊室》錄文改變"扎"的左邊構件而作"札"。碑刻文字構件"扌"、"木"訛混不分已成通例,《八瓊室》爲摹寫本,亦遵循此通例。故"札"同"扎",兩字異體而讀音相同。

(五)文字缺脫

(1)碑拓篆文"�"字下注"工安"切,反切之音與被切字讀音相吻合。拓本切下字"安"稍泐,但基本可識,《金石續編》、《八瓊室》均缺錄,導致注音信息不全,不能反映"釬"字在宋代的實際讀音,當補。

(2)碑拓篆文"麤"字下注"七吾"切,《八瓊室》、《金石續編》均未錄注音字,而僅錄篆文"麤"對應的楷書轉寫字,改變了文獻原貌。

(六)照錄訛刻字

(1)碑拓篆文"囪"字下注"乂江"切,而《廣韻》"囪"字下收列楚江、倉紅兩個反切,《集韻》收列初江、麤叢兩個音切。《字源碑》與韻書反切上字音韻地位懸殊,導致所切字音與"囪"字聲母迥異,説明碑拓"乂"應係人爲訛刻字,這可從兩方面進行考證:其一,調查簡化字源,"义"簡作"乂"最早出現於元抄本《京本通俗小説》①,《宋元以來俗字譜·十三畫》引《通俗小説》等"義"字下錄簡體"义"②,其產生時代明顯晚於《字源碑》。其二,從語音層面看,"義"與"囪"聲母明顯不同,"義江"組合不能

---

①張書岩:《簡化字溯源》,語文出版社,1997年,頁84。
②劉復、李家瑞:《宋元以來俗字譜》,國立中央研究院歷史語言研究所刊,1930年,頁128。

切出"囟"字之讀音。不論是語音拼合還是字形產生時代,都可證明碑文"乂"並非"义"的簡體字。根據碑刻文字變異特點和規律分析,碑拓"義"應爲"叉"的訛誤字。"叉"訛作"義"文獻早見用例,如浙敦 026《普賢菩薩説證明經》:"爾時普賢菩薩即從座而起,整衣長跪,叉手前白佛言。"又:"毗樓勒叉天王獻佛白銀缽。"寫卷兩處"叉"字均寫作"乂"①。碑石字形訛刻現象時有發生,這是由石質載體、書刻方式、製作責任者技術水平等綜合因素所造成的,其結果使得材料整理者、利用者等難以進行準確的字形識別和語音分析,碑文迻錄整理時需通盤考察,仔細審辨,才能突破訛誤字形障礙,尋求正確的注音文字。因此,《字源碑》"乂"爲"叉"之俗字無疑,"叉江"切音與"囟"字讀音完全一致。《金石續編》、《八瓊室》均簡單照錄碑拓"囟"字下所注"乂江"之反切,無注釋,亦未在跋尾進行辨别或説明,使錯誤依舊,把問題留給後人,這是碑刻等古籍整理應該避免的。

不論文字誤釋、漏錄注音字還是其他問題,都改變了碑拓注音材料的原始狀貌,有損材料所記語音的實際效果,極不利於材料的進一步研究和科學利用。經過上述校理,補正了《字源碑》已有著錄成果中有關字音的缺誤,系統梳理了避諱字、異體字、訛刻字等特殊文字現象,可爲學界提供準確完整的語音研究材料,彰顯出碑刻拓本在文獻校理中的重要作用。

三、結語

碑刻隨文夾雜和集中標注的注音材料都是漢語語音研究的重要對象,是漢語語音史研究不可或缺的基本材料,真實性、可靠性、針對性、

---

① 黃征:《敦煌俗字典》,上海教育出版社,2005 年,頁 38。

實用性、時代性都很强,語料價值和研究價值突出,在考求漢字古音,抉發特殊語音現象,揭示字音的複雜來源和歷史層次等方面具有特殊意義。但目前這些材料或分散於各書所著錄的石刻文裏,或散在各地的不同石刻原物中,急需進行專門收集和科學整理。從上文對石刻注音材料的校理情況可知,已有著錄成果只重視公佈當時所能見到的碑刻原材料,包括部分含有文字注音信息的材料,但並未重點關注其中的注音信息,更未對其進行系統整理歸納。碑文迻錄過程中,由於受到注音體例、字形變異、文字模泐、音效分辨等因素的影響,學者們對兩類注音材料的處理存在不同程度的誤判和誤斷,嚴重削弱了這些材料的實際價值,這是後續注音材料整理研究應當特別注意的,同時也表明本文的校理工作是十分有意義的。我們相信,隨著碑刻注音材料的陸續發現和科學整理,必將對漢語斷代音系和語音史研究提供更大支撐和有效幫助。

金元之交"宗派之圖"碑與北方宗族社會的重構①

周曉冀②

提　要：金元之交，北方漢人宗族最先興起於軍功家族。他們利用"根腳"和"承蔭"確立社會地位，在墓碑上刻立"宗派之圖"，以求譜系的長久保存。這些軍功家族通過有意識的世系選擇，形成了以父系原則為核心的宗族組織，實現了民間家族組織向宗族的自然轉化。13至14世紀，這種"宗派之圖"碑集中在魯中山地出現，反映出北方漢人宗族，在蒙元統治下爭取權利、擴大影響的努力。"宗派之圖"是一種樸素的系譜傳承方式，既有當地碑刻文化的傳統影響，又有鮮明的世俗化特徵。北方宗族流行利用碑刻記錄宗支世系和分派，表現出與南方地區不一樣的譜牒類型和特點。

關鍵詞：元代宗族；漢人世侯；軍功家族；宗派之圖；魯中山地

　　安史之亂和唐末戰爭導致傳統世族勢力崩潰，五代之時華北地區已無大族可言。至北宋時期，由儒學家推動的宗族復建活動陸續展開，出現了新型的官僚縉紳宗族。然而隨著女真和蒙元的入侵，華北人口大量減損和南遷，血緣與地緣結合的社會結構趨於瓦解。金元之交，北方漢人軍功家族開始興起，並對明清以後的宗族發展產生深遠影響。

---

①本文寫作得到上海師範大學研究生優秀成果（學位論文）培育項目經費的資助，項目編號：B600112103128。
②周曉冀，上海師範大學人文與傳播學院　2013級博士研究生　上海　200234。

如果說，宋人主要進行的是宗族理論的探討，那麼元人則在實踐上構築了完整的新宗族形態①。

元人的宗族實踐主要體現在宗族組織的民間化和世俗化。不但出現了大宗祠和各種管理規範的族田，族譜形式和內容上也更加豐富，譜圖之法成為元譜的定例，表達出對更遠世系的追求。元代宗族的這些新變化起於金元之交北方的漢人世侯和軍功家族，他們通過刻立"宗派之圖"碑，強化了保存譜系的意識。尤其是這些軍功家族通過有意識的世系選擇，形成了以父系原則為核心的宗族組織，實現了民間家族組織向宗族的自然轉化。這些新興的父系血緣團體，不但具有北宋以來宗族組織的一般特徵，而且逐漸走上與南方地區宗族發展不同的道路。13世紀的魯中山地，是蒙元、金和南宋以及紅襖軍和各種地方武裝混戰的區域，"宗派之圖"碑集中出現於此有其歷史必然性。

漢人世侯在面對民族與宗族問題上的對策以及他們的身份認同問題，一直為學界所關注②。而對於漢人世侯和軍功家族在先塋碑上刻錄譜系的社會意義的研究則剛剛處於起步階段。較有代表性的成果除常建華《元代族譜研究》、魏峰《先塋碑記與元代家族組織》、王霞蔚博士論文《金元以降山西中東部地區的宗族與地方社會》等以外，還有日本學者飯山知保連續在幾個學術會議上的專文討論。飯山知保的文章提出幾個重要觀點，一是先塋碑是特在蒙元時期北方流行的一種世系碑刻，是新興官員第一次記錄家族譜系的媒體。二是到13世紀末，平民家族也開始建立先塋碑，於是把系譜刻在先塋碑上成為北方地區的普遍現

---

① 馮爾康等《中國宗族史》，上海人民出版社，2009年，頁164。
② 蕭啟慶《內北國而外中國：蒙元史研究》，中華書局，2007年；符海朝《元代漢人世侯群體研究》，河北大學出版社，2007年；章毅《元代徽州路的軍功家族》，《安徽史學》2015年第3期；趙文坦《漢人世侯與蒙元關係的演變——以世侯征伐鎮戍為中心》，《文史哲》2010年第2期；《金元之際漢人世侯的興起與政治動向》，《南開學報》2000年第6期。

象①。這些觀點對本文有重要的啟發意義,但是也有些觀點需要對話和糾正。比如他認爲蒙元時期北方人沒有意識到蘇洵和他們立碑之間的延續性,元明之後建立先塋碑事例突然消失的判斷以及未曾見過金元先塋碑把系譜刻在石頭上的實例等。顯然,材料的限制影響了其觀點。魯中山地在金元之交出現的世系碑刻,不僅局限於先塋碑,還有墓誌和神道碑等形制,而且形成了一種"宗派之圖"的類型,譜文中的內容也有許多新的發現。本文即嘗試以軍功家族"宗派之圖"碑的材料,來分析身處社會危機,華北地方宗族如何處理民族和家族、生存和發展的矛盾,又是如何在元代順利實現身份轉變,而適應新的政治經濟和文化環境的。這些問題涉及到金元之交北方漢人的國家認同以及蒙元的民族觀,值得認真加以考量。

一、宋金時期魯中山地的宗族和譜牒形態

錢大昕在《十駕齋養新錄》卷一二《郡望》條談到,"五季之亂,譜牒散失。至宋而私譜盛行,朝廷不復過而問焉"②。宗族的重建和譜牒的創修都離不開儒學的理論建設和實踐推廣。而魯中山地在宋代正好具備了濃厚的儒學氛圍。孫復、石介和胡瑗並稱"宋初三先生",他們設壇授徒,提倡以仁義禮樂爲學,以繼承儒家道統自居。石介與孫復均與歐陽修交好,後者曾爲二人作墓誌銘。歐陽修是新式宗族和譜牒的宣導者,不但以"斷自可見之世"爲原則,創修了《歐陽氏譜圖》,還將宗族世系刻在碑上。南宋歐陽守道曾記:"熙寧見六一公作世次碑。"③徂徠石

---

① (日)飯山知保《金元時期北方社會演變與"先塋碑"出現的意義》,《第十四屆中國社會史學會年會論文集》,山西大學,2012年,頁686。
② (清)錢大昕著,楊勇軍整理《十駕齋養新錄》,上海書店出版社,2011年,頁228。
③ (南宋)歐陽守道《巽齋文集》卷十一,《黃師董族譜序》,文淵閣四庫全書二十七卷本,頁9。

氏的宗族實踐則更早,石介於康定二年(1041年)撰《石氏先塋墓表》,對曾祖以下宗支世系情況敘述詳盡。後晉時期石氏分為五大院,之後大院又分十六小院,至石介時共有族人五十四,在宋初已成為一定規模的宗族①。石介所作墓表意在尊祖而收族,"祀遠,惟介之烈考能談其譜,討源及流,實為詳盡。小子嘗受之烈考,終不有識,大懼墜落。又為石高五尺,廣二尺三寸,厚一尺,列辭二千三百六十八字,表於墓前,以傳萬世。"②從文意上看,似乎是以文章譜的形式刻立的墓表,也算是一種石刻的譜牒③。徂徠石氏一族是北宋比較典型的地主官僚宗族,儘管世系和規模都很有限,但在魯中山地的宗族發展史上具有代表性。

金朝統一黃淮地區之後,猛安謀克與漢人雜居,北方的社會經濟與階級關係發生變化。政府括籍奪田,"悉租與民",使"農民重困"④,漢人宗族的聚居形態遭到破壞。但是金世宗時期,由於推行與民休息政策,在山東招撫漢人歸農,"以致大定三十年之太平"。北方宗族又因此得到短暫的恢復,金大定年間各地出現了許多刻有譜系的石碑。其中有些是為漢人軍功家族所立,他們是最早一批有資格也有條件記錄長世系的宗族。如泰安徂徠鎮許家莊村的許氏,五代後期由河南許昌逃難而來,從三兄弟發展到十世五十餘家。許氏之所以在戰亂之中能夠保全宗族,除了徂徠山區閉塞的環境有利於藏身聚居之外,更賴其族人以軍功獲得庇護。金大定二十九年(1189年)許氏刻立《許氏墳林宗族之記》碑⑤,記載立碑人許志、許彬等"破正陽首登城,以功累轉昭信校尉,曾任解州商酒都監司"。碑文還談及其族的譜牒情況:"自始祖而下嘗

---

①(民國)葛延瑛修,吳元錄纂《重修泰安縣誌》卷一四,《藝文誌》"金石",泰安縣誌局,民國十八年(1929年)鉛印本。
②(宋)石介《徂徠石先生文集》卷一九《拜掃堂記》,中華書局,1984年,頁235。
③常建華先生也認為石氏墓表實際上是石譜。見氏作《宗族誌》,上海人民出版社,1998年,頁265。
④(元)元好問《遺山先生文集》,卷十八,《嘉議大夫陝西東路轉運使剛敏王公神道碑銘》,頁5。
⑤此碑於1995年春被毀,《中華泰山網》有錄文,見http://www.my0538.com/2010/1020/31884.shtml。

有一圖本,列次宗枝之名位,代代保之。然多以農桑為業,或進身於詩書,奮跡於武勇,榮膺軒冕者亦不鮮矣。□世遠不可得而詳言之,況計之片楮。又丁宋季之亂,干戈競起,舍屋既焚,因以失去,莫復錄實,誰其念之。"許氏宗族曾創簡易的世系圖本,但因宋金戰爭而毀於戰火。世系的斷裂和宗族的離散在所難免。因此碑文提出:"遠祖之後圖亡,既難推考,宜自目今十代孫列在碑陰,廣空其下,庶使來裔世世得以敘之石,至無所容,仍冀後人別加措劃,以謀長策。"能記十代子孫大概就是二三百年,已能將世系上溯至五代時期的始遷祖,這無疑是一種標準的譜牒編纂方式,尤其是"廣空其下"的做法更與"余慶錄"之類相同。金代北方漢人宗族留下的族譜很少,而多選擇將譜系刻在碑石上,這是與南宋地區宗族的重要區別之一。歐陽守道曾在《書歐陽氏族譜》中記載南方盛行紙質譜牒的情況,"前後所見同姓諸譜,但在廬陵諸邑已六七本,各巨軼細書。至臨郡清江、宜春、長沙同姓,亦各有譜"①。

　　總之,在宋金時期,北方漢人宗族的發展十分有限。特別是在金代,由於戰爭和民族政策的原因,多數漢人宗族在脫離原有的聚集形態之後,沒能繼續形成穩定和有力的血緣聯繫。戰亂又導致譜牒大量被毀,祖先墳塋也因族人遷徙流散而遺忘。人們失去有關宗族歷史和世系的記錄,只好通過為祖先刻立先塋碑,以圖保存僅有的世系記憶。因此在北方地區,墓祭成為主要的宗族活動,而軍功家族則是這一宗族實踐的代表。他們將"見在"的譜系刻在碑上,希望能在不可預見的後世保存得更為長久一些。這種世系碑刻遂成為元代"宗派之圖"碑之濫觴。然而女真政府不相信漢人執掌地方,山東一地僅為劉豫短暫所領。金代的漢人軍功家族比較少,更不可能形成地方割據勢力,漢人宗族復興的時機尚未成熟。

---

① (南宋)歐陽守道《巽齋文集》卷十九,《書歐陽氏族譜》,文淵閣四庫全書二十七卷本,頁9。

二、漢人軍功家族的興起與世系碑刻的建立

13世紀以來,隨著蒙古勢力的不斷南侵,"兩河、山東數千里,人民殺戮者幾盡"①。北方社會的宗族發展再次陷入深刻危機。"貞祐之亂"中,"盜賊滿野,向之倚國威以為重者,人視之以為血仇骨怨,必報而後已,一顧盼之間,皆狼狽於鋒鏑之下"②。1214年,金宣宗被迫遷都南京(今開封),不久黃河以北盡入蒙古囊中。北方漢族豪強陸續結兵自保,在女真、南宋和蒙古各個陣營間搖擺不定。出於對金作戰的需要,蒙古在華北設立漢軍萬戶,原來的金朝軍功家族紛紛歸服③。其中勢力較大的被封為萬戶,獲得地方制轄權,準其世襲,史稱"漢人世侯"。而依附於世侯的中下級軍官,也允許其子孫世襲官職,參與南征,獲得各種擢升和恩惠。金元之交軍功家族大量出現,北方的漢人宗族由此具備了復興的條件和可能。

漢人世侯起於對外來入侵民族的反抗。金代後期,女真政府"空疏稅負,虛擔物力",激起北方漢人的反抗。而蒙古最初在華北的屠略政策,也迫使地主武裝招徠流民,形成地方割據勢力。蒙古在與金朝爭奪黃河以北地區的過程中,逐漸認識到利用當地漢人武裝的價值。同時作為成吉思汗的戰略方針,西進才是蒙古的主要目標。為彌補在漢地政治軍事力量的不足,蒙古統治者採納石抹明安和王檝的建策,變屠掠為招降。爭取漢人武裝的支持,協助蒙古滅金成為形勢所趨。

魯中山地隆起於山東省中部,北面以泰山為界接壤華北平原。東

---

① 《建炎以來朝野雜記》卷乙十九,《韃靼款塞》,中華書局,2000年,頁850。
② (元)元好問《遺山先生文集》,卷十六,《張萬公神道碑》,上海商務印書館影印,1936,頁7。
③ 還包括原先起義的紅襖軍部分將領,如李全、楊妙真。

部穿越高山峻嶺與魯東軍事重鎮青州相通。西部為肥城盆地，抵臨黄河。西南東平縣，是運河航運的重要水源補給區，宋為東平府，金代隸屬山東西路，元改東平路。魯中山地的西部和西南部是華北通往河南和江淮地區的咽喉要道①。因此，蒙古、金朝和南宋在魯中地區的爭奪十分激烈。1211年，成吉思汗率軍大舉攻金，金東平行臺調民為兵，負隅頑抗。南宋乘機收復益都（今青州），向西進入魯中山地，直逼重鎮平陰。紅襖軍也佔據泰安、長清等地，"攻劫州縣，殺略官吏，山東大擾"②。今肥城與平陰兩地相鄰③，地處魯中山地的西部，背倚黄河，低山丘陵眾多，地理位置十分重要，貞祐年間成為蒙金交鋒的前線。1215年，蒙古佔領金中都（今北京）後，派大將木華黎率偏師挺進中原，屯兵魯中山地以為據點。原先歸順金朝的漢人地方勢力，轉而迅速投靠蒙古進攻金朝和南宋。興定辛巳年（1221年）夏四月，蒙古與金朝發生東平之戰。"東平糧絕卒飢，守將果棄城遁，唆魯忽禿邀擊之，斬金人首七千級"④。東平之戰的蒙軍主力就是當地漢人豪强嚴實的部隊。

嚴實，泰安州長清人，早年"志氣豪放，不治生產"，喜歡結交江湖，"屢以事繫獄，俠少輩為出死力"，因而在民間頗有影響。成吉思汗兵進山東時，被金東平行臺任命為百戶長，後又擊潰靈岩紅襖軍張汝楫，於戊寅年（1218年）權長清令。南宋取益都後，西侵泰安、東平二州，嚴實受人譖害轉投南宋，授予濟南治中。庚辰（1220年）三月，金河南軍攻彰德，守將單仲力不支。嚴實請求出兵相救，但宋主將張林"豆遛不行"。嚴實只好以兵赴之，但為時已晚。單仲被擒，彰德失守。通過此事，嚴

---

① 境内康王河，民間有"泥馬渡康王"的傳說，據趙翼等《陔餘叢考》"高宗泥馬渡江之訛"，當為誤傳。

② 《金史》卷一〇二，《僕散安貞傳》，中華書局，1975年，頁2243、2244。

③ 肥城原為平陰屬地。至元十一年（1274年），平陰析出辛鎮寨、孝德等四鄉，其中辛鎮寨在第二年改為肥城，成為東平路下屬的中縣，平陰反而成為下縣。

④ （元）蘇天爵《元朝名臣事略》上輯卷一，《太師魯國忠武王》，大學士于敏中家藏本。《四庫全書總目提要》卷五十八，史部十四，傳記類二。

實認識到"宋不足恃",於是率部戶三十萬投奔木華黎。"木華黎承制拜實為紫光祿大夫、行尚書省事",領州縣五十四①。窩闊台七年(1235年),又授嚴實東平路行軍萬戶,轄有德、兗、濟、單,勢力範圍擴大至整個山東中西部。嚴實之子忠濟、忠範和忠嗣都因蒙蔭而授官爵、獎銀幣。嚴實三次華麗轉身,最終成為元朝倚重的一品漢人世侯,不但在統一戰爭中屢建奇功,而且奠定了嚴實家族在山東西部的地方權勢。

同嚴實類似的漢人世侯在華北地區還有很多,他們在複雜的社會環境中共同選擇歸附蒙古。這些因參與蒙古統一全國而獲得官位的新興家族,認同自己的北方漢人身份,在蒙元的統治秩序中找到了自己合適的位置。這些軍功家族並非是依靠現成的父系團體而興起的,但是當他們在地方社會具備權威和地位以後,開始嘗試構建自己的血緣世系群。這種主動構建宗族的動機和思想來源體現在"宗派之圖"碑上。"宗派之圖"是以軍功將領為核心的父系世系圖表,新興宗族將其刻在先塋碑上,起到明確血緣團體的範圍,強化血緣聯結的紐帶,保證族人特權的作用。這是一種新的石刻類型,體現了元朝盛行的"根腳"和"蒙蔭"風氣。蒙元時期的先塋碑並非是將原有譜系刻在碑石之上,而是新興宗族以碑刻為媒體第一次記錄他們的歷史②。此類世系碑刻還包括魏晉以來盛行的墓誌銘和多為王公大臣墓園使用的神道碑兩種形制。它們集中建立於13世紀後半期到14世紀,也正是蒙元政權逐漸穩定並控制全國的時期。元人的宗族實踐正是從北方漢人宗族刻立"宗派之圖"碑開始的。

---

① 《元史》卷一百四十八,列傳三十五《嚴實傳》,中華書局,2013年,頁2332—2333。
② (日)飯山知保《金元時期北方社會演變與"先塋碑"出現的意義》,《第十四屆中國社會史學會年會論文集》,山西大學,2012年,頁686。

三、元代"宗派之圖"碑刻的式樣和源流

元代的世系碑有一個共同特點,就是在碑陽記述宗族歷史和祖先功德,碑陰刻畫宗支世系圖。宗支世系圖的類型主要是"世系圖表"和"宗派之圖",前者刻在普通家族的墓碑之上,一般樣式簡陋,世系較短,主要是墓主子孫的世系排列,多數在五世之內。後者則刻在墓誌或神道碑上,額題"宗派之圖"或"祖宗之圖"。往往世系追溯至始遷之祖(某些聖賢世系碑更是上溯至孔孟諸賢),往下又及立碑者的子孫,因此形成多個分支派系的圖譜。"宗派之圖"碑實際上突破了歐蘇譜"五世為圖"的局限,合可考之族於一碑,是將大宗譜法的原則應用於小宗世系圖。這種碑刻形制高大、華麗,以蟠螭碑首和龜趺碑座為常見,並非一般士人所能製作①。

"宗派之圖"碑受北宋士人在墓碑上刻錄世系的影響,最早出現於金世宗時期的晉中南地區。現在已知最早的金代世系碑,是山西壽陽縣朝陽鎮峪口村的《峪口吳家祖塋經幢》,刻於金大定十年(1170年),為六稜形。其第一、二、三面為《佛頂尊勝陀羅尼經》經文,第四面是墓誌銘,第五面是家族世譜。世系圖從高祖開始記,從上往下排列了五代人的姓名②。另外還有三通皆為大定十一年(1171年)所立。其一為定襄縣《故周公宗派圖記》,記高祖以下三支子孫的世系,分刻四面。③ 其二為聞喜縣《裴氏相公家譜之碑》,序文中說"今欲將家譜模勒是碑,非徒

---

① (明)胡侍《真珠船·墳碑之制》說,"〔金石例〕三品以上神道碑,五品以下不銘碑,謂之墓碣"。

② 王霞蔚《金元以降山西中東部地區的宗族與地方社會》,南開大學2010年博士學位論文,頁29。

③ 牛誠修《定襄金石考》卷一,遼陽書社,1990年,頁446。

為遠近榮觀,又且為不朽之計"。碑刻唐人裴滔所撰三眷(支)譜系,體例為文章譜。其三是絳縣《西董氏家譜之記》碑,碑陽鐫《董氏宗譜圖》,記錄了八代世系。同年所立《董父豢龍碑》銘曰:"家風好事,人物多賢,譜記鐫石,永顯其傳。"①前者即已出現"宗派"之名,從題額上看明顯是一通刻有家族分支譜系的先塋碑。後兩者處於晉南地區,是早期將族譜刻碑的典型例子,且皆屬於漢人世侯和軍功家族所立。金熙宗、世宗都推崇儒教,重視孔孟後人的尋找和世系的確認,將孟子的祭祀地位提高到國家高度。因此孟氏"聖裔"制度形成,作為方便記錄家族歷史和世系的"宗派之圖",也從晉南傳播至山東。今存鄒縣孟廟的《重修鄒國公廟記》碑,刻立於金代大安三年(1211年)六月,由知泰定軍節度副使趙伯成撰文,宣威將軍、前行滕州鄒縣令王瑀立石。該碑碑陰額題"鄒國公累世孫之派",世系為橫格製表,從右至左,順次記敘孟子四十四代至四十九代子孫世系和所居村落。該碑列世系人名 27 行,各種施主姓名里籍 26 行,並說"四十三世已(以)上世系載在家譜"。這是一種多種文體混雜的世系碑刻,說明當時的"宗派之圖"碑還尚未定型。

元朝建立以後,蒙古統治者繼續推行尊崇孔孟禮教的政策,尤其注重山東地區孔孟世系的重建和恢復。元朝仿照宋金對孔孟聖賢後代的任命和恩蔭制度,在孔廟和孟廟刻立了數通世系碑,同時孔孟直系後代的墓碑也多刻錄家族世系,以示正本清源。孔廟和孟廟聖賢世系碑的集中出現,代表着"宗派之圖"樣式在鄒魯之地正式確立起來。以天順元年(1328年)山東淮南等路行省勘立的《先師亞聖鄒國公續世系圖記》碑為例,碑陰的"亞聖宗派之圖"記載了孟寧之下八世世系。世系圖為垂珠式,世代之間以直線相聯,縱線為父子祖孫關係,橫線為兄弟旁系關係。還有至順二年(1331年)所刻"皇帝聖旨裡"碑,碑陰為"孟氏宗支圖派"。碑體自上半部分刻有孔氏第三代至四十四代子孫姓名,下半部

---

① 該碑序文作者與《裴氏相公家譜之碑》同為"彭城劉若虛",篆額並書也是"西河靳願"。

分刻有四十五代孟寧至五十五代世系圖。碑文為延祐元年(1314年)中書省所下為孟氏子孫勘田免稅的官文,落款是"山東宣慰使司"。

"宗派之圖"碑由政府授意,官員參與,屬於合法的宗族行為。13世紀末到14世紀初,在統一戰爭中湧現出大量軍功家族的魯中山地,開始流行利用墓碑記錄世系和房派。肥城石橫鎮大德二年(1298年)《故都統劉公墓誌銘》,碑陰為"宗派之圖"。新泰羊流鎮元至治三年(1323年)《太守徐公神道之碑》,碑陰亦為"宗派之圖"。章丘普集鎮泰定三年(1326年)《大朝故元帥李公神道碑》,額題"宗派之圖"下刻有十世支系圖。民國《重修泰安縣誌》著錄數通元代先塋碑,其中延祐七年(1320年)《千戶平公祖塋碑記》就是典型的軍功家族碑刻,碑陰刻勒"祖宗之圖",祖先考妣與子女妻婿列於其上。另一延祐年間的《臨汶公氏祖塋碑》,碑陰亦為"宗系之圖",敘述始祖公全所生四子派下世系①。元朝統一全國後,建立先塋碑刻成為獎掖漢人世侯和軍功家族的手段。如果說孔孟聖賢之族是被動地由統治者扶持起來的,那麼元代的軍功家族則是依靠自己力量,通過獲得官職和名望而復興的。

金元之交,"宗派之圖"成為軍功家族記錄宗派世系的主要手段,而在北方地區普遍流行起來。而到了13世紀末期,庶民之族也開始在墓碑上刻錄世系圖②。清人吳式芬所著《金石彙目分編》中,記載了18通元代世系碑③。除了因蒙元政權特意尋訪和扶植的孔孟之氏,其餘建碑者的身份尚不清楚,但無疑均是皇族、世族以外的庶民。這些碑刻主要分佈於魯中山地的西南部,現列表如下。

---

① (民國)葛延瑛修,吳元錄纂《重修泰安縣誌》,卷六"藝文誌"金石三十六,泰安縣誌局,民國十八年(1929年)鉛印本。
② (日)飯山知保《金元時期北方社會演變與"先塋碑"出現的意義》,《第十四屆中國社會史學會年會論文集》,山西大學,2012年,頁687。
③ (清)吳式芬《金石彙目分編》,卷十二,山東省圖書館藏清光緒海豐吳氏刻民國文祿堂印本。

表：《金石彙目分編》所見元代譜碑（碑名依原著）

序號	碑名	碑陰	建碑時間	地點
1	元權襲封主奉祀孔肅墓記	分派圖	皇慶元年	曲阜
2	元孔子五十三世孫奉議大夫孔澄墓碣	宗派圖	至正四年	曲阜
3	元孔子五十四世孫奉議大夫孔思逮墓碑	宗派圖	至正十六年	曲阜
4	元孔子五十四世孫參政知事孔口口墓碑	宗派圖	至正十六年	曲阜
5	元胡氏先塋記	世系圖	至元三十年	甯陽
6	元孫氏墓記	宗派圖	至元三十一年	甯陽
7	元鄒國公續世系圖記	世系圖	天順元年	鄒縣
8	元楊氏先塋記	宗支圖	延祐四年	鄒縣
9	元董君墓碑	世系圖	泰定四年	鄒縣
10	元朱氏先塋記	世系圖	泰定四年	鄒縣
11	元張諒墓碑本宗圖	本宗圖	至正十三年	鄒縣
12	元任城趙君墓碣銘	宗支圖	至治二年	濟寧
13	元武斌墓碑	宗族圖	至元二年	嘉祥
14	元楊氏祖塋碑	世系圖	至正十二年	嘉祥
15	元楊氏祖塋記	宗派圖	至大三年	嘉祥
16	元邵信墓碑	宗派圖	天曆元年	嘉祥
17	元唐氏世系圖	宗派圖	至元六年	嘉祥
18	元日照縣令相林墓碑	宗派圖	至正三年	日照

　　元代較早的"宗派之圖"碑集中出現於魯中山地的西部地區，而且靠近"孔孟之鄉"的曲阜和鄒縣。這裡毗鄰魯中的泰安、肥城和新泰等地，中間有寬闊的河谷平原地帶，交通便利，是山東地區最具特色的宗族文化地帶。兩千年來儒家文化在兩地之間相互流傳而光大，其中較

為著名的例證如以漢代"孝文化"著稱的肥城"郭巨墓"①,西漢今文禮學最早傳授者、泰山平陽高堂生(今山東新泰龍廷人),宋代迄清出現泰山儒學"五賢"即孫復、石介、胡瑗和宋燾、趙國麟以及"名士"黨懷英、王去非兄弟等人。這一地區在元明時期出現大量反映儒學宗族實踐的碑刻,有其深厚的歷史和文化背景。

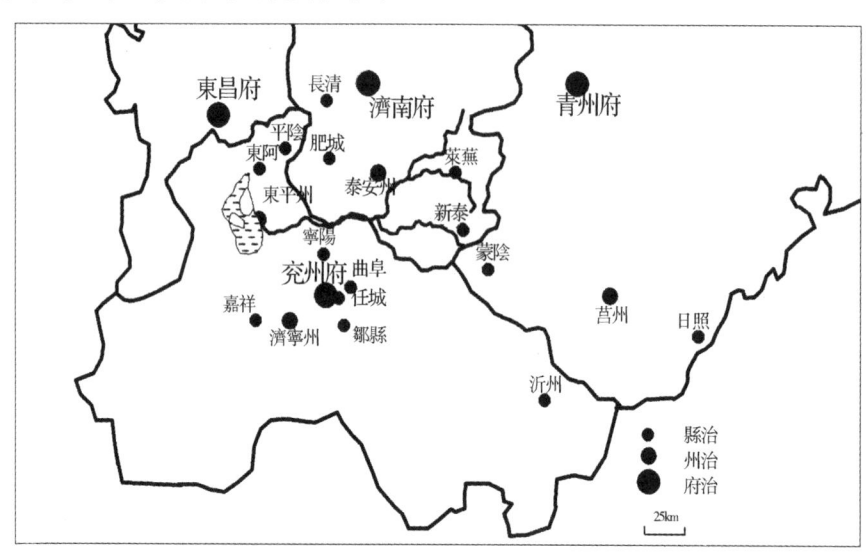

圖1　元代山東中西部部分府縣設置

四、劉海墓誌銘所反映的蒙元統一戰爭與宗族發展

《劉海墓誌銘》,大德二年(1298年)刻,額題"故都統劉公墓誌銘"。所在地原屬肥城前衡魚村,今屬平陰縣邱林村,兩村今毗鄰②。該碑高約5米,寬0.8米,厚0.4米,形制恢弘大氣。碑首高浮雕螭龍戲珠,刻畫精細,間飾雲紋。碑陽書墓誌銘文,碑陰為"宗派之圖"。

---

①經今人研究,世傳"郭巨墓"實為漢代某郭氏大族之墓,與"孝子"並無關係,但北朝以來當地一直流傳此類傳說,足以證明儒家"孝文化"之昌盛。
②1948年春由肥城七區衡漁村劃出邱林村,歸平陰縣。

图 2 《劉海墓誌銘》碑陰額題"宗派之圖"

墓誌銘由"奉訓大夫孟州知州前集賢待制楊遇撰並篆額","承事郎前濟甯路肥城縣兼管本縣諸軍奧魯兼勸農事段繼祖書丹"。因碑身半沒土中，誌文多有缺失。幸坊間流傳有拓片①，碑文亦被選入《濟南歷代墓誌銘》②。

劉海墓在光緒十七年《肥城縣誌》和光緒三十四年《肥城縣鄉土誌》"古跡"中皆由著錄，但訛為"劉海東"。劉海事蹟於史無徵，但誌文中所及人物和戰事都有歷史根據。劉海出身地方官僚家庭，金元之交依附嚴無惠公，參與對金作戰。嚴無惠公即嚴實，東平路行軍萬戶，是山東地區最大的漢人世侯。漢人世侯有屬地官員任免權，於是"辟復（劉海）為平陰都統"。劉海招徠流民組成部民，參加開封近郊的黃龍崗之戰而歿③。一個中下層小軍官戰死沙場，本是蒙元戰爭中尋常之事。然而後世子孫卻為其刻立了如此高規格的墓誌，不能不讓人對元朝的職官制度、對待漢人的政策以及漢人軍功家族入元後的心態做一番深思。

《元史·刑法誌》記載元代禁令，"諸職官居見任，雖有善政，不許立

---

① 王慶吉、韓吉庚《石橫鎮誌》，"人物傳略·劉海東"，方志出版社，1997年，頁47。
② 韓明祥《濟南歷代墓誌銘》，"劉海東墓誌銘"，黃河出版社，2002年，頁88。
③ 應為黃陵崗，1233年。《元史》中"張柔傳"、"史天澤傳"、"速不臺傳"均有述。

碑,已立而犯贓汙者毀之,無治狀以虛譽立碑者毀之"①。並禁止漢人官員服龍鳳文及鞍韂畫雲龍。織物上也不允許造"周身大龍"。規定"謂龍,五爪二角者",一般將相、親王或有功之臣的莽袍只能為四爪之蟒。《劉海墓誌》碑首有四條蟠螭,周覆雲紋,顯示出較高的社會地位。據當地文物工作者說,70年代附近還曾出土過石象生和龜趺。元人係仰仗漢人武裝勢力代其征伐的,故會給有軍功的宗族以無上的榮譽。尤其劉海及其子孫均在此範圍。元朝的禁碑令也許對軍功家族網開一面。

　　成吉思汗在消滅金軍北方精銳後,命大將木華黎率偏師對付金朝,自己則全力西征中亞細亞。嚴實就是在這一時期歸順蒙古,成為攻滅金朝的主力。而劉海無疑是認可嚴實的身份轉換,從而依附於他,成為漢人世侯階層中的一員。儘管劉海職務不高,但是依當時的情形仍屬於仕途可望之輩。蒙元選用官員重用軍功,"根腳"的政治原則在地方社會同樣適用。而且歸附蒙元既可以"保障鄉里"又能致身榮顯,對原金朝境內的漢人十分具有吸引力。黃淮以北自建炎南渡,在女真的統治之下已有一百餘年。當地出生的漢人已有三、四代之多,他們早已將自己視為異於南宋屬民的"北人"。當蒙古南下之時,嚴實之類糾民自保,在各種勢力之中周旋。更多的人就像劉海一樣,"天下板蕩,無所依附"。而"貞祐之亂"造成山東地區"群盜並起",百姓苦不堪言,魯中山地成為各種勢力混戰的場所。正如《劉海墓誌》中所說,"時河朔被擾,婁值凶荒,民有飢色"。對於劉海來說,追隨嚴實就是明珠投暗;對於驚慌無措的流民來講,投奔強勢的蒙元才最有活命的機會。於是劉海一呼百應,組成了一支流民部隊為蒙元在黃龍崗阻擊金軍。而劉海也正是在此役中"沒於王事"。後來,劉海的長子劉源"以將家子,例佔軍籍",剛開始只是擔任守把、百夫長等下層軍職。丁巳年(1257年)蒙哥率大軍征伐南宋,劉源從屬嚴實,參加了鄂州之圍。到至元庚辰年(1280年),累官至昭信校尉、後衛親軍都指揮使、司鎮撫,佩金符。癸巳年(1293年)其子劉淙襲昭信校尉親軍千戶,劉源榮歸故里。大德丁酉

---

① 《元史》卷一百五,誌五十三,《刑法四・禁令》,中華書局,2013年,頁1781。

年(1297年),劉源招淙商議為劉海立碑事。誌文說,"命淙持行狀詣京師,乞予以誌公墓而銘之,兼議可否"。立碑之事不同尋常,應是在朝廷的允許下,才製作出如此體量巨大的碑刻。《劉海墓誌》碑是由其子孫樹立起來的,之所以如此,是因其本人更是由於其子孫的關係。這也反映出元朝政府自罷漢人世侯權利之後,仍然給予原來以軍功發跡的家族以恩惠獎掖。

劉海後裔同樣以軍功獲得社會地位,因而為其刻立墓誌銘以示紀念和歌頌,更重要的是將"宗派之圖"刻在碑上,使子孫後代都能受到祖先功德的蒙蔭。

五、軍功家族的"根腳"與"承蔭"

蒙元社會論"根腳",講"承蔭",不但高層蒙古、色目人如此,地方上的漢人世侯同樣按照這一原則進仕和承襲官職。與科舉出身的仕宦人物相比,有"根腳"者更為一帆風順,其宗族也更有地位[①]。當時的漢人世侯大小數以百計,在地方上形成了錯綜複雜的權利網路。

依附於蒙元的漢人宗族,為承襲父輩官職,樹立地方威望,致力於在墳碑上刻錄"宗派之圖",敘述祖先來歷和功業。除上述肥城劉海墓碑外,今存還有新泰羊流鎮徐家莊《太守徐公神道之碑》,刻於元至治三年(1323年)。該碑亦為螭龍碑首,贔屭座。《山左金石志》記:"亳州知州徐琛墓碑,至治三年三月立,正書。碑高五尺二寸,廣三尺一寸。在新泰縣和莊南徐公墓。右碑篆額未拓,文三十六行,字徑六分。衛融撰並篆額,□(李)鑒書丹"[②]。徐琛生於金正大七年(1230年),青年時"儀

[①] 姚繼榮《略論元朝仕進制度中的民族歧視政策》,《青海社會科學》1996年第3期。
[②] (清)畢沅《山左金石誌》卷第二十二,《元石》。

觀魁偉,有傑士風"①。憲宗五年為嚴忠濟(嚴實長子)招為部下,己未(1259年)隨軍南征鄂州,任尚書行軍萬戶府令史。至元三年(1266年)轉任沂郯萬戶府經歷,後升承直郎、廣德路總管府判。至元三十一年(1294年)朝京師,拜奉直大夫、歸德府亳州知州;元貞二年(1296年)敕封為中憲大夫,升歸德府總管提督太守。後受丞相脫脫推薦南征,任三路副元帥。大德七年(1302年)卒於徐莊故里,享年七十三歲。元帝贈光祿大夫,賜御葬。其子徐彬為之立碑頌德,在碑陰刻"宗派之圖",並建碑亭以覆。"宗派之圖"為縱列的線型世系圖,姓名之下標注娶妻情況、子嗣數量和長次位置。而且從中可以辨別出有較為規範的輩分字。徐彬為徐琛四子,也蒙蔭授官,"彬字雅儒,蔭黃州路麻城縣尉"②。徐琛墓園神道長50米,寬6米。神道中立一石坊,上書"徐公祖塋之門"。墓前翁仲、華表、石虎、石羊各二。如此高規格的墓園設計說明,徐琛家族在元代地位顯赫,財力雄厚,當為一方望族。

肥城孫伯鎮莊頭村武氏家族也是以軍功起家。武元,從伯顏、阿術南征,至元二十二年(1285年)誥授宣武將軍、領軍都鎮撫。弟武全從兄征戰,亦授武信騎尉。族弟武進至元年間敕授承信校尉管軍千戶成都鎮撫。武進之子國貞,襲父原官。後元代大德五年(1301年)為征西副元帥,擢顯武將軍。之後武家代出將軍之職,計有武略將軍、懷遠將軍、昭武將軍以及河南副元帥等職務。武家為元朝統一江南地區,遠征交趾,平定西南諸藩出力甚多,展現出漢人世侯以軍功發跡的時代特徵。《武氏族譜》記,"始祖雨畦公以下六世,備書於三世祖浩源公墓表之陰,蓋我世祖君光公所敬識也"③。浩源即武進(字君光)之父,至元時曾敕封承信校尉,大德年間因數功誥封顯武將軍。其墓表應為武進及子國禎所刻立,碑陰"宗派之圖",同樣體現元代"承蔭"制度的傳統。不僅軍功卓越者的子孫可以順次承襲其官位,而且其父親和祖上也能分別得

---

① (清)江乾達《新泰縣誌》卷十八之廿一,乾隆四十九年(1784)刻本。
② (清)徐有尚《元太守中憲大夫後贈光祿大夫徐公狀記》。
③ 肥城孫伯鎮莊頭村《武氏族譜》,光緒十八年刻本。

到朝廷封贈。最初是國貞"襲父原職承信校尉管軍千戶成都鎮撫",而後大德時,武進"以子國禎功晉封顯武將軍"。同時武進之父也被誥封顯武將軍,已經去世的祖父武安和曾祖武圃則分別被誥贈為武義將軍。這樣,因武國貞在大德五年所授顯武將軍,其父祖和曾祖、高祖均被封贈將軍一職。

"根腳"與"承蔭"還表現為軍功家族子弟參與征戰,有更多的機會提升官職。延祐二年(1315年),國貞子武祥出鎮雲南;泰定二年(1325年)平趙醜廝、郭菩薩動亂,授武略將軍、河南副元帥。國貞孫士英,至正初年(1341年)季陽翼指揮使、授懷遠將軍。曾孫武淨,官至樞密院同知,誥授昭武將軍。至正二十一年(1361年),配合察罕帖木兒和擴廓帖木兒父子收復東平和濟寧。二十二年(1362年),兵圍益都,受田豐、王仁成偷襲戰死。武氏一門在元代誥授將軍七位,校尉一位,父祖皆授封贈,成為地方大族。

六、結語

金元之交,北方地區社會動盪,漢人軍功家族借助蒙元勢力迅速發展起來。而蒙元也利用漢人世侯的地方武裝,將其作為主力進攻金朝和南宋。元朝的蔭敘制度初定於至元四年(1268年),"諸官品正從分等,職官用蔭,各止一人"。這一政策使漢人世侯的家族勢力得以鞏固和擴大。

蒙古國後期,漢人世侯隱匿人戶,"奴視所部",嚴重擾亂地方社會秩序,成為社會經濟恢復和歷史發展的阻礙①。燕京等處行尚書省設置以後,忽必烈實行"劃境之制",對地方行政區進行調整,開始逐步削弱

---

① 趙文坦《蒙古國漢人世侯轄區社會經濟考察》,《蒙古史研究》第六輯,內蒙古大學出版社,2000年,頁43—48。

漢人世侯的權力。入元以後，元朝繼續推行蒙古至上的原則，使漢人和南人處於不利地位。隨著元朝對中國全境的統一，漢人獲得軍功的機會大為減少。大德年間突然增多的"宗派之圖"碑，就是漢人世侯爭取權利，擴大家族影響的努力。

從碑文的旨意來看，漢人世侯在宋金元三者交鋒中，認可自己的北人身份，試圖通過為蒙元征戰獲得相應的地位和權利。這種心理既有屈服於蒙元武力征服的因素，也是北方地區長期被金朝統治，與傳統的漢人世界隔閡的結果。北方的漢人經過長期多民族的融合，風俗習慣和文化制度已經表現出與南宋地區不一樣的特點。加之金元時期，廟制不立，北方宗族的發展不受禮制束縛。13至14世紀，北方仿效和比肩聖賢家族的風氣深入民間，所以"宗派之圖"猶受宗族的推崇。

"宗派之圖"碑出現的意義在於，首先代表了北方宗族在元代的復興。這種新型的碑刻譜牒將宋儒劃定的小宗世系進一步向五服之外的族人擴展，在某種程度上實現了蘇洵所期待的大宗理想。宗族成為實際的生活團體不僅有了理論上的基礎，而且確定了具體的世系範圍。原先斷續的父系世系經過"宗派之圖"的整合，變成連續性的譜系，使民間祭祀五代甚至以上世系的祖先成為可能。其次，宗族組織從儒學的理想狀態轉化為現實的民間團體，山東地區提供了可資證明的實例，從而彌補了近世宗族從宋代發展到明清時期成熟的社會組織之間的重要缺環。可以認為，至少在魯中山地金元之交就已經出現宗族庶民化傾向，民間祭祀遠祖已經不是個案。再次，軍功家族屬於地方上的豪強，但是根基還是在民間社會。他們的出身並非世家大族，有的甚至只是江湖人士。他們的宗族意識是在擁有一定社會地位之後才產生的，無論是專注於祖塋墓祭還是刻石為譜，都與士大夫階層所強調的譜學傳宗思想有出入。他們所刻的"宗派之圖"是一種樸素的系譜傳承方式，既有當地碑刻文化的傳統影響，又有鮮明的世俗化特徵。金元時期，這些北方宗族發展的新特點、新模式與南方地區迥異，應該成為今後中國宗族史研究需要注意的一個方面。

隋代墓誌所見隸古定字釋讀補正[①]

徐海東[②]

提　要：隋代墓志中保存相當數量的傳抄古文和隸古定字，《隋代墓誌銘彙考》是收錄隋代墓誌集大成之書，所收墓誌全面豐富，具有很高的學術價值，但其在釋讀方面也存在一些問題。本文就此書在隸古定字釋讀中出現的錯誤進行糾正，以便更好利用這份材料。

關鍵詞：隋代墓誌；隸古定字；補正

　　隋唐五代石刻的形制沿襲六朝，製作達到頂峰。隋代碑刻的墓誌主要書體是楷書及隸書，但是由於復古思想的影響，在崇古、仿古心理作用下，前代的文字總是要頑强地再現於後代，故這一階段也保存了大量的古文字，其中就包括了大量的隸古定字。所謂隸古定字（又稱隸定古文），裘錫圭認爲：“指用隸書的筆法來寫‘古文’的字形。後人把用楷書的筆法來寫古文字的字形稱爲‘隸定’。”[③]徐在國《隸定古文疏證》認爲：“隸定‘古文’是相對於篆體‘古文’而言，指用隸書或楷書的筆法來

[①]本文爲教育部人文社科青年基金項目 14YJC760069、西南大學中央高校基本科研業務費專項 swu1509513 成果。

[②]徐海東，西南大學漢語言文獻研究所講師、西南大學出土文獻綜合研究中心研究員。

[③]裘錫圭：《文字學概要》，第 78 頁，商務印書館，1988 年。

寫'古文'的字形。"①

作爲彙集隋代墓誌大成著作,《隋代墓誌銘彙考》(以下簡稱《彙考》)一書中所收隋代墓誌全面豐富,具有很高的學術價值和文獻價值。但由於編者疏漏,此書在古文字特别是隸古定字釋讀方面存在些許不足。本文試就其中關於隸古定字釋文出現的一些不足和錯誤進行補充和糾正,希望對完善此書和更好地利用這份材料有所幫助。

1.《賈崧墓誌》(隋開皇九年(589)八月二十三日,彙考1-289)②

刊茲金石,萬古留銘。黃龜著筮,貴及■ ■。

按:原釋文按照墓誌字形將其釋作"羣"、"繇"。雖然從字形角度來說無可厚非,限於編寫體例,未對其字形字義作進一步解釋。其實,二字即"子"、"孫"。《說文·子部》:"子,十一月陽氣動,萬物滋,人以爲偁。象形。𡿱,古文子,从巛,象髮也。𦳒,籒文子,囟有髮,臂、脛在几上也。"可知,"子"的本義即幼兒,象形,後借爲干支字。《說文》籒文字形在甲金文中是比較常見的。比如,甲骨文"子"字有字形作■(前3.4.1)、■(甲2907),金文"子"字作■(傅卣)、■(利簋)等形。在傳抄古文及字書中,該字則發生不同的的變化。如《汗簡》作■(尚書H42),《古文四聲韻》作■(古尚書卷三7)③,基本保持了《說文》籒文的形體。《古文四聲韻》作■(古孝經卷三7b),其中象小兒頭髮的"巛"開始訛化,類似"中"形。石刻文字中,該字作■(唐·碧落碑)、■(千甓亭·晉太安磚)等形,小兒頭髮完全訛變爲"艸"形,象小兒兩臂的構件也逐漸對稱下移。至於《古文四聲韻》中保存的■(崔希裕纂古卷三7)、■(崔希裕纂古卷

---

① 徐在國:《隸定古文疏證·前言》,第1頁,安徽大學出版社,2002年。
② 本文所引墓誌名稱一律依照《彙考》原名稱,括號後爲誌主所葬年月,拓片在《彙考》一書的所在頁碼。如彙考1-289即指該墓誌拓片位於《彙考》第一册第289頁。
③ 所引《汗簡》及《古文四聲韻》字形源自李零、劉新光整理《〈汗簡〉〈古文四聲韻〉》,中華書局1983年版。關於字形來源說明,以"子"字爲例,■(尚書H42b):代表該字形出自《汗簡》,《汗簡》注該字形出《尚書》,在《汗簡》書中位置爲42頁。■(古尚書卷三7):代表該字形出自《古文四聲韻》,《古文四聲韻》注該字形出《尚書》,在《古文四聲韻》書中位置爲卷三第7頁。

三 7),則是以隸楷書的筆法來寫古文字形。由於隸定後的字形與"子"的籀文字形☒相比,表意性大大減弱,於是便在此基礎上添加表義字符"子",便成了墓誌中所見字形"☒"。而"孫"字本从"子",从"系",以此類推,便在"☒"形基礎上增加"系"旁以表示,便是墓誌中所見字形。

2.《蘇順及妻蘧氏等墓誌》(隋大業四年(608)二月十一日)(彙考 3—330)
遂留心☒解,寄意參歸。於爾懸車,不蒞朝政。

按:原釋文作"化",誤,實乃"八"字。"八"字金文作八(靜簋)、八(旂鼎)、八(善夫克鼎)、八(歸父盤)等形。《說文·八部》:"八,別也。象分别相背之形。"《說文》正篆作)(。傳抄古文字書中,"八"字左右兩筆畫形體上有刻意地彎曲變化,如《汗簡》作☒(H5),《古文四聲韻》作☒(汗簡卷五 12);"化"字甲骨文作☒、☒等形,朱芳圃《殷周文字釋叢》:"化象人一正一倒之形。"金文作☒(中子化盤)。《說文·七部》:"化,教行也。从七,從人,七亦聲。"《說文》正篆作☒。傳抄古文字形與《說文》字形相比,差別不大,如《古文四聲韻》作☒(古孝經卷四 33)。"八""化"二者在字形角度區別比較明顯。墓誌中的字形,應該是"八"字,而不是"化"字。

何為"八解","八解",即"八解脫"省縮之稱,又名"八背捨",指違背三界之煩惱而捨離之,解脫其束縛的八種禪定:一、內有色想觀外色解脫;二、內無色想觀外色解脫;三、淨解脫身作證具足住;四、空無邊處解脫;五、識無邊處解脫;六、無所有處解脫;七、非想非非想處解脫;八、滅受想定身作證具住。佛教經典中常見此詞語,比如《觀無量壽經》:"三明六通,具八解脫。"《維摩經·佛道品》:"八解之浴池,定水湛然滿。"《唯識述記序》:"澄八解之真波遼淨玉井。"

在漢魏碑刻中,"八解"一語多見諸造像記及塔銘,比如《道穎造像記》:"俱契[真]宗,神超八解。"《宋敬業等造塔頌》:"洞識苦空,渊知八解。"隋唐代墓誌中,"八解"一語更是常見,比如隋《楊勇妻蕭妙瑜墓誌》:"於是寄情八解,憑心七覺,炳戒珠於花案,發意樹於禪枝。"唐《董務忠及妻趙明墓誌》:"禮縟恒倫,事光彝典。加以留情八解,抒思三明。"唐《唐小姑墓誌》："心游八解,超覺路於愛河;跡去六塵,企慈舟於彼岸。"

3.《□禮及妻司馬氏墓誌》(隋大業六年(610)正月)(彙考 4—45)

自康公筮仕,爰處平城,王父卜**尻**,用家洛邑。

按:釋文作"尻",誤,乃"凥"字,乃"居"字古文。"凥"字戰國文字作 ▆(鄂君啟車節)、▆(包山 3)、▆(包山 156)、▆(郭店·成之)、▆(郭店·性自 54)、▆(包山 238)、▆(九店 56.47)、▆(郭店·緇衣 9)等,均從"尸",從"几"。在傳承古文中,此字形也得以保留,比如《汗簡》字形作 ▆(石經 H76),《古文四聲韻》字形作 ▆(古孝經卷一 22)、▆(古孝經卷一 22)、▆(崔希裕纂古卷一 22)等。

《說文·几部》:"凥,處也。从尸得几而止也。《孝經》曰:'仲尼凥。'凥,謂閒居如此。"段注:"各本作處。今正。凡尸得几謂之凥。尸即人也。引申之爲凡凥処之字。既又以蹲居之字代凥。別製踞爲蹲居字。乃致居行而凥廢矣。《玉篇·几部》:"凥,與居同。"《楚辭·天問》:"崑崙縣圃,其凥安在?"洪興祖補注:"凥,與居同。"

再看墓誌語例,"卜居"在大詞典中有兩個義項,一是以占卜擇定建都之地。如《史記·秦本紀》:"德西元年⋯⋯以犧三百牢祠鄜畤。卜居雍。"二是擇地居住。如杜甫《寄題江外草堂》詩:"嗜酒愛風竹,卜居必林泉。"且"卜居"一詞在隋代墓誌中常見,如隋《張靜墓誌》:"乃因宦南遷,卜居合鎮。"隋《賀若嵩墓誌》:"承籍家雄,世傳將相,從孝文卜居河洛,便為桑梓。"墓誌中"卜居"之意,與之相似。

又《長孫汪暨妻杜氏墓誌》(隋大業十二年(616)十月二日)(彙考 5—353):"君任**凥**心膂,倍奉麾輪,持簡帝心,恩光椒衆。""左賢右賢,昔**凥**方外。曰若魏文,則天為大。"原釋文均作"尻",皆誤,二字皆乃"凥"字。

4.《□禮及妻司馬氏墓誌》(隋大業六年(610)正月)(彙考 4—45)

南徙成周,弗常**厈**居,於茲四葉,今為河南河南人也。

按：釋文作"互"，誤，乃"氒"字，為"厥"之古文。《廣韻·月韻》"厥"字古文字形作"氒"。《康熙字典·厂部》"厥"，亦收古文"氒"。《說文·氏部》："氒，木本。从氏。大於末。讀若厥。"《說文·厂部》："厥，發石也。从厂，欮聲。"容庚《金文編》認為："'氒'為'欮'之古文，亦為'厥'之古文。敦煌本隸古定〈尚書〉'厥'皆作'氒'。"敦煌文獻 S.799《隸定古文尚書》："時厥明，王乃大巡六師。""厥"正作氒。郭沫若在《金文餘釋之餘》中認為古文字"厥"字作"氒"，乃矢栝字之初文。《說文·木部》："栝，檃也。从木，䫻聲。一曰矢栝，築弦處。""栝"字從䫻聲，"䫻"又從氒省聲，故"栝""氒"同音。

再看文例，"厥居"一詞在傳世文獻中常見，如《漢書·卷二八下·志第八下》："有分土者，謂立封疆也。無分人者，謂通往來不常厥居也。"《舊唐書·卷一九六上·列傳第一四六上》："其人或隨畜牧而不常厥居，然頗有城郭。"《資治通鑒·卷第一百一十》："昔商人不常厥居，故兩稱殷、商。"在碑刻文獻中亦常見，如唐《房承先及妻吳氏墓誌》："洎雅爲清河太守，肇允厥居。"清《新城縣修建龍翔觀碑》："清虛有道者，為世所尚，弗常厥居，行化諸方。"

5.《楊秀墓誌》(隋大業六年(610)十月八日)(彙考 4－86)

遂得受詔蒲輪，高才入選，應機抗策，㫑曰智囊。

按：釋文作"昔"，誤，乃"㫑"字。"㫑"字甲骨文作㫑（前 6.24.7）、㫑（甲 30）等，戰國文字作㫑（中山王壺）、㫑（郭店·窮達以時 14）、㫑（郭店·窮達以時 15）、㫑（璽彙 4343）等，三體石經古文作㫑，《說文》古文作㫑，乃"時"之初文，从日，㞢聲。在傳抄古文中，這一字形得以保留，比如《汗簡》字形作㫑（石經 H33），《古文四聲韻》字形作㫑（古尚書卷一 19）等。與"㫑"字相比，"時"字後起，"時"字《石鼓文》作時，《睡虎地簡》作時，改從"寺"聲。漢代碑刻、簡帛多作"時"，說明已成通用字。《說文·日部》："時，四時也。从日，寺聲。"

"㫑"字在漢魏碑刻中又有不同的變體，這種變化主要源於"㫑"的上部構件"屮",以六朝碑刻爲例,可以追溯其演變軌跡。《張遷碑》作▨,《常嶽等一百餘人造像碑》作▨;筆畫連爲"山",《楊穎墓誌》作▨,《楊阿難墓誌》作▨;或變爲"止",《宇文誠墓誌》作▨;筆畫變形爲"之",《元始宗墓誌》作▨,《李德元墓誌》作▨;由"屮"變形爲"㘴",《等慈寺殘造塔銘》作▨,《元仙墓誌》作▨,《道寶碑記》作▨;墓誌中的字形▨上部所從之㘴,正是"屮"字之變。

此外,《文物》2007 年 11 期公佈《楊機墓誌》中有一字形作▨,正是"皆"字,釋文亦誤作"昔"字,當予糾正。

6.《郭達及妻侯氏墓誌》(隋大業八年(612)正月五日)(彙考 4—196)

祖景,慈州臨▨縣令。

按:釋文作"川",誤,乃"水"字。"水"字金文作▨(沈子它簋)、▨(啟尊)、▨(同簋),《說文》正篆作▨。"川"字金文字形作▨(啟卣)、▨(五祀衛鼎),《說文》正篆作▨,二者字形區別明顯。儘管在古文字中,"水"旁也有作"川"形的,如"涉"字金文作▨(效卣),其所從之"水"作▨形,與"川"字容易混淆。《古文四聲韻》"水"字作▨(雲臺碑卷三 6)就是這種古文字的反映。但是,一般意義而言,二者在字形上是有比較明顯的區分特徵的。墓誌中的▨字形,明顯是"水"字古文字形的隸定轉寫,而不是"川"字。

再從地理學角度來進行考慮,"臨水縣"前有"慈州"二字,查閱相關地理地名書籍我們得知,隋開皇十年(590 年)始置慈州。《元和郡縣誌》:"以滏陽縣西九十里有磁山,出磁石,因取爲名。"治滏陽縣(今河北磁縣)。大業二年(606 年)慈州廢,地屬相州。唐武德元年(618 年)復置慈州,仍領滏陽、臨水兩縣,並治滏陽縣(今河北磁縣)。而臨川縣是隋開皇九年(589)改臨汝縣置,治今江西臨川市西。自隋至清先後爲臨川郡、撫州、撫州路及撫州府治,北宋王安石即江西臨川縣人,故世稱臨川先生。二者明顯不是一地,從前文"慈州"得知,後面必然爲"臨水",不可能爲"臨川"。

又隋《張罔妻蘇恒墓誌》(隋大業九年(613)二月十七日)："夫諱罔，字仲暉，南陽白水人也。"其"水"字字形作▨，與墓誌字形十分相似，可為旁證。

7.《衛侗墓誌》(隋大業九年(613)十一月二日)(彙考 4—382)

闕□里内，永▨洪猷。

按：原釋文未釋。此字可按照字形隸定為"釆"，乃"番"字古文，墓誌中假借為"播"字，有傳揚、傳佈之意。《說文·釆部》："番，獸足謂之番。从釆、田象其掌。"段注："下象掌。上象指爪。是爲象形。許意先有釆字。乃後从釆而象其形。則非獨體之象形、而爲合體之象形也。▨，古文番。按《九歌》：'釆芳椒兮成堂。'王注：'佈香椒於堂上也。'釆，一作播。丁度、洪興祖皆云。釆，古播字。按：播以番爲聲。此屈賦假番爲播也。"朱俊聲《說文通訓定聲·乾部》："番，假借爲播。"《馬王堆漢墓帛書·十六經·三禁》："天道壽壽，番於下土，施於九洲。"其中之"番"讀為"播"，即傳播之義。

"永播**"句式在隋唐墓誌中十分常見，例如隋《陳叔榮墓誌》："載刊金石，永播徽猷。"隋《侯明及妻郭氏鄧氏墓誌》："勒銘玄壤，永播芳猷。"隋《張開及妻趙氏墓誌》："勒銘大隧，永播鴻猷。"唐《韓曉墓誌》："永播芳猷，式刊貞石。"唐《慕容懷固墓誌》："金石不朽，永播徽猷。"唐《房有非墓誌》："勒茲貞珉，永播洪徽。"

8.《麹舉誌》(鄭開明元年(619)五月廿二日)(彙考 6—24)

山靈降象，▨氣承雲。

按：原釋文未釋，乃"斗"字。《說文·斗部》："斗，十升也。象形。有柄。凡斗之屬皆从斗。"段注："上象斗形。下象其柄也。"其字形演變過程大致有以下兩種類型：

(1)▨(秦公簋蓋)▨(菕陽鼎)▨(雲夢.效律5)▨(十一年庫▨夫鼎)▨(璽彙1069)▨(睡虎地簡23.5)▨(西漢帛書)▨(馬王堆漢簡)

(2)▨——▨——▨——▨——▨(居延漢簡)▨(東漢祀三公山

碑）▨（南朝齊劉顗買地券）▨（北齊都邑師道興造像記並治疾方）

在第一種類型中，"斗"的象形和表意性保存較好。在第二種類型中，由於手寫體的影響，逐漸訛化，構件的表義功能弱化，符號化程度加強，加上輾轉傳抄訛寫，便形成了碑刻中所見的字形。

"斗氣"一詞常見於傳世文獻，《後漢書》卷九一："夫五音生於陰陽，分為十二律，轉生六十，皆所以紀斗氣，效物類也。"《宋書》卷一三："又設法者，其一，以子為辰首，位在正北，爻應初九，斗氣之端，虛為北方，列宿之中，元氣肇初，宜在此次。"《後村集》卷六："莽莽衰草與雲平，斗氣千年不復明。"《劍南詩稿》卷十四："文在先秦兩漢間，寶劍憑誰占斗氣。"碑刻文獻用例如唐《張景尚及妻裴氏墓誌》："銅渾妙制，侯玄象而定璿衡；斗氣微瞻，望豐城而徵寶劍。"在本墓誌中用例與之相似。

以碑刻材料校讀傳世文獻一則①

岳曉峰②

提　要：文章通過碑刻中的文獻材料，校讀了傳世文獻中的相關材料。
關鍵詞：碑刻材料；傳世文獻；校讀

2010年8月，陝西省略陽縣橫現河鎮毛壩村出土了武興國主楊文弘墓誌及其妻姜太妃墓誌。刻於南齊高帝建元四年九月以後的《楊文弘墓誌》，原釋文有："君少丁酷罰長，東□/南畎，盡養內親，孝行既著。"③原釋"東"之字下半殘損不見，此字存留部分據吳毅強先生重新釋讀，當爲"遭"字"曹"旁上半之形及"曰"字最上一横。碑誌中"曹"多作"曺"，與"東"字上部易混。該碑前文有"安東"一語，"東"字上部即與"曺"之上部相近。然此處當將"長"屬下讀，而原釋"東"之字，亦當與"丁"對應爲動詞，且"畎"應爲"畝"。故此句當重新釋讀爲"君少丁酷罰，長遭囗南畝"④。《姜太妃墓誌頌》中尚有"頻經湯火，屢遭冰炭"之語，其中"遭"字"曹"旁上部之寫法，與《楊文弘墓誌》中"遭"字殘留字形相同。

---

①　本文爲教育部人文社會科學重點研究基地重大項目《今訓彙纂（戰國秦漢出土文獻卷）》階段性成果。
②岳曉峰，浙江大學人文學院　博士後　浙江杭州　310058。
③蔡副全《新發現武興國主楊文弘與姜太妃夫婦墓誌考》，《考古與文物》2014年第2期。
④承蒙吳毅強先生贈閲其未刊稿，並準允使用其觀點，特表謝忱。

雖"長遭囗南畝"因有闕字而文義難定,然"遭"和"丁"均訓遭逢義,且"長遭"正可與"少丁"對文。"遭"多與惡事相連,帶有不好的感情色彩。如《論衡·命義》云:"遭命者,行善於內,遭凶於外也。"因此,"遭"、"丁"二者皆表遭遇不好之事無疑,故改釋爲"遭",比原釋作"東"者更恰當。

此碑"君少丁酷罰,長遭囗南畝"一句,還可與傳世文獻中的文例相對照,並由此推斷後者亦當以作"遭"爲妥。清胡克家刻本《文選》卷五十二記魏曹冏《六代論》曰:"胡亥少習剋薄之教,長遵凶父之業。"後世典籍引《六代論》者,除"剋"或作"刻"外,多與《文選》相同。如宋佚名輯《三國文論》卷三十九,元郝經撰《續後漢書》卷二十九下,明馮琦編《經濟類編》卷八十等,茲不備舉。然筆者以爲,文中"遵"實爲"遭"字之訛,"遭"訓遭逢。

首先,就引《六代論》之典籍而言,亦有直接用"遭"字者。如百衲本景宋紹熙刊本《三國志》卷二十,裴松之注引《魏氏春秋》載曹冏之《六代論》,即爲"遭"字。再如,黃岡王氏刻本《全上古三代秦漢三國六朝文·全三國文》卷二十引《六代論》之文也爲"遭"。另,四部叢刊景日本本《群書治要·魏志下》此處亦作"遭"。尤其是《群書治要》所引皆爲貞觀之前的典籍,頗具說服力。

其次,就文意而言,用"遭"也更合適。文中若爲"遵",則當訓遵循。此義看似與下文"不能改制易法,而乃師謨申商,諮謀趙高"相對應,然實爲後人誤改"遭"爲"遵"以順文意之故。一則"遭"之"遭逢"這一動作義有突然性。如《禮記·曲禮上》"遭先生於道,趨而進,正立拱手",故此遭逢有不期而遇之義。胡亥並非嫡嗣,始皇突然駕崩,其繼位承業較爲偶然。再則,如前所述"遭"多帶有不好的感情色彩。而胡亥少之所習爲"剋薄之教",長之所遭爲"凶父之業",皆屬惡事。因此,遭逢義在此更爲恰當。究"遭""遵"致訛之由,或因"遵"剛好和下文文意相順,故致手民改字而書,訛而不察。

其他文獻中,亦有"遭"、"遵"二字訛混之議。如中華書局1970年點校本唐張鷟《朝野僉載》卷六"蕭穎士"條云:"常使一僕杜亮,每一決責,皆由非義。平復,遭其指使如故。"真大成先生云:"'遭',《廣記》卷二四四引作'遵'。按,作'遵'義長,謂杜亮瘡傷平復後仍舊遵照指使。'遭'當爲'遵'之形近誤字。"①然筆者以爲"遭"字義亦甚通順。該條後文即云"或勸亮曰:子傭夫也,何不擇其善主,而受苦若是乎?""受苦",當指杜亮被迫忍受蕭穎士之仗責和指使之苦。"遭"、"受"相對應,皆當訓遭受、忍受義。且《姜太妃墓誌》中尚有"□從能遵"一語,"遵"之"尊"旁形體已與楷書無異,而與該碑文中的"遭"之"曹"旁形體迥異。南齊碑刻中,"遵"、"遭"字形已難混,故唐代之《朝野僉載》"遭"、"遵"二字是否屬於"形近誤字"尚可進一步探討。

① 真大成《〈朝野僉載〉校補》,《文史》總第一〇七輯,中華書局,2014年。

越南李代時期碑文概述

吳氏映雪①

提　要：北屬時期，隨著中國臣僚對越南的統治，碑文進入越南。具有上字下銘的新形式。給越南文化增添了碑銘這種新樣式，值得研究。本文從類型角度將越南碑銘分爲功德碑、紀事碑，概括性地描述了越南碑刻的歷史狀況，希望能引起學者的興趣，投入精力對這份寶貴遺産進行科學整理與研究。

關鍵詞：越南；碑文；歷史狀況

一、越南碑文概説

碑文指的是刻在石碑上的文章。根據中國研究專家的考證，碑文是從商周時期鑄銅物品上文字轉化到石頭上的一種形式，人稱碑銘。正因如此，在北屬初期的碑銘，主要用簡短的上字下銘製作而成。換言之，上面是記録事件的散文，下面則是具有歌頌性質的韻文，從而構成碑文。

在北屬時期，隨著中國臣僚對越南的統治過程，碑文進入越南。具

---

① 吳氏映雪，西南大學漢語言文獻研究所　2013級博士生　重慶北碚　400715。

有上字下銘新形式，《寶安郡大隨久珍碑》之清化東山碑文的年代相當於隋朝大業年間，碑文由交指君檢校員阮仁氣撰寫。位於天威圳－越南海軍的一個據點的天威靜新銘海派碑，年號是唐代咸通。由裴形，長書簽字，交州揭露使高邊編寫等都能證明這一點。

因為繼承隋代－唐代的風氣，所以李朝年間（公元 1009 年－1225 年）碑文有很完整的結構佈局，任何碑文都包括"字（散文）"和"銘（韻文）"兩個部分，而且內容寫得很豐富，碑字和碑銘寫得很長。此時期的碑銘一般都是題名為"某某碑銘"，或題名為"某某碑銘性寺"。如《崇嚴延聖寺碑銘》、《圓光寺碑銘性寺》等。碑字，即散文，是碑文的主體，下面的韻文是碑銘的讚頌部分。如果我們仔細讀此時期碑文的碑銘和碑字，可以發現，碑字是解釋碑銘韻文的，當然碑銘也是碑字的重要部分，只是表達形式不同而已。也有碑銘是主體，而碑字反而比較簡單的，只是這種情況比較少。

無論是碑字還是碑銘，一般是用古文來撰寫的，閱讀有一定的困難。特別是碑銘韻文，受四字格式的影響，顯得很精練，很含蓄。由於過於簡練，甚至過分省略，以至於難以理解。相對於韻文，碑字容易理解一些。碑字是碑文敘事的主體，大量史實和文化資訊，都是由碑字來實現的。碑銘只是起讚頌作用，文學成分很濃，但大都是碑字的換一種表達，因此從史學角度看，並不十分重要。越南陳朝時期的碑銘越來越縮短，陳朝末期便出現沒有碑銘，而只有碑字的碑文。如《開嚴寺碑》就是這樣。李朝時期，因為受碑記形式的影響，碑文日益具有碑記的特徵。雖然碑文還有碑字和碑銘兩個部分，但是對重要事件，大都採取很莊重的表達方式，在陵墓碑文中常見。從此時期起，主要使用碑字和簽字（題名）來完成碑文，其題名稱作"某某碑記"，如《聖壽寺碑記》、《重修化碑記》，由紅德博士題名的碑記等。

碑文其實是一種應用文，用來"志"（記錄）需要記錄的事件。正因如此，古人把碑文列入碑記。如裴輝碧《黃越文選》第二冊記錄部分。這部分選擇 15 篇文章，其中 9 篇是碑文。同時大部分文集，如吳時任的

《金馬行餘文集》，阮文超的《方婷文集》等都把碑文列入 thê ký（越南語，用來淺析文學與近文學的中間階段，是越南中代敘事韻文）。最近，阮文挪的越南中代敘事韻文，也把碑文列入碑記形式。在碑文類型方面，碑文在內容和形式方面都有特點，在寫碑文過程中，都有一定的程式，一定的規則。因此，就我們而言，應該把碑文列入一種獨特類型。關於這個問題，如果讀者想瞭解，請閱讀由鄭克孟編寫的，刊登於《漢喃雜誌》的碑文類型特點，第4—1993版本。

總而言之，碑文包括兩種類型。第一種，由上字（或記）下銘構成的類型。第二種，由碑記（或誌）構成的類型。碑記由開首和記事兩個部分構成。開首部分一般是具有議論性的一段文字，或只有一個文句，以便引導到記事部分所提到的問題。記事部分是碑文的主要部分。也有的碑文不按照該原則，其中包括後幾代的碑文，但是總體上還是保留這兩個部分。比如《仰山靈寺碑文單位碑銘》（李，天扶裔武第七年，1126年）的開首部分是關於佛法的議論，並引導到靈稱建造的事件。佛祖照亮真正的字，而且還提到"心"字。聖人適應時代而通過萬變。"萬"是"一"的分散部分，"一"是"萬"的根。顯聖有事出現，原則也不斷出現，有的已經分散成為根基，抱著"一"來控制"萬"。雕刻成形象，以便表示"囊括"。建設寺塔，以便作為"回頭之地"。盡量經營，花了很多珠寶也不惜。所以，把黃條作為道路的界限，房檐露出珠簾的貴重。這樣雖然很莊嚴，但是不豪華奢侈。因為這樣做的目的是尋找"統一"和"真實"的東西，而不是為了蒙眼和誇示壯麗。在自從佛教出現起的20年以來，敬奉活動越來越新奇。任何具有山水壯麗雄偉的地方都建設寺廟。但是如果沒有王公大臣的幫助，怎麼能建成呢？

《仁厚碑記》（阮，自德第10年，857年）中只有短短的句子，說明鄉村尊選後佛的原因，"為德期盛，享巫刻成；有功於民，慕胡不已"，即做善德事情將能享福；對人民有功勞才能得到羨慕。

除了上述兩個主要部分，一個完整的碑文還有很多細節。如：碑文一般要說明是那個地方的碑或那種碑。比如，《重修法雲寺碑記》記錄法雲寺重修事件。《玉婷鎮碑》是玉婷鎮德碑，《奉聖夫人黎是墓誌》是聖夫人的碑。此外，功德捐助碑文還記錄每個人對每個事情的功勞及功德，並帶有捐助數目，還補充立碑年號及日期，下款還記錄碑文編寫人、雕刻人的姓名及爵位。

碑文一般是把駢文及散文緊密結合在一起，以編寫碑文的。後來也出現只使用散文編寫的碑文。越南碑文數量眾多，內容豐富多彩。所以，爲了易於瞭解，應該把碑文分爲各種類型。我們按照三個主要內容對碑文進行分類：第一，述德，歌頌賢才，這些內容主要在陵墓碑、祠堂、題名碑中。第二，記錄功德，這些內容主要在功德碑中。第三，記錄需要記住的事件、契據、契約等。下面是每一個類型的詳細介紹。

二、功德碑文

記錄對建築修造有功的碑文，稱功德碑文。這是數量很多的一種碑文。在越南國家碑文倉庫中，保存有大量具有巨大歷史性價值的碑文。古時候，越南在建設檢修寺廟、祠堂、鑄銘，或其他建設，以及建修橋樑，開小市場等，工程結束，經常要立碑或刻銘，以記錄該事件，並銘刻對工程有功德的人。除了記錄建設理由、過程和工程規模，工程發起人以外，碑文還有歌頌佛法或權威和神聖的靈驗等部分內容，以便宣揚宗教。記錄功德的碑文，歌頌功德，所以這種碑文有很多程式化的寫法，有濫套子。當然，如果碑文是由一些著名文人撰寫，在描述寺廟、橋樑和小市場過程中，還通過才華橫溢的筆，描述山水風景，地形地勢，建築規模，歌頌人的功業。這種碑文很有文學色彩，在藝術方面表現出較高的價值。在越南發展歷史中，可以肯定的是，碑文具有李朝碑文應有的文學色彩。

雖然李朝記錄功德的碑文留下的不多，但是有很多很有色彩的碑文。如李承恩撰寫的《寶寧崇福寺碑》(李,宣光省,1107年)、《仰山靈稱寺碑銘》和由法寶禪師撰寫的《崇嚴聖字碑銘》,由阮公彈撰寫的《崇善延靈塔碑》,由阮公栿撰寫的《古越村延福寺碑銘》,以及缺名的《乾尼香嚴寺碑銘》,由穎達傳寫的《圓光寺碑銘》等,雖然這些碑文只是記錄寺塔重修建設過程中的功德,但是碑文寫得很精彩,碑文的結構包括上字下銘。碑文一般分為三個部分:開首部分是歌頌佛法的;第二部分是描述寺廟創始人的身世和事業;最後一部分是用韻文撰寫。有的用散文撰寫,詞語使用很香豔,對偶整齊,術語有聲有色。不僅如此,碑文還講述佛教的故事,以便使寺塔介紹內容顯得更莊重肅穆。除了記錄寺塔重修建設工作以外,這些碑文上對佛法觀念的描述也很淵深,人物描述很仔細,山水風景、寺廟建設工程、寺塔規模等方面的描述都很精彩,有聲有色。總而言之,碑文上的內容很長,行文亦很靈活。各段的開頭像論說文一樣,而結尾部分像碑記一樣,也寫得很有吸引力。這些碑文堪稱文章佳品。

值得注意的是,在這個時期阮公彈撰寫的《崇善延靈大越李家第四塔碑》。這是記錄功德碑文中最有名的碑文。這個碑文記錄崇善延靈塔修建及李仁宗在河南省維仙縣較山上修建舍利佛的。碑文就是由上述三部分構成。開首部分是宣揚佛法的,用了很多佛教方面的術語,詞語很深奧,表意很淵深,包含的內容耐人尋味。第二部分是歌頌皇帝的才德和功業。最後部分是描述寺塔全部修建過程和寺塔修建後呈現的面貌。這個碑文是記錄功德碑文中最壯大的。閱讀這個碑文像閱讀大辭賦一樣,規模宏大,詞語使用很豔麗,駢儷方式很標準,稱得上鬼斧神工。碑文很注重典雅含蓄,充滿氣勢,說理深刻,滿口歌頌,描述很仔細。可以肯定的是,在越南碑文歷史上沒有人能夠比得上他。

陳朝初期記錄功德的碑文,表現出李朝碑文的風格特點,上字下銘。碑文開首部分是歌頌佛法的,第二部分是歌頌寺廟修建發起人的功德和事業,最後部分是描述寺廟重修過程。如《紹龍寺碑》《興福寺碑》《崇慶寺碑》等。後來的碑文雖然還保留上字下銘這種佈局,但是碑文內容很簡單，沒有那麼深的功夫了，主要記錄功德而已。如《崇天寺碑》，記錄賓部郎中江文侯籌錢修建寺廟，記錄入寺的土地面積。《大悲延明寺碑》記錄寺重修工作和捐助者的功德。張漢超撰寫的《古跡神寺碑文》只記錄撰寫理由，有的內容像評判佛教的論說一樣。總之，陳朝記錄功德的碑文雖然內容豐富，有很多好的碑文，但是比不上李朝碑文的規模及藝術。

自從李朝掌握政權以來，儒教日益獲得獨尊的位置。跟李朝、陳朝不一樣，此後很多寺廟、孔廟在全國各地區紛紛修建，因此此時期記錄功德的碑文不僅僅表示佛法，而且還慢慢地宣揚儒家、理智哲論、天人之間的感興、性命，有的碑文是對各位神聖，對靈應的論說，文章詞語明確，哲理淵深。比如《佛積山顯瑞庵碑》，記錄長樂皇后的父親－偵國公太尉到位於佛積山上的慈道幸庵，為女兒求嗣，當開始朝觀時有一片石頭飛過前面，這樣像前兆一樣。所以阮寶已經運用理氣哲論、天人感興哲論對此事件評論：

"人和天靈之間的感興很細巧。因為當智達到智極時，氣也達到氣極。當氣也達到氣極時，智達到智極，這就是理。包含天地，精通古今，而不是因呈現出才輝煌，因遮掩而陰暗。它存在人體內，這也是心裡感興。聖天子從遠源發出陽光，從祖宗傳來的紅雲，以前的帝王沒有。回顧前一段歷史，於紹平年號光熟皇太后夢見玉帝給他一個孩子，後來果然生下聖宗純皇帝。再後來有一條金龍穿過長樂皇太后人體左邊，隨後皇太后就生下聖上皇帝。這個前兆並不是偶然的，天明早就有深淵來源。連神聖對偵國公精通，通情達理，稱心也起了感興，難道這也是偶然的嗎？而且無明無二理，天人本來一元。通過天上的星呈現出，通過土地存留是石，娘隨兒，活動的人是神聖，降德的吉兆的是人。難道慈公庵的感興也是石、星、聖、天、吉兆？這一點淺知識份子難以瞭解！"

不僅如此，此時期的記錄功德碑文因受到前世紀的影響，很多碑文的描述，多是寺廟的零落及復興過程。雖然這種碑文的規模沒有李朝－陳朝碑文的那麼講究，但是漢語表達含蓄，有聲有色地描述寺廟的風景,刻畫歷史人物或各位神聖很成功並附有感興。自從黎中興時代起到阮朝末,碑文數量越來越多,但是藝術性反而越來越降低,應用性日益深刻,主要注重記錄功德。此時期的碑記一般都是短文,主要記錄功德、姓名和捐助錢數。碑記一般由"蓋文"或"宮文"/敬聽,"償味"/常說)開頭,由"永傳不朽"的一句話結束。不過,由博士、官僚、儒生、和尚和當地著名知識份子撰寫的碑文中,除了超過歷史資料價值範圍內的以外,在文學方面也有一定的價值,值得關注。

三、紀事碑文

記錄事件的碑文,可稱紀事碑文。這是很普遍的碑文類型,包括後神、後佛、後賢等碑文都是後碑的簡稱。此外還有記錄契約碑文。這種碑文具有很強的歷史資料價值,文學價值則不強。但是很多由著名學者編寫的碑文,因為篇幅有限,我們略過這方面的敘述。如果讀者對這方面感興趣,請閱讀在《漢喃雜誌》上登記的越南後碑文的有關資料,3/2004 版本。

陵墓碑文。在越南碑文藏寶中,陵墓碑文佔目前全部留下的碑文的比例很低,但是對文化歷史研究方面卻具有巨大價值。古代的神道碑分為瘞埋的和地面上的碑文。瘞埋的碑文是墓誌,地面上的神道碑是墓碑、陵碑或神道碑。

墓誌是很早以前就出現的陵墓碑文。他們刻石,然後按照墓來打標記,避免地形變化,墓地消失。在越南,被視為墓誌的陵墓碑不一定要隨著陵墓埋,但是我們也發現一些隨著陵墓埋的墓碑。到目前截止,由李朝太傅劉慶談撰寫的《皇越太傅劉軍墓誌》(1161 年)是越南出現最早的墓誌碑文。越南的墓誌不多,大部分是具有官爵的人物或名家望族才可能有墓誌。如《寶長太墓誌》、《潘溪侯墓誌》、《黎氏君上公主墓誌》、《黎氏奉聖夫人墓誌》、《大越輝慈裴慧見皇太后墓誌》、《嘉熟公主之墓誌》、《潘溪侯墓誌》、《先考太寶甲府軍墓誌》、《慈敏阮公騎七黃氏之墓誌》、《大南廣寧公墓誌銘》等是其中比較重要，比較有代表性的墓誌。

墓誌石一般不太大，所以墓誌銘文內容都不太長，一般都有"誌"和"銘"。"誌"用散文，"銘"用韻文。一般情況下，碑誌文都描述逝者的生平，其中包括世系、姓名、爵位、行治、天年、趨勢日期、埋葬之地。後面的碑銘內容，則是歌頌及宣揚逝者功德的。

由於陵墓碑文是隨著古時葬禮制度的要求而出現的，所以碑文內容不生動，具有條條框框的程式。但是，如果碑文由著名筆者撰寫，碑文的文學性也還算深刻。如由李朝國史館撰寫的《黎氏奉聖夫人墓誌》，由梁世榮撰寫的《慈敏阮公騎七黃氏之墓誌》和由阮直撰寫的《黎氏君上公主墓誌》等，都是手寫、刻畫人物影像的墓誌。

墓碑、陵碑或神道碑都用於給墓主人作標記的。這種碑文在李朝、陳朝中有很多，但是因為屬明時代被擊毀，所以到末期只有拒越國太尉李公石碑銘，是李朝太尉杜英武（人概 1159 年）的碑；奉鳳陽公主神道碑（1293 年）是奉鳳陽公主的神道碑，奉鳳陽公主是陳朝太師陳光凱的妻子。自從黎朝往後，陵墓碑和神道碑得到很大的發展。開頭階段，陵墓碑只用於帝王后妃，後來還用於朝裡的大臣，如《阮相公陵碑記》（正和 1699 年）是具有爵位的太監的陵墓碑。黎朝初期的神道碑按照明朝的規則，從三品級以上的官僚才能建立神道碑，後來三品級以下的官僚也能使用。之所以是神道碑，是因為古時風水專家認為，陵墓東南邊是"神道"，在神道上立碑就被視為"神道碑"。關於撰寫規格，則沒有什麼大的差別。這些陵墓碑文都具有上字（或記）下銘的結構佈局。碑字主要以駢儷方式撰寫，碑字主要記錄死者的平生，並對死者表示悼念之心和歌頌。碑銘基本上使用四字韻文行文來表達。

可以說，越南古時候的陵墓碑文，能夠保留很多具有價值的關於名人的資料，所以這些碑文具有巨大歷史文化研究價值。文學方面考慮，碑文也負有文學性價值，很多碑文寫得很精彩。特別有價值的是，當記錄及描述死者的生平時，撰文人都通過細節來刻畫人物，有聲有色地呈現出人物的性格。這都可以視為具有吸引力的人物傳記。

實際上，留下的大部分陵墓碑文都是名人的陵墓碑文。如記錄李太祖陵墓的《藍山永陵碑》，由阮翟撰寫的《黎利之墓碑》、《坤阮智德陵碑》，由東閣學士阮仁帖、范鄭、鄭志參撰寫的《黎獻宗碑碑文》等，都是由著名學者撰寫的碑文。由阮沖確撰寫的《大越瑞花公主之神道碑》，碑文記錄瑞花公主——黎聖宗的女孩。由杜汪撰寫的《黎光秘之神道碑》記錄關於黎光秘的簡史。此外還有由武輝頂撰寫的《野昂仙之神道碑》，由吳時任撰寫的《阮婷訓之碑》，由裴輝碧撰寫的《陳明林之神道碑》，由潘輝凱撰寫的《太傅先生墓碑銘》，由阮文超撰寫的《潘公閨尚書神道碑》和《潘輝實神道碑》，由棉沈撰寫的《仙母熟秦阮刻氏之神道碑表》，由阮仲合撰寫的《方婷志道仙生之神道碑》等。總而言之，這些都是關於帝王、皇后、文臣、武將和名士生平的有聲有色的碑文。這種碑文的佈局很明確，詞語簡潔、含蓄，富有感染力，文學性強。

《藍山永陵碑》是李太祖陵墓的碑文，主要記錄君王平明賊亂。據前人的評價，這是駢儷類型最典型的作品，主要記錄黎王在打仗救國過程中的功勞，所以它具有文章的感染氣勢。范婷虎曾經對它作如下評價："文體氣概都能跟得上古人腳跟（古人指的是漢朝－唐朝的名家）"。這文章詳細描述黎利的顯赫戰功、明軍對我軍氣勢的畏懼，以及君王的仁愛。文章主要以自述為主，但是撰寫方式縱橫馳騁，構思都很注意，主要通過君王的武功集中刻畫君王的性格，而不是毛舉細故，呈現出君王的強壯，勇敢決斷。寫法有聲有色，充滿吸引力，完全超過此種碑文原有的僵硬的自述方式。

《大越藍山預陵碑》也是很精彩的碑文。這個碑文描述黎獻宗的生平。該碑文歌頌君王在國家事業中所取得的成果。一邊呈現出君王在制定的農業、軍事、外交和風俗整頓等方面的政策的尖銳矛盾，一邊評價君王的品德和文才，同時也有聲有色地刻畫君王的性格，使讀者對這位君王產生愛慕、敬佩之心。下面是描述君王的性格的一段描寫:"古時,有一個地方的士兵不按鎮級分佈,朝廷好幾次要調整,大臣談論後認為難以調整,但是君王下決心一定要調整。君王給京都內外兵士下旨,並按照本籍編制隊伍,以便互相監督及相愛。"又記述"連鳥雀等小動物,君王也不忍心殺死。宮內舉行中秋節宴會,廚房做歐椋鳥送給君王,每個小盤都有十幾隻,此時君王不開心,怪罪廚師,並取消宴會"。碑文構思很有特色,逐漸地根據回憶自述每一件事情,使讀者感受到親切、真實和充滿活力。全部使用頓挫、嫋嫋的駢儷方式和一個又一個簡單而又莊重及純淨的風格寫成。從而使碑文成為人物傳紀,使讀者很受感動。

除了陵墓碑文以外,還有祠堂、生祠的碑文。這種碑文放在家族或家庭內的祠堂裡,或放在鄉鎮寺廟,以便敬奉具有功勞、名望的人物。其實這些碑文和陵墓碑文一樣,都記錄、描述值得敬奉的人物事蹟,主要都由著名文人撰寫。如由吳時士撰寫的《阮相公寺碑文》,由吳時任撰寫的《吳世家官德之碑》,由阮家範撰寫的《公位大王祠堂碑記》,由裴輝碧撰寫的《羅溪吳氏祠堂碑記》,由阮通撰寫的《玉山壽鸚志》等等,都是具有歷史性和文學性價值的名作。

記錄功德,歌頌賢才的碑文還另有別的一類,這就是題名碑文。1484年,黎聖宗首次允許在生龍城文廟立題名碑文。這種碑文只適用於考上博士的人物。後來在府縣也逐漸樹立這種題名碑文,鄉鎮寺廟也有一部分題名碑文,雖然數量不多,但是這種碑文具有不得不提到的特徵。

題名碑文為"某某博士題名碑記",如《壬辰博士題名碑記》、《紹治皇朝辛醜元年恩科博士會試題名碑記》、《本府前博士題名碑》,這些都是科舉制度的產物。這種碑文,主要記錄登第人物的本籍、年齡、姓名,以便提高和表揚賢才。這種碑文的應用性強,文學性價值比較低。不過這些重要的材料,對於越南歷史,特別是越南科舉制度研究具有巨大作用,雖然碑文內容單一,但是其歷史、文化史研究的寶貴價值是不容忽視的，值得科學整理，深入發掘。可惜的是這批材料至今還沒有得到應有的關注。

四、結語

最後需要說明的是，因為上述這些碑文劃界不是很明確，我們對記錄功德的碑文和記錄事件的碑文的分類只是相對的。比如後碑文，不僅僅是一張契約，而且是記錄功德的碑文。很多碑文一邊記錄寺廟、小超市的建設、重修工作，同時又對主持者、參與者予以歌頌等。越南碑刻，上下一千多年，留下了大量材料，至今還沒有進行全面的調查，沒有科學地系統整理，更沒有全面利用這批寶貴的材料進行深入細緻的研究，應該引起學界的重視。

附記：本文得到導師毛遠明教授的悉心指導，謹致謝忱。

參考文獻：

1.潘文閣與 Claudine Salmon《越南漢喃銘文彙編第一集－北屬時期至李朝》，越南漢喃研究院 1998 年。
2.阮文盛《李朝碑文》，越南河內國家大學出版社 2011 年。
3.丁克順《李朝佛教碑文》，越南河內社會科學出版社 2011 年。
4.方廣錩《敦煌遺書整理的回顧與展望》，《文匯報》2012.2.13。
5.《上海博物館藏敦煌吐魯番文獻》，上海古籍出版社 1993。
6.毛遠明《漢魏六朝碑刻異體字研究》，商務印書館 2012 年。
7.毛遠明《碑刻文文獻學通論》，中華書局出版社 2009 年。
8.毛遠明《漢魏六朝碑刻校注》，北京線裝書局出版社 2008 年。
9.許慎《說文解字》，中華書局 2004 年。
10.王寧《漢字構形學講座》，上海教育出版社 2002 年。
11.梁東漢《漢字的結構及其流變》，上海教育出版社 1999 年。

唐墓誌典故詞誤釋辨正六題

和豔芳①

提　要：墓誌文風格典雅，含蓄婉轉，常大量用典。典故是唐墓誌文獻中的重要文化現象，為誌文的解讀提供了線索，但如對其理解不足則會導致典故詞誤釋，再加上石面泐蝕、文字異體俗譌等因素，已經整理的石刻文獻，典故詞誤讀、未讀現象較嚴重。茲以《唐代墓誌彙編》為例，就其中典故詞誤釋現象進行辨正。

關鍵詞：《唐代墓誌彙編》；典故詞；唐墓誌

典故，即詩文中引用的古代故事和詞語。典故詞即在典故基礎上，按語用規律，濃縮、錘煉、提取的詞語，是表達典故內涵的有效載體。墓誌銘文述墓主生平，贊其功績，兼及譜牒，是具有重要政治、歷史、文化、民俗價值的出土文獻材料之一。其行文以敘為主，兼及議論，常大量用典，形成雍容典雅、含蓄婉轉的文風。典故是唐碑刻文獻中重要的文化現象，為碑誌文獻的解讀提供了線索，但如對其理解不足則會導致典故詞誤判誤釋情況的發生，加上石面泐蝕、文字異體俗譌、古文字殘存等種種因素，已經整理的石刻文獻，典故詞誤讀、未讀現象較嚴重。

近年來，碑刻典故的研究越來越受到學界的重視。各類典故詞典（如《中國典故大辭典》）陸續出版。另姜同絢、毛遠明《唐代墓誌典故誤

---

①和豔芳，西南大學漢語言文獻研究所　碩士研究生　重慶　400715。

釋舉正》以 9 通唐代墓誌為例，對其釋文中典故誤釋現象予以辨正，並分析規律；何山《宋代墓誌典故詞語校釋六題》辨釋宋代墓誌文中"寔覃寔訏"等生僻典故詞，並提出典故詞破釋與文獻校理相結合的碑誌典故詞校釋方法，又有徐志學《魏晉南北朝隋唐五代石刻用典語言形式研究》以博士論文的形式對碑刻典故的文獻來源、形成方式以及語法結構等作出分析與研究。碑刻典故詞語研究已經取得一定的成就。本文擬以《唐代墓誌彙編》①中唐墓誌典故詞誤釋情況為例，分析其文字誤讀原因，並補充因不識典故所留空缺，探索碑誌典故釋讀規律，以期裨益於碑刻文獻整理與研究。

一、歸復

《元買得墓誌》："風煙共慘，容衛空陳，撫膺長慟，歸後吾親。"（《彙編》5）②

"歸後"不詞，"後"字原拓作⬛，為"復"字。蓋"後"、"復"形近致訛。歸復，回歸也。死之婉語，謂人死如歸。出《禮記·檀弓下》："既封，左袒露，右還其封且號者三。曰：'骨肉歸復於土，命也。'若魂氣則無不之也，無不之也。"唐代墓誌亦見，《陳汭墓誌》："歸復無悔，存亡志就。"（《彙編》2178）

另《封嗣道墓誌》："但臣子異宜，忠孝難並。年來不反，歸後吾親。"

---

①以下簡稱《彙編》。
②因本文所引用墓誌文較多，故不以腳註形式標註，皆在引文後施括弧號註明出處，標註形式為書名（或簡稱）後加頁碼，如《彙編》5 表示《唐代墓誌彙編》第 5 頁；如為叢書，則書名後加輯數，後以"一"號隔開加頁碼，如《新中國出土墓誌·河北》1－50 表示《新中國出土墓誌·河北》第 1 冊，第 50 頁。本文所引用墓誌文以外的其他文獻均以腳註形式註明來源及頁碼。另本文《續集》為《唐代墓誌彙編續集》的簡稱，《補遺》為《全唐文補遺》的簡稱。墓誌文標題，皆標註簡稱。本文所引用墓誌文多為唐代墓誌，偶引其他朝代墓誌，則於墓誌題名前標註時代。

(《新中國出土墓誌·河北》1—50)亦將"歸復"誤釋為"歸後"。

二、鶴唳

《麴舉墓志》:"嗚呼幕府,司□鶴□之悲;痛矣軍關,共致猨吟之切。"(《彙編》6)

第二個闕字原拓作[字],略殘,為"唳"字。鶴唳,出《世說新語·尤悔》:"陸平原河橋敗,為盧志所讒,被誅。臨刑歎曰:'欲聞華亭鶴唳,可復得乎!'"南朝梁·劉孝標註引《八王故事》:"華亭,吳由拳縣郊外墅也,有清泉茂林。吳平後,陸機兄弟共游於此十餘年。"又引《語林》曰:"機為河北都督,聞警角之聲,謂孫丞曰:'聞此不如華亭鶴唳。'故臨刑而有此歎。"余嘉錫箋疏引《資治通鑒》卷八十五:"華亭時屬吳郡嘉興縣,界有華亭谷、華亭水。至唐始分嘉興縣為華亭縣。今縣東七十里出鶴,士人謂之鶴巢。"①另《元和郡縣誌》卷二十五:"華亭縣華亭谷,在縣西南三十五里。陸遜、陸抗宅在其側,遜封華亭侯。陸機云:'華亭鶴唳',此地是也。"②此語又為《晉書·陸機列傳》所本:"機釋戎服,著白帢,與秀相見,神色自若,謂秀曰:'自吳朝傾覆,吾兄弟宗族蒙國重恩,入侍帷幄,出剖符竹。成都命吾以重任,辭不獲已。今日受誅,豈非命也!'因與穎箋,詞甚悽惻。既而歎曰:'華亭鶴唳,豈可復聞乎!'遂遇害於軍中,時年四十三。二子蔚、夏亦同被害。機既死非其罪,士卒痛之,莫不流涕。是日昏霧晝合,大風折木,平地尺雪,議者以為陸氏之冤。"③後以"華亭鶴唳"表感慨、懷舊之典實。亦為慨歎仕途險惡、人生無常之詞。與前文"幕府"正相應。

---

① 余嘉錫《世說新語箋疏》,中華書局,1983年,頁897—898。
② (唐)李吉甫《元和郡縣圖誌》,中華書局,1983年,頁602。
③ (唐)房玄齡《晉書》(第5冊),中華書局,1974年,頁1480。

另"司"字原拓作▨,為"同"字,首個闕字原拓作▨,是"為"字,甚分明。"同為"與下句"共致"對舉,意義甚暢。闕"字"原拓作▨,當為"門"字,蓋以石花為筆畫,故誤釋。"軍門"與上句"幕府"相儷。故整句當為"嗚呼幕府,同為鶴唳之悲;痛矣軍門,共致猨吟之切。"

三、衛玠、陸雲

《賈昂墓誌》:"衛玠之□玉□,陸雲之稱鳳子,總言於此,無以過焉。"(《彙編》P111)

第二個闕字原拓已泐,按《晉書·衛玠傳》:"玠,字叔寶。年五歲,風神秀異。祖父瓘曰:'此兒有異於眾,顧吾年老,不見其長成耳。'總角乘羊車入市,見者皆以為玉人。"①另《世說新語·容止》:"衛玠從豫章至下都,人久聞其名,觀者如堵牆。玠先有羸疾,體不堪勞,遂成病而死。時人謂'看殺衛玠'。"南朝梁·劉孝標註引《玠別傳》曰:"玠在群伍之中,寔有異人之望。齠齔時,乘白羊車於洛陽市上,咸曰:'誰家璧人?'於是家門州黨號為'璧人'。"②璧者,玉也。璧人,即玉人。故第二個闕字當為"人"字。《補遺》作"人"③,是。

首個闕字原拓作▨,泐蝕已甚,唯中部一橫畫尚在,疑為"号"字。唐代已見"號"之簡體字"号",然二者功用有別。"號"為號叫之號,"号"為名号之号。敦煌寫卷 S.6659《太上洞玄靈寶妙經眾篇序章》:"神虎仰號,師子府(俯)鳴。"號作▨,寫卷 S.189《老子道德經》:"終日號而不嗄,和之至。"號作▨,寫卷 S.328《伍子胥變文》:"子胥語已向前行,女子號咷發哭聲。"號作▨,寫卷 S.3704《大目乾連冥間救母變文》:"悲號啼

---

① (唐)房玄齡《晉書》(第 4 冊),中華書局,1974 年,頁 1067。
② 余嘉錫《世說新語箋疏》,中華書局,1983 年,頁 614。
③ 吳鋼《全唐文補遺》,三秦出版社,1996 年,頁 343。

哭。"號作![字]。《邢弁墓誌》:"嗣子胤等,忖念劬勞,哀酸岵屺,永惟膝下,號叫昊天。"號作《柳君妻田氏墓誌》:"怨飆風而徒攀,號穹蒼而罔極。"(《彙編》36)號作![字]。以上"號"字均為號叫、號哭義。敦研194《太子瑞應本起經》:"乃棄美號,隱隧(遁)潛居,以勞其形,不亦難乎?"號作![字],敦研035(2-1)《妙法蓮華經》:"號曰淨身多陀阿伽度阿羅訶三藐三佛陀。"號作![字]。《魏文德墓誌》:"強年不宦,時稱處士之名;耳順居家,世起丘園之號。"(《彙編》86)號作![字]。均為名號之号。

據闕字殘筆及輪廓,似為"号"字,與"稱"對舉。另《張綱及妻梁氏墓誌》:"世稱英傑,時號逸民。"號作《王凝華墓誌》:"時號德門,人稱孝里。"(《續集》33)號作![字]。"號"亦均與"稱"相儷。益證之。

陸雲,西晉文學家,文思敏捷,六歲能屬文,時稱"鳳雛"。按《晉書·陸雲傳》:"雲字士龍,六歲能屬文,性清正,有才理。少與兄機齊名,雖文章不及機,而持論過之,號曰'二陸'。幼時吳尚書廣陵閔鴻見而奇之,曰:'此兒若非龍駒,當是鳳雛。'後舉雲賢良,時年十六。"①

志文該句借衛玠、陸雲之典贊墓誌才貌雙全。

四、鵬搏

《張雲墓誌》:"既而隋曆將喪,蠖屈於道銷;神器有歸,鵬搏於時泰。"(《彙編》P114)

"鵬搏"語不成義,"搏"字原拓作![字],當為"摶"字。"搏"、"摶"形近致誤。"鵬摶",語本《莊子·逍遙遊》:"鵬之徙於南冥也,水擊三千里,摶扶搖而上者九萬里。"郭慶藩引司馬彪註:"摶飛而上也。"②鵬摶,鵬展

---

① (唐)房玄齡《晉書》(第5冊),中華書局,1974年,頁1481。
② (清)郭慶藩《莊子集釋》,中華書局,1961年,頁4—5。

翅盤旋而上,喻人之奮發有為,與"蠖屈"對舉。此與後文"君排虛扇翩,擇木高翔。武德二年,任秦府左右。公家之事,知無不為,內□精誠,外兼明恕。稍遷和州香林府長史。"相應。唐·李白《獨漉篇》:"為君一擊,鵬搏九天。"①

又《李君絢墓誌》:"方欲躍鱗滄海,矯翼雲霄,未及搏空,風力已盡。"(《彙編》123)《高俌墓誌》:"所冀鵬搏鴻漸,何期玉折蘭摧。"(《彙編》1581)《宋邁墓誌》:"家空四海,身備三端,九皋鶴唳,萬里鵬搏。"(《彙編》1899)"搏"均為"搏"之誤。

五、藏舟

《王烈墓誌》:"朝隙易過,□舟難固,鍾子期之山水,永絶知音;王子敬之琴書,獨嗟長往。"(《彙編》638)

闕字原拓作 ,泐蝕已甚,按此處句義歎世事變易,當為"藏"字。"藏舟",典出《莊子·大宗師》:"夫藏舟於壑,藏山於澤,謂之固矣,然而夜半有力者負之而走,昧者不知也。"郭慶潘引郭象註:"方言死生變化之不可逃,故先舉無逃之極,然後明之以必變之符,將任化而無繫也。"②後用以喻事物不斷變化,不可固守。(唐)駱賓王《樂大夫挽詞(之二)》:"居然同物化,何處欲藏舟。"③(唐)岑參《韓員外夫人清河縣君崔氏挽歌(之二)》:"遽聞傷別劍,忽復歎藏舟。"④另《元智威墓誌》:"豈圖藏舟難固,過隙易流,杳杳岱宗,竟動劉楨之詠,遙遙京兆,忽從王矩之遊。"(《彙編》787)《竇伯陽妻郭氏墓誌》:"浮生易終,藏舟難固。"(《補遺》6—

---

① 瞿蛻園、朱金城《李白集校註》,上海古籍出版社,1980年,頁281。
② (清)郭慶潘《莊子集解》,中華書局,1961年,頁243—244。
③ (唐)駱賓王著、(清)陳熙晉箋註《駱臨海集箋註》,上海古籍出版社,1985年,頁102。
④ (唐)岑參撰、廖立箋註《岑嘉州詩箋註》,中華書局,2003年,頁664。

470)皆其比也。

六、萊婦

《張君故妻邢夫人墓誌》:"高行逾肅,貞規日勵,萊婦慚容,鴻妻斂袂。"(《彙編》785)

"菜"字原拓作󰀀,是"菜"字,然此處疑為"萊"之訛寫。"菜""萊"二字形體相近,石刻文字中易訛混。"菜"字下部構件"採",常將點畫與"木"中間一豎筆貫穿之,隋《樊氏墓誌》作󰀀,唐《内莊宅使牒》作󰀀;"萊"字石刻文常作󰀀(隋《李元墓誌》),亦有兩側構件"人"簡省為兩點畫,又為使字形整體結構勻稱而其下加一橫筆者,北魏《鄭君妻墓誌》作󰀀、隋《修梵石墓誌》作󰀀。如此󰀀、󰀀形體甚相近,極易訛混。萊婦,春秋楚老萊子之妻。按漢·劉向《列女傳·賢明·楚老萊妻》:"萊子逃世,耕於蒙山之陽……王欲聘以璧帛……老萊子曰:'楚王欲使吾守國之政。'妻曰:'許之乎?'曰:'然。'妻曰:'妾聞之,可食以酒肉者,可隨以鞭捶;可授以官祿者,可隨以鈇鉞。今先生食人酒肉,受人官祿,為人所制也。能免於患乎?妾不能為人所制。'……遂行不顧,至江南而止,曰:'鳥獸之解毛,可績而衣之,據其遺泣,足以食也。'老萊子乃隨其妻而居之,民從而家者,一年成落,三年成聚。"①後以"萊婦"為賢妻之代稱。鴻妻,梁鴻之妻孟光也,按《後漢書·逸民傳·梁鴻》:"遂至吳,依大家皋伯通,居廡下,為人賃舂。每歸,妻為具食,不敢於鴻前仰視,舉案齊眉。"②後以"鴻妻"借指賢德之妻。該句借"萊婦"、"鴻妻"之典贊志主之賢良淑德。

另《張光祚墓誌》:"敬姜晝哭,萊婦稱賢,家乏門儲,貧無以葬,數女

---

① 張濤《列女傳》,山東大學出版社,1990年,頁84。
② (宋)范曄《後漢書》(第10冊),中華書局,1965年,頁2768。

未適,孤見尚孩,人生至艱,孰甚於此!"(《續集》711)"菜婦"亦當為"萊婦"。

總之,唐代墓誌中用典甚繁,需理清典故出處及內容,才能準確釋讀墓誌文。在此過程中,需排石花、辨俗字,正確釋讀文獻,這是最為重要的基礎工作。更為重要的是,只有提供經過整理的材料,保證其科學性,才能用以深入研究及跨領域研究,使碑刻文獻材料的價值得到充分發揮。

參考文獻:

[1] 周紹良.唐代墓誌彙編[M].上海:上海古籍出版社,1992年。
[2] 周紹良.唐代墓誌彙編續集[M].上海:上海古籍出版社,2001年。
[3] 吳鋼.全唐文補遺第三輯[M].西安:三秦出版社,1996年。
[4] (漢)許慎.說文解字[M].北京:中華書局,2013年。
[5] 臧克和.漢魏六朝隋唐五代字形表[M].廣州:南方日報出版社,2011年。
[6] 黃征.敦煌俗字典[M].上海:上海教育出版社,2005年。
[7] 羅維明.中古墓誌詞彙研究[M].廣州:暨南大學出版社,2003年。
[8] 姜同絢、毛遠明.唐代墓誌典故誤釋舉正[J].古籍整理學刊,2014年第2期。
[9] 何山.宋代墓誌典故詞語校釋六題[J].宿州學院學報,2014年第12期。

《續修四庫全書總目提要》"石經類"條目辨誤①

趙立偉②

提　要：《續修四庫全書總目提要》是繼《四庫全書總目提要》之後又一部大型古籍提要目錄，由於此書編撰時正值戰亂頻發的多事之秋，加之成於眾手且未經最後整理定稿，故難免疏失，本文僅就其中"石經類"相關條目之可議者逐一辨正，供學界參考。

關鍵詞：《續修四庫全書總目提要》；石經類；辨誤

《續修四庫全書總目提要》（本文簡稱《續提要》）是繼《四庫全書總目提要》之後又一部大型古籍提要目錄，《續提要》成書於二十世紀二十至四十年代，由東方文化事業總委員會組織當時在北平的學者共同編寫完成，該書共著錄《四庫全書總目提要》未收及《四庫全書》編纂成書後問世的書籍三萬餘種，為現存規模最大的古代文獻解題目錄。遺憾的是《續提要》成書後長期未能公諸於世，當然也無法為學術界所利用。1993年，由中國科學院圖書館羅琳等整理的《續提要》經部標點本由中華書局出版；1996年齊魯書社以中國科學院圖書館所藏稿本為底本，影印《續提要》公開發行。由於二十世紀三四十年代正值戰亂頻發的多事

---

① 本文得到國家社科基金重大招標項目"歷代儒家石經文獻集成"資助，項目編號13&ZD063。
② 趙立偉，聊城大學文學院　副教授　山東聊城　252000。

之秋,加之成於眾手且未經最後整理定稿,《續提要》難免疏失。近年來學術界對其中的各種疏誤多有辨正,我們在使用《續提要》之"石經類"相關條目的過程中亦間有所得,下面將各種疏誤逐一條辨列舉如下。

1.《石經補考》,《續提要》第 1 冊第 446 頁:"《石經補考》十二卷,道光八年刻本,清馮登府撰。"

按:除第 1 冊《石經補考》提要之外,《續提要》第 35 冊 496 頁又云:"《石經補考》十二卷,自刊本,清馮登府撰。"據道光八年刻本《石經補考》馮登府自敍①,該書亦屬馮氏自刻,其刊刻之舉肇始於清道光二年,又於道光八年秋續刊,故《續提要》所謂"道光八年刻本"和馮氏自刊本實乃同一版本。此屬一書重複著錄,唯提要的撰寫者不同,內容亦不盡相同,前者詳於評述,而後者則是大段抄錄馮氏自敍之文字。

2.《石經考文提要》,《續提要》第 1 冊第 448 頁:"《石經考文提要》十三卷,咸豐元年成都刻本,清彭元瑞撰。"

按:除上引第 1 冊彭元瑞《石經考文提要》之外,《續提要》第 35 冊第 708 頁又云:"《石經考文提要》十三卷,嘉慶四年許氏刊本。"此為同書的重複著錄,唯編者不同,所選取的版本不同。

3.《唐石經考正》,《續提要》第 1 冊 451 頁:"《唐石經考正》,乾隆庚戌自刻本,清王朝梁撰,朝梁字□□,江西萬年人。是篇首朝梁自題謂《舊唐書》以開成此石,字乖書法,名儒皆不窺之,以為蕪累。"

按:稿本"朝梁字□□"後兩字空白,似作者有意留出,惜最終未能補齊,故排印本作"朝梁字□□",亦未補足。今檢《萬年縣誌·王朝梁傳》:"王朝梁,字揆方,號達洤。"②又《唐石經考正》王氏自題:"萬年王朝梁揆方述。"③故稿本及排印本皆可據此作"朝梁字揆方。"

又《續提要》此條云"開成此石,字乖書法",經查核王氏自序及《舊唐書》原文,此處"書法"乃"師法"之誤,當訂正。

---

① [清]馮登府《〈石經補考〉總敍》,上海古籍出版社影印《續修四庫全書》,1996 年。
② 劉馥桂《萬年縣誌》,成文出版社,1975 年,頁 972。
③ 陶福履《唐石經考異》序,《豫章叢書》(三),江西教育出版社,2008 年,頁 367。

4.《唐石經校文》,《續提要》第 1 冊 451 頁:"《唐石經校文》十卷,四錄堂類集本,清嚴可均撰。"

按:除第 1 冊著錄嚴可均《唐石經校文》外,《續提要》第 35 冊 706 頁又云:"《唐石經校文》十卷,元尚居校刊本,清嚴可均。"是乃一書重複著錄,唯文字不同,所選版本不同而已。

5.《漢石經考異補正》,《續提要》1 冊 453 頁:"《漢石經考異補正》二卷,適園叢書本。清瞿中溶撰,中容,字萇生,又字木夫,江蘇嘉定人,諸生,例授湖南布政司理問。"

按:《清史稿》云:"瞿中溶,字木夫,嘉定人",與《續提要》說法相同①。然嘉業堂叢書本《瞿木夫自訂年譜》云:"中溶,字萇生,號木夫,浙江嘉定人。"②與《清史稿》相左,然年譜為瞿氏自訂,與前者相比,瞿氏年譜當更為可靠,故瞿氏名號當以此為準。又稿本《瞿木夫年譜》提要云:"中溶,字萇生,號木夫,江蘇嘉定人。"細察稿本不難斷定,手稿本作"字木夫",而"萇生,號"三字則是作者後來校定原稿時加上的,殆提要作者考慮到原著述與瞿氏自述不符,故增此三字予以修正。

6.《漢石經證異》,《續提要》1 冊 457 頁:"《漢石經證異》一卷(家刻本)。清孔廣牧撰,廣牧字笠塘,山東曲阜人。"

按:《續提要》殆以劉壽曾《漢字經證異序》為據以孔廣牧字為"笠塘",劉序云"曲阜孔笠塘先生,篤學嗜古。"③然而除劉序之外,各類文獻皆謂孔廣牧字"力堂"。如署名為寶應成孺的《擬上國史館儒林傳稿》云:"孔廣牧,字力堂,承其父贈太僕繼鑅家學,於書靡不窺,少時著《漢石經考異》。"④又《勿二三齋詩集》後所附成孺題辭亦稱"力堂"。成孺為

---

① 趙爾巽等《清史稿》,中華書局,1977 年,頁 13420。
② 北京圖書館編《北京圖書館藏珍本年譜叢刊》(一三一),1999 年,頁 17。
③ 劉壽曾著,林子雄點校《劉壽曾集》,中央研究院中國文哲研究所籌備處,民國 90 年,頁 74。
④ 成孺《儒林傳稿》,《求恕齋叢書》81 冊,南林劉氏求恕齋刻本。

力堂授業之師①,曾經檢力堂遺稿而作《題力堂遺集次夢華韻》以追憶其早逝的愛徒,由成氏的詩作來看,師徒二人交往甚密,感情甚篤,因此成孺的記述應該不會有錯。能夠與成氏之說相印證的還有以下兩則材料,一為劉恭冕《先聖生卒年月日考》序言,劉氏云:"亡友大興孔君力堂……稍長從吾邑名儒成芙卿先生游。"②劉岳雲《飲冰子詞存》跋語亦云:"孔先生力堂,為成門高弟子"。③ 劉岳雲與劉恭冕為同族兄弟,皆是成儒的及門弟子④。劉恭冕與孔氏既有同門之誼,亦有友朋之情,故其記述亦應可據。而劉氏壽曾之序作於"光緒三年冬十二月",此時"先征君(孔廣牧)違養又已十年矣"⑤。據《劉壽曾親友交往錄》,劉壽曾與孔廣牧之父孔繼鑅交好,然而沒有與孔廣牧交往的記載⑥。故劉壽曾對孔氏的情況並不熟悉,加之作序時孔氏已過世十年之久,作者很可能是因記憶不確書寫致誤。因此,孔廣牧字為"力堂",而非"笠塘"。

7.《石經考辨》,《續提要》2冊237頁:"《石經考辨》二卷(原刻本),清馮世瀛撰,世瀛字壺川,別號雪樵,又自稱殊無味齋主人,四川人。著有《雪樵經解》、《耕餘瑣錄》諸書。是編卷首略述撰述緣起,末附以同治六年丁自序識。"

按:上引《續提要》最後一句另人費解,似提要作者筆誤,整理本亦未敢遽改,錄作"末附以同治六年□自識"。《石經考辨》書後馮氏跋語自署為"同治六年丁卯上浣之六日殊無味齋主人識於州東之紅杏山莊,時年七十有四"⑦,故可知《續提要》乃奪一"卯"字,當補足為"同治六年丁卯自序識"。

---

①鳳凰出版社編《中國地方誌集成·江蘇府縣誌輯》(第49輯),鳳凰出版社,2008年,頁04。
②劉恭冕《先聖生卒年月日考》序,《廣雅叢書》(56),廣雅書局,民國9年彙印。
③⑤劉岳雲《飲冰子詞跋》,《求恕齋叢書》81冊,南林劉氏求恕齋刻本。
④張舜徽《清代揚州學記》,上海人民出版社,1962年,頁51。
⑤劉壽曾著,林子雄點校《劉壽曾集》,中央研究院中國文哲研究所籌備處,民國90年,頁74。
⑥林子雄《劉壽曾親友交往錄》,中央研究院中國文哲研究所籌備處,民國90年,343頁。
⑦馮世瀛《石經考辨》,《歷代石經研究資料輯刊》(一),北京圖書館出版社,2005年,頁119。

8.《蜀石經校字記》,《續提要》第 21 冊 795 頁:"《蜀石經校字記》一卷,蜀學彙刊本。繆荃孫撰,荃孫字筱珊,江蘇江陰人,光緒丙子翰林,官編修。著有《藝風堂金石文字目》、《國史儒林傳敘錄》、《學部圖書館善本書目》、《雲自在龕筆記》。"

按:《續提要》以繆荃孫為光緒丙子翰林,然據《清儒學案小傳》:"(荃孫)光緒丙子成進士,改翰林院庶吉士,散館授編修,充國史館纂修。"①又《碑傳集補》云:"光緒丙子恩科進士,改庶吉士。"②又據《明清歷科進士題名碑錄》繆荃孫為光緒丙子恩科進士③。故《續提要》當修正為"光緒丙子進士,改翰林院庶吉士"。

9.《蜀石經毛詩考異》,《續提要》21 冊 799 頁:"《蜀石經毛詩考異》二卷,愚谷叢書本。清吳騫撰,騫字兔床,浙江海寧人。著有《詩譜補正後訂》、《陶靖節詩注》、《讒書》、《國山碑考》、《桃溪客話》、《陽羨名陶錄》、《蠡湖漁乃》、《扶風傳信錄》諸書,並有已成未刊之書多種。"

按:《續提要》謂吳騫字"兔床",檢記載吳騫生平的各類文獻,皆以吳騫號為"兔床",如《清儒學案小傳》云:"吳騫字槎客,一字葵里,號愚穀,又號兔床,海寧人。"④又據《浙江海寧州志稿》:"槎客,又字葵里,晚號兔床。"故《續提要》當據改。今檢吳氏《愚谷叢書》,上引《續提要》所錄《詩譜補正後訂》作《詩譜補亡後訂》,所錄《桃溪客話》作《桃溪客語》,當據此修正。

10.《漢魏石經殘字》,《續提要》第 2 冊 45 頁:"《漢魏石經殘字》二冊,山東省圖書館本。前有民國二十三年王獻唐序,次為魚臺屈萬里校錄一卷。"

按:《續提要》第 12 冊 384 頁:"《漢魏石經殘字敘錄》一卷(排印本)。琅琊王獻唐,魚臺屈萬里合著,民國二十三年排印。"又《續提要》第 29

---

① 周駿富《清代傳記叢刊》(七),明文書局,1985 年,頁 484。
② 周駿富《清代傳記叢刊》(一二〇),明文書局,1985 年,頁 589。
③ 華文書局編印部《明清歷科進士題名碑錄》,華文書局,1969 年,頁 2697。
④ 劉獻廷等《清代筆記叢刊》(六),齊魯書社,2001 年,頁 280。

冊226頁:"《漢魏石經殘字校錄》(民國二十三年山東省圖書館排印本),魚臺屈萬里撰。"檢王獻唐、屈萬里二人之著作,排印於民國二十三年者僅《海嶽樓金石叢編》本《漢魏石經殘字》一種,該書共收漢魏石經殘石計125枚,成《漢魏石經殘字》二卷,以及屈萬里氏所作《漢魏石經殘字校錄》一卷,全書之前則有王獻唐氏《漢魏石經殘字敘》。《續提要》所錄《漢魏石經殘字》、《漢魏石經殘字敘錄》、《漢魏石經殘字校錄》雖書名各異,然則內容實同,三者本為一書,書名當以《海嶽樓金石叢編》為準統一為《漢魏石經殘字》,其作《漢魏石經殘字校錄》者乃誤一卷之名為書名,至於又誤作《漢魏石經殘字敘錄》者更是錯上加錯。

11.《唐石經》,《續提要》第12冊第387頁:"《唐石經》一百五十八卷,石刻本。校定文字者為周墀、崔球、張次宗、孔溫業。刊定者為高重。詳定者為韓㬥。"

按:關於石經之"詳定者",《續提要》的稿本作"韓㬥",排印本又訛作"韓眾"。《冊府元龜》云:"宜令率更令韓泉充詳定石經官,就集賢審校勘,仍旋送國子監上石。"①此後研究唐石經的著作引述此條材料者如《金石文字記》、《經義考》等亦皆引作"韓泉",至張國淦《歷代石經考》則誤為"韓㬥",《續提要》殆因襲張國淦《歷代石經考》作"韓㬥"而誤②。故此處"韓㬥"或"韓眾"當據《冊府元龜》作"韓泉"。

---

① (宋)王欽若等《冊府元龜》,中華書局,1960年,頁7304。
② 張國淦《歷代石經考》,《歷代石經研究資料輯刊》(四),北京圖書館出版社,2005年,頁362。

《出土文獻綜合研究集刊》
徵稿啓事及文稿體例要求

本刊是專門刊發出土文獻研究論文的學術刊物,尊重學術自由,鼓勵學術爭鳴,歡迎賜稿。來稿請按如下體例要求:

1. 繁體行文,請一定注意規範使用繁體。正文繁宋(繁體宋體)小四號字,1.5 倍行距。

2. 來稿請提交紙本和電子本各一份;電子本可為郵件形式或磁片形式,請 WORD 形式和 PDF 形式一並提交。

3. 當頁注腳,每頁重新編號,注碼形式為:①②③……

4. 標題下一行是作者名,作者簡介位於文章第一頁注腳,如:
張顯成,西南大學漢語言文獻研究所 教授 重慶 400715。

5. 正文前列"提要"。字數以二三百字爲宜。

6. 如本文的寫作得到他人或某項科研基金的資助,請於注釋之前注明。如:
本文的寫作得到國家社科項目資助,項目編號:……

7. 期刊類引文出處標注順序:作者、文章名、期刊名、期數。如:
劉曉南:《先秦語氣詞的歷史多義現象》,《古漢語研究》1991 年第 3 期。

8. 集刊類引文出處標注順序:作者、文章名、集刊名、輯數、出版社、出版時間。如:

李鋭:《讀簡散劄》,《簡帛語言文字研究》第三輯,巴蜀書社,2008年。

9. 專著類引文出處標注順序:作者、專著名、出版社、出版時間、頁碼。如:

張顯成:《簡帛文獻學通論》,中華書局,2004年,頁6。

陳松長:《香港中文大學文物館藏簡牘》,香港中文大學文物館,2001年,頁2—6。

馬承源主編:《上海博物館藏戰國楚竹書(一)》,上海古籍出版社,2001年。

太田辰夫著,蔣紹愚、徐昌華譯:《中國語歷史文法》(修訂譯本),北京大學出版社,2003年,頁375。

10. 引用古籍,有篇名者注明篇名,無篇名者注明卷名,引用字書注明部名,引用韻書注明韻名,書名和篇名(或部名、韻名)之間用中圓點"·"隔開,如:

《左傳·昭公十八年》

《周禮·秋官·冥氏》

《爾雅·釋詁》

《說文·木部》

《廣韻·東韻》

[宋]張齊賢:《洛陽縉紳舊聞記》卷五,上海人民出版社影印文淵閣《四庫全書》本,1986年。

《資治通鑒》卷一八五《唐紀一》"貞觀元年"條,北京:中華書局標點本,1956年。

11. 引用出土文獻出處的標注:

引用甲骨文標文獻名及片號,如:《甲骨文合集》10408正(或《合集》10408正)。

引用簡帛標文獻名及簡號或行第號,如:《居延新簡》EPT1·1·1。《武威漢代醫簡》8—9。

敦煌卷子標卷號,如:P3847(或:伯3847)。S2659(或斯2659)。

12. 外文專著和期刊的標注:

T'ung-tsu Ch'ü, *Han Social Structure*, Seattle and London: University of Washington Press.1972,P.121.

Lawrence Stone,"The Revival of Narrative: Reflections on a New old History", *Past and Present*, 85 November 1979.

13. 電子文獻的標注:

張俊民:《居延漢簡冊書復原研究緣起》,簡帛研究網 http://www.jianbo.org/showarticle.asp? articleid=1243,2006—09—21.

14. 文中若有圖片文字,請一定要清晰,符合出版標準,不能簡單地將圖版上的照片文字複製插入文中,應將所用圖片文字進行處理(或摹寫,或用電腦脫去底色),除拓片文字外,不能有底色。若有文字以外的圖片,也同樣一定要清晰。

如右圖左右兩欄的圖片文字,1 欄不清晰,不符合出版要求;2 欄清晰,符合出版要求。

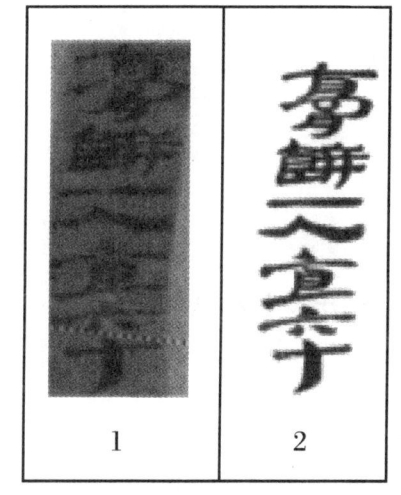

15. 文中出現的古文字形及造字請做成圖片格式(不要使用編碼方式造字)。

16. 文中的圖片、表格如果超過一個,請分別用"圖 1"、"圖 2"……及"表 1"、"表 2"……的形式標明圖片、表格的序號,在圖片、表格後注明資料來源。

17. 來稿請另紙或於稿末注明作者真實姓名、通訊地址、郵政編碼、電子信箱、手機電話,以便聯繫。

18. 來稿請寄:重慶北碚西南大學文獻所《出土文獻綜合研究》編輯部,郵政編碼 400715。E-mail:ctwxzhyj@163.com。

圖書在版編目（CIP）數據

出土文獻綜合研究集刊. 第4輯/西南大學出土文獻綜合研究中心，西南大學漢語言文獻研究所主辦. ——成都：巴蜀書社，2016.9
ISBN 978-7-5531-0733-2

Ⅰ.①出… Ⅱ.①西… ②西… Ⅲ.①出土文物—文獻—研究—中國—叢刊 Ⅳ.①K877.04-55

中國版本圖書館CIP數據核字（2016）第225434號

出土文獻綜合研究集刊（第四輯）
CHUTU WENXIAN ZONGHE YANJIU JIKAN

西南大學出土文獻綜合研究中心
西南大學漢語言文獻研究所　主辦

責任編輯	謝藝波
封面設計	張　科
出　版	巴蜀書社
	成都市槐樹街2號　郵編610031
	總編室電話：（028）86259397
網　址	www.bsbook.com
發　行	巴蜀書社
	發行科電話：（028）86259422　86259423
經　銷	新華書店
印　刷	成都蜀通印務有限責任公司
版　次	2016年9月第1版
印　次	2016年9月第1次印刷
成品尺寸	185mm×260mm
印　張	19
字　數	300千字
書　號	ISBN 978-7-5531-0733-2
定　價	65.00圓

本書若有印裝質量問題，請與工廠調換。